大家一起讀經典

浙江省文化研究工程指导委员会

《习学记言序目》选注

〔宋〕叶 适 著

何 俊 陈正祥 选注

浙江人民出版社

图书在版编目（CIP）数据

《习学记言序目》选注 / （宋）叶适著 ；何俊，陈
正祥选注． — 杭州：浙江人民出版社，2024.4
　ISBN 978-7-213-11397-0

　Ⅰ．①习… Ⅱ．①叶… ②何… ③陈… Ⅲ．①古典哲
学-中国-南宋 Ⅳ．①B244.92

　　中国国家版本馆CIP数据核字（2024）第058839号

《习学记言序目》选注

〔宋〕叶适　著　何俊　陈正祥　选注

出版发行：浙江人民出版社(杭州市环城北路177号　邮编　310006)
　　　　市场部电话：(0571)85061682　85176516

丛书策划：王利波　卓挺亚　　　　　营销编辑：张紫懿

责任编辑：朱碧澄　　　　　　　　　责任印务：程　琳

责任校对：陈　春　　　　　　　　　大家读浙学经典印章设计：锁　剑

封面设计：王　芸

电脑制版：杭州天一图文制乍有限公司

印　　刷：杭州钱江彩色印务有限公司

开　　本：710毫米×1000毫米　1/16　　印　　张：22.5

字　　数：276千字　　　　　　　　　插　　页：6

版　　次：2024年4月第1版　　　　　印　　次：2024年4月第1次印刷

书　　号：ISBN 978-7-213-11397-0

定　　价：96.00元

"浙江文化研究工程成果文库"总序

有人将文化比作一条来自老祖宗而又流向未来的河，这是说文化的传统，通过纵向传承和横向传递，生生不息地影响和引领着人们的生存与发展；有人说文化是人类的思想、智慧、信仰、情感和生活的载体、方式和方法，这是将文化作为人们代代相传的生活方式的整体。我们说，文化为群体生活提供规范、方式与环境，文化通过传承为社会进步发挥基础作用，文化会促进或制约经济乃至整个社会的发展。文化的力量，已经深深熔铸在民族的生命力、创造力和凝聚力之中。

在人类文化演化的进程中，各种文化都在其内部生成众多的元素、层次与类型，由此决定了文化的多样性与复杂性。

中国文化的博大精深，来源于其内部生成的多姿多彩；中国文化的历久弥新，取决于其变迁过程中各种元素、层次、类型在内容和结构上通过碰撞、解构、融合而产生的革故鼎新的强大动力。

中国土地广袤、疆域辽阔，不同区域间因自然环境、经济环境、社会环境等诸多方面的差异，建构了不同的区域文化。区域文化如同百川归海，共同汇聚成中国文化的大传统，这种大传统如同春风化雨，渗透于各种区域文化之中。在这个过程中，区域文化如同清溪山泉潺潺不息，在中国文化的共同价值取向下，以自己的独特个性支撑着、引领着本地经济社会的发展。

从区域文化入手，对一地文化的历史与现状展开全面、系统、扎实、有序的研究，一方面可以借此梳理和弘扬当地的历史传统和文化资源，繁荣和丰富当代的先进文化建设活动，规划和指导未来的文化发展蓝图，增强文化软实力，为全面建设小康社会、加快推进社会主义现代化提供思想保证、精神动力、智力支持和舆论力量；另一方面，这也是深入了解中国文化、研究中国文化、发展中国文化、创新中国文化的重要途径之一。如今，区域文化研究日益受到各地重视，成为我国文化研究走向深入的一个重要标志。我们今天实施浙江文化研究工程，其目的和意义也在于此。

千百年来，浙江人民积淀和传承了一个底蕴深厚的文化传统。这种文化传统的独特性，正在于它令人惊叹的富于创造力的智慧和力量。

浙江文化中富于创造力的基因，早早地出现在其历史的源头。在浙江新石器时代最为著名的跨湖桥、河姆渡、马家浜和良渚的考古文化中，浙江先民们都以不同凡响的作为，在中华民族的文明之源留下了创造和进步的印记。

浙江人民在与时俱进的历史轨迹上一路走来，秉承富于创造力的文化传统，这深深地融汇在一代代浙江人民的血液中，体现在浙江人民的行为上，也在浙江历史上众多杰出人物身上得到充分展示。从大禹的因势利导、敬业治水，到勾践的卧薪尝胆、励精图治；从钱氏的保境安民、纳土归宋，到胡则的为官一任、造福一方；从岳飞、于谦的精忠报国、清白一生，到方孝孺、张苍水的刚正不阿、以身殉国；从沈括的博学多识、精研深究，到竺可桢的科学救国、求是一生；无论是陈亮、叶适的经世致用，还是黄宗羲的工商皆本；无论是王充、王阳明的批判、自觉，还是龚自珍、蔡元培的开明、开放，等等，都展示了浙江深厚的文化底蕴，凝聚了浙江人民求真务实的创造精神。

代代相传的文化创造的作为和精神，从观念、态度、行为方式和价值取向上，孕育、形成和发展了渊源有自的浙江地域文化传统和与时俱进的浙江文化精神，她滋育着浙江的生命力、催生着浙江的凝聚力、激发着浙江的创造力、培植着浙江的竞争力，激励着浙江人民永不自满、永不停息，在各个不同的历史时期不断地超越自我、创业奋进。

悠久深厚、意韵丰富的浙江文化传统，是历史赐予我们的宝贵财富，也是我们开拓未来的丰富资源和不竭动力。党的十六大以来推进浙江新发展的实践，使我们越来越深刻地认识到，与国家实施改革开放大政方针相伴随的浙江经济社会持续快速健康发展的深层原因，就在于浙江深厚的文化底蕴和文化传统与当今时代精神的有机结合，就在于发展先进生产力与发展先进文化的有机结合。今后一个时期浙江能否在全面建设小康社会、加快社会主义现代化建设进程中继续走在前列，很大程度上取决于我们对文化力量的深刻认识、对发展先进文化的高度自觉和对加快建设文化大省的工作力度。我们应该看到，文化的力量最终可以转化为物质的力量，文化的软实力最终可以转化为经济的硬实力。文化要素是综合竞争力的核心要素，文化资源是经济社会发展的重要资源，文化素质是领导者和劳动者的首要素质。因此，研究浙江文化的历史与现状，增强文化软实力，为浙江的现代化建设服务，是浙江人民的共同事业，也是浙江各级党委、政府的重要使命和责任。

2005年7月召开的中共浙江省委十一届八次全会，作出《关于加快建设文化大省的决定》，提出要从增强先进文化凝聚力、解放和发展生产力、增强社会公共服务能力入手，大力实施文明素质工程、文化精品工程、文化研究工程、文化保护工程、文化产业促进工程、文化阵地工程、文化传播工程、文化人才工程等"八项工程"，实施科教兴国和人才强国战略，加快建设教育、科技、卫生、体育等"四个强省"。作为文化建设"八项工程"之一的文化研究工程，其任务就是系统研究浙江文化的历史成就和当代发展，深入挖掘浙江文化底蕴、研究浙江现象、总结浙江经验、指导浙江未来的发展。

浙江文化研究工程将重点研究"今、古、人、文"四个方面，即围绕浙江当代发展问题研究、浙江历史文化专题研究、浙江名人研究、浙江历史文献整理四大板块，开展系统研究，出版系列丛书。在研究内容上，深入挖掘浙江文化底蕴，系统梳理和分析浙江历史文化的内部结构、变化规律和地域特色，坚持和发展浙江精神；研究浙江文化与其他地域文化的异同，厘清浙江文化在中国文化中的地位和相互影响的关系；围绕浙江生动的当代实践，深入解读浙江现象，总结浙江经验，指导浙江发展。在研究力量上，通过课题组织、出版资助、重点研究基地建设、加强省内外大院名校合作、整合各地各部门力量等途径，形成上下联动、学界互动的整体合力。在成果运用上，注重研究成果的学术价值和应用价值，充分发挥其认识世界、传承文明、创新理论、咨政育人、服务社会的重要作用。

我们希望通过实施浙江文化研究工程，努力用浙江历史教育浙江人民、用浙江文化熏陶浙江人民、用浙江精神鼓舞浙江人民、用浙江经验引领浙江人民，进一步激发浙江人民的无穷智慧和伟大创造能力，推动浙江实现又快又好发展。

今天，我们踏着来自历史的河流，受着一方百姓的期许，理应负起使命，至诚奉献，让我们的文化绵延不绝，让我们的创造生生不息。

2006 年 5 月 30 日于杭州

"浙江文化研究工程成果文库"序言

易炼红

国风浩荡、文脉不绝，钱江潮涌、奔腾不息。浙江是中国古代文明的发祥地之一，是中国革命红船启航的地方。从万年上山、五千年良渚到千年宋韵、百年红船，历史文化的风骨神韵、革命精神的刚健激越与现代文明的繁荣兴盛，在这里交相辉映、融为一体，浙江成为了揭示中华文明起源的"一把钥匙"，展现伟大民族精神的"一方重镇"。

习近平总书记在浙江工作期间作出"八八战略"这一省域发展全面规划和顶层设计，把加快建设文化大省作为"八八战略"的重要内容，亲自推动实施文化建设"八项工程"，构筑起了浙江文化建设的"四梁八柱"，推动浙江从文化大省向文化强省跨越发展，率先找到了一条放大人文优势、推进省域现代化先行的科学路径。习近平总书记还亲自倡导设立"文化研究工程"并担任指导委员会主任，亲自定方向、出题目、提要求、作总序，彰显了深沉的文化情怀和强烈的历史担当。这些年来，浙江始终牢记习近平总书记殷殷嘱托，以守护"文献大邦"、赓续文化根脉的高度自觉，持续推进浙江文化研究工程，接续描绘更加雄浑壮阔、精美绝伦的浙江文化画卷。坚持激发精神动力，围绕"今、古、人、文"四大板块，系统梳理浙江历史的传承脉络，挖掘浙江文化的深厚底蕴，研究浙江现象、总结浙江经验、丰富浙江精神，实施"'八八战略'理论与实践研究"等专题，为浙江干在实处、走在前列、勇立潮头提供源源不断的价值引导力、文化凝聚力、精神推动力。坚持打造精品力作，目前一期、二期工程已经完结，三期工程正在进行中，出版学术著作超过1700部，推出了"中国历代绘画大系"等一大批有重大影响的成果，持续擦亮阳明文化、和合文化、宋韵文化等金名片，丰富了中华文化宝库。坚持砥砺炼精兵强将，锻造了一支老中青梯次配备、传承有序、学养深厚的哲学社会科学人才队伍，培养了一批高水平学科带头人，为擦亮新时代浙江学术品牌提供了坚实智力人才支撑。

文化是民族的灵魂，是维系国家统一和民族团结的精神纽带，是民族生命力、创造力和凝聚力的集中体现。在以中国式现代化全面推进强国建设、民族复兴伟业的新征程上，习近平文化思想在坚持"两个结合"中，以"体用贯道、明体达用"的鲜明特质，茹古涵今明大道、博大精深言大义、萃菁取华集大成，鲜明提出我们党在新时代新的文化使命，推动中华文脉绵延繁盛、中华文明历久弥新，推动全党全国各族人民文化自信明显增强、精神面貌更加奋发昂扬。特别是今年9月，习近平总书记亲临浙江考察，赋予我们"中国式现代化的先行者"的新定位和"奋力谱写中国式现代化浙江新篇章"的新使命，提出"在建设中华民族现代文明上积极探索"的重要要求，进一步明确了浙江文化建设的时代方位和发展定位。

文明薪火在我们手中传承，自信力量在我们心中升腾。纵深推进文化研究工程，持续打造一批反映时代特征、体现浙江特色的精品佳作和扛鼎力作，是浙江学习贯彻习近平文化思想和习近平总书记考察浙江重要讲话精神的题中之义，也是浙江一张蓝图绘到底、积极探索闯新路、守正创新强担当的具体行动。我们将在加快建设高水平文化强省、奋力打造新时代文化高地中，以文化研究工程为牵引抓手，深耕浙江文化沃土、厚植浙江创新活力，为创造属于我们这个时代的新文化贡献浙江力量。要在循迹溯源中打造铸魂工程，充分发挥习近平新时代中国特色社会主义思想重要萌发地的资源优势，深入研究阐释

"八八战略"的理论意义、实践意义和时代价值,助力夯实坚定拥护"两个确立"、坚决做到"两个维护"的思想根基。要在赓续厚积中打造传世工程,深入系统梳理浙江文脉的历史渊源、发展脉络和基本走向,扎实做好保护传承利用工作,持续推动优秀传统文化创造性转化、创新性发展,让悠久深厚的文化传统、源头活水畅流于当代浙江文化建设实践。要在开放融通中打造品牌工程,进一步凝炼提升"浙学"品牌,放大杭州亚运会亚残运会、世界互联网大会乌镇峰会、良渚论坛等溢出效应,以更有影响力感染力传播力的文化标识,展示"诗画江南、活力浙江"的独特韵味和万千气象。要在引领风尚中打造育德工程,秉持浙江文化精神中蕴含的澄怀观道、现实关切的审美情操,加快培育现代文明素养,让阳光的、美好的、高尚的思想和行为在浙江大地化风成俗、蔚然成风。

我们坚信,文化研究工程的纵深推进,必将更好传承悠久深厚、意蕴丰富的浙江文化传统,进一步弘扬特色鲜明、与时俱进的浙江文化精神,不断滋育浙江的生命力、催生浙江的凝聚力、激发浙江的创造力、培植浙江的竞争力,真正让文化成为中国式现代化浙江新篇章中最富魅力、最吸引人、最具辨识度的闪亮标识,在铸就社会主义文化新辉煌中展现浙江担当,为建设中华民族现代文明作出浙江贡献!

2023 年 12 月

丛书引言

陈　来

改革开放以来，浙江的经济社会发展取得了迅速的、巨大的进步。面对于此，浙江省政府和学术界，积极探讨经济社会发展的文化根源，展开了不少对于"浙学"的梳理、探讨和总结，使之成为当代浙江文化发展的一项重要课题。

就概念来说，"浙学"并不是一个新的概念，而是一个宋代以来就不断使用于每个时代用以描述浙江学术文化的概念。经过20余年的梳理，如浙江学者吴光、董平等的研究，已经大致弄清了浙学及与之相关的学术学派观念的历史源流，为我们今天总结思考这一问题提供了坚实的基础。

本文所理解的"浙学"，当然以历史上的浙学观念为基础，但强调其在新时代的意义。今天我们所讲的浙学，应该是"千百年来的浙江人的文化创造和代代相传的文化传统"，包含了"浙江大地上曾经有的文化思想成果"，因此这一浙学概念不是狭义的，而是广义的大浙学的观念。

这样一个大浙学的观念，在历史上有没有依据呢？我认为是有的，从宋代以后，浙学的观念变化过程就是一个内涵和外延不断扩大的过程。以下我们就对这一过程作一个简述。

一

众所周知，最早提出"浙学"这一观念的是南宋大儒朱熹。但浙学的开端，现有的研究者基本认为可以追溯到汉代的王充。王充在其《论衡》中提倡的"实事疾妄"的学术精神，明显影响到后来浙学的发展。王充之后，浙学又经历了相当长的演化过程，不过直到南宋，浙江才有了成型的学术流派。朱熹不仅提出并使用浙学的概念，而且还使用"浙中学者""浙中之学""浙间学问"等概念，这些概念与他使用的浙学概念类似或相近。朱熹说：

> 浙学尤更丑陋，如潘叔昌、吕子约之徒，皆已深陷其中，不知当时传授师说，何故乖讹便至于此？（《朱子文集》卷五十《答程正思》）

潘叔昌，名景愈，金华人，是吕祖谦的弟子，而吕子约是吕祖谦的弟弟，可见朱子这里所说的浙学是指以吕祖谦为代表的婺学。《朱子年谱》淳熙十一年（1184）下："是年辩浙学。"所列即朱子与吕子约书等，说明朱子最开始与浙学的辩论是与以吕子约为首的婺学辩论。上引语录中朱熹没有提到其他任何人。这也说明，朱子最早使用的浙学概念是指婺学。

《朱子年谱》列辩浙学之后，同年中又列了辩陈亮之学。事实上，朱子与陈亮的辩论持续了两年。这也说明《朱子年谱》淳熙十一年一开始所辩的浙学不包括陈亮之学，以后才扩大到陈亮的永康之学。朱子也说：

> 婺州近日一种议论愈可恶，大抵名宗吕氏，而实主同父，深可忧叹。（《朱子文集》，《续集》卷一《答黄直卿》）

同父（同甫）是陈亮的字，朱子还说："海内学术之弊，江西顿悟，永康事功。"（《朱子年谱》淳熙十二年）用事功之学概括陈亮永康之学的宗旨要义。

《朱子年谱》淳熙十二年（1185）言"是岁与永嘉陈君举论学"，说明到了淳熙十二年，朱子与浙学的辩论从吕氏婺学、陈亮永康之学进一步扩大至陈傅良之学。绍熙二年（1191）又扩大至叶适之学。陈傅良、叶适二人皆永嘉学人，此后朱子便多以"永嘉之学"称之，而且把永康、永嘉并提了。

《朱子年谱》为朱子门人李方子等编修，李本年谱已有"辩浙学"的部分，说明朱子门人一辈当时已正式使用浙学这个概念。

朱子谈到永嘉之学时说：

> 因说永嘉之学，曰："张子韶学问虽不是，然他却做得来高，不似今人卑污。"（《朱子语类》卷一百二十三）

这是朱子晚年所说，他以张子韶之学对比永嘉之学，批评永嘉之说卑污，这是指永嘉功利之说。

> "永嘉学问专去利害上计较，恐出此。"又曰："'正其谊不谋其利，明其道不计其功。'正其谊，则利自在；明其道，则功自在。专去计较利害，定未必有利，未必有功。"（《朱子语类》卷三十七）
>
> 因言："陆氏之学虽是偏，尚是要去做个人。若永嘉永康之说，大不成学问，不知何故如此。"（《朱子语类》卷一百二十二）

这里的"大不成学问"，也是指卑陋、专去利害上计较功利。

以上是对南宋浙学观念的概述。朱子提出的浙学，原指婺州吕学，后扩大到永康陈亮之学，又扩大到永嘉陈傅良、叶适之学，最后定位在指南宋浙江的事功之学。由于朱子始终将浙学视为"专言功利"之学而加以批判，故此时的"浙学"之概念不仅是贬义词，而且所指也有局限性，并不足以反映当时整个浙学复杂多样的形态和思想的丰富性。

二

现在我们来看看明代。明代浙江学术最重要的是阳明学的兴起。那么，阳明学在明代被视为浙学吗？

明代很少使用"浙学"一词，如《宋元学案》中多次使用浙学，《明儒学案》竟无一例使用。说明宋人使用"浙学"一词要远远多于明人，明代学术主流学者几乎不用这一概念。不过，明代万历时的浙江提学副使刘麟长曾作《浙学宗传》，此书具有标志性的意义。《浙学宗传》仿照周汝登《圣学宗传》，但详于今儒，大旨以王阳明为主，而援朱子以入之。此书首列杨时、朱子、象山，以作为浙学的近源：

> 缘念以浙之先正，呼浙之后人，即浙学又安可无传？……论浙近宗，则龟山、晦翁、象山三先生。其子韶、慈湖诸君子，先觉之鼻祖欤？阳明宗慈湖而子龙溪数辈，灵明耿耿，骨骨相贯，丝丝不紊，安可诬也！（刘麟长《浙学宗传序》）

刘麟长不是浙江人，他把南宋的杨时、朱熹、陆九渊作为浙学的近宗之源，而这三人也都不是浙江人。如果说南宋理学的宗师是浙学的近宗，那么远宗归于何人？刘麟长虽然说是尧舜孔孟，但也给我们一个启发，即我们把王充作为浙学的远源应该也是有理由的。然后，刘麟长把南宋的张子韶（张九成）、杨慈湖（杨简）作为浙学的先觉鼻祖，这两位确实是浙江人。《浙学宗传》突出阳明、龙溪，此书的意义是，把阳明心学作为浙学的主流，而追溯到宋代张子韶和杨慈湖，这不仅与朱子宋代浙学的观念仅指婺州、永康、永嘉之学不同，包括了张九成和杨简，而且在学术思想上，把宋代和明代的心学都作为浙学，扩大了浙学的范围。

此书的排列，在杨时、朱熹、陆九渊居首之后，在宋代列张九成、吕祖谦、杨简、何基、王柏、金履祥、许谦。刘麟长说："于越东莱先生与吾里考亭夫子，问道质疑，卒揆于正，教泽所渐，金华四贤，称朱学世嫡焉。"何基以下四人皆金华人，即"北山四先生"，这四先生都是朱学的传人。这说明在刘麟长思想中，浙学也是包括朱子学的。这个问题我们下面再讲。

此书明代列刘伯温、宋潜溪、方正学、吴叡仲、陈克庵、黄世显、谢文肃、贺医闾、章枫山、郑敬斋、潘孔修、萧静庵、丰一斋、胡支湖、王阳明、王龙溪、钱绪山、邵康僖、范栗斋、周二峰、徐曰仁、胡川甫、邵弘斋、郑淡泉、张阳和、许敬庵、周海门、陶石篑、刘念台、陶石梁、陈几亭。其中不仅有王阳明学派，还有很多是《明儒学案》中《诸儒学案》的学者，涵盖颇广。但其中最重要的应是王阳明和刘宗周（念台）。可见王阳明的心学及其传承流衍是刘麟长此书所谓浙学在明代的主干。在此之前蔡汝楠也说过"吾浙学自得明翁夫子，可谓炯如日星"，把王阳明作为浙学的中坚。

三

朱子的浙学观念只是用于个人的学术批评，刘麟长的浙学概念强调心学是主流，而清初的全祖望则是在学术史的立场上使用和理解浙学这一概念，他对浙学范围的理解就广大得多。

全祖望对南宋永嘉学派的渊源颇为注意，《宋元学案》卷六：

　　王开祖，字景山，永嘉人也。学者称为儒志先生。……又言：

> "由孟子以来，道学不明。今将述尧、舜之道，论文、武之治，杜淫邪之路，开皇极之门。吾畏天者也，岂得已哉！"其言如此。是时，伊、洛未出，安定、泰山、徂徕、古灵诸公甫起，而先生之言实遥与相应。永嘉后来问学之盛，盖始基之。

这是认为，北宋，在二程还未开始讲学时，被称为"宋初三先生"的胡瑗（安定）、孙复（泰山）、石介（徂徕）等刚刚讲学产生影响，王开祖便在议论上和"三先生"远相呼应而成为后来永嘉学派的奠基人。

全祖望在《宋元学案·周、许诸儒学案》案语中说：

> 世知永嘉诸子之传洛学，不知其兼传关学。考所谓"九先生"者，其六人及程门，其三则私淑也。而周浮沚、沈彬老，又尝从蓝田吕氏游，非横渠之再传乎？鲍敬亭辈七人，其五人及程门。……今合为一卷，以志吾浙学之盛，实始于此。（《宋元学案》卷三十二）

这就指出，在南宋永嘉学派之前，北宋的"永嘉九先生"（周行己、许景衡、沈躬行、刘安节、刘安上、戴述、赵霄、张辉、蒋元中）都是二程理学的传人。南宋浙学的盛行，以"永嘉九先生"为其开始。这就强调了二程理学对浙学产生的重要作用，也把二程的理学看作浙学的奠基源头。

> 祖望谨案：伊川之学，传于洛中最盛，其入闽也以龟山，其入秦也以诸吕，其入蜀也以谯天授辈，其入浙也以永嘉九子，其入江右也以李先之辈，其入湖南也由上蔡而文定，而入吴也以王著作信伯。（《宋元学案》卷二十九）

这就明确指明伊川之学是由"永嘉九先生"引入浙江，"永嘉九子"是二程学说入浙的第一代。

"九先生"之后，郑伯熊、薛季宣都是程氏传人，对南宋的永嘉学派起了直接的奠基作用。《四库全书总目提要》说："朱子喜谈心性，季宣兼重事功，永嘉之学遂为一脉。"

> 永嘉以经制言事功，皆推原以为得统于程氏。永康则专言事功而无所承，其学更粗莽抢魁，晚节尤有惭德。述《龙川学案》。（《宋元学案》卷五十六）

永嘉学派后来注重经制与事功，其源头来自二程；而永康只讲事功不讲经制，这正是因为其学无所承。

> 祖望谨案：永嘉之学统远矣，其以程门袁氏之传为别派者，自艮斋薛文宪公始。艮斋之父，学于武夷，而艮斋又自成一家，亦人门之盛也。其学主礼乐制度，以求见之事功。（《宋元学案》卷五十二）

按照全祖望的看法，永嘉之学的学统可远溯及二程，袁道洁曾问学于二程，又授其学于薛季宣，而从薛氏开始，向礼乐兵农方向发展，传为别派。此派学问虽为朱子所不喜，被视为功利之学，但其程学渊源不可否认。

> 梓材谨案：永嘉之学，以郑景望为大宗，止斋、水心，皆郑氏门人。郑本私淑周浮沚，以追程氏者也。（《宋元儒学案》序录）

王梓材则认为，"永嘉九先生"之后，真正的永嘉学派奠基于郑景望，而郑景望私淑周行己，追慕二程之学。

梓材谨案：艮斋为伊川再传弟子，其行辈不后于朱、张，而次于朱、张、吕之后者，盖永嘉之学别起一端尔。（《宋元儒学案》序录）

王梓材也认为，薛季宣是二程再传，但别起一端，即传为别派，根源上还是程学。

黄百家《宋元学案·龙川学案》案语说：

永嘉之学，薛、郑俱出自程子。是时陈同甫亮又崛兴于永康，无所承接。然其为学，俱以读书经济为事，嗤黜空疏随人牙后谈性命者，以为灰埃，亦遂为世所忌，以为此近于功利，俱目之为浙学。（《宋元学案》卷五十六）

总之，传统学术史认为，两宋浙学的总体格局是以程学为统系的，南宋的事功之学是从这一统系转出而"别为一派"的。

二程门人中浙人不少，在浙江做官者亦不少，如杨时曾知余杭、萧山。朱熹的门人、友人中浙人亦不少，如朱子密友石子重为浙人，学生密切者巩仲至（婺州）、方宾王（嘉兴）、潘时举（天台）、林德久（嘉兴）、沈叔晦（定海）、周叔瑾（丽水）、郭希吕（东阳）、辅广（嘉兴）、沈僴（永嘉）、徐寓（永嘉）等都是浙人。

全祖望不仅强调周行己是北宋理学传入浙江的重要代表，"永嘉九先生"是浙学早期发展的引领者，永嘉学派是程氏的别传，更指出朱熹一派的传承在浙学中的地位：

勉斋之传，得金华而益昌，说者谓北山绝似和靖，鲁斋绝似上蔡，而金文安公尤为践体达用之儒，浙学之中兴也。述北山四先生学案。（《宋元学案》卷八十二）

勉斋即黄榦，是朱子的高弟，北山即何基，鲁斋即王柏，文安即金履祥，再加上许谦，这几人都是金华人，是朱学的重要传人，代表了南宋末年的金华学术。全祖望把"永嘉九先生"称为"浙学之始"，把"北山四先生"称为"浙学之中兴"，可见他把程朱理学看作浙学的主体框架，认为程朱理学的一些学者在特定时期代表了浙学。这一浙学的视野就比宋代、明代要宽广很多了。于是，浙学之中，不仅有事功之学，有心学，也有理学。

其实，朱学传承，不仅是勉斋传北山。黄震的《日钞》说：

> 乾淳之盛，晦庵、南轩、东莱称三先生。独晦庵先生得年最高，讲学最久，尤为集大成。晦庵既没，门人如闽中则潘谦之、杨志仁、林正卿、林子武、李守约、李公晦，江西则甘吉父、黄去私、张元德，江东则李敬之、胡伯量、蔡元思，浙中则叶味道、潘子善、黄子洪，皆号高弟。（《宋元学案》卷六十三《勉斋学案》附录）

浙江的这几位传朱学的人，都是朱子有名的门人，如叶味道，"嘉定中，叶味道、陈埴以朱学显"（《宋元学案》卷三十二）。"永嘉为朱子学者，自叶文修公（味道）、潜室（陈埴）始。"（《宋元学案》卷六十五》）黄子洪名士毅，曾编《朱子语类》"蜀类"。潘子善名"时举"。这说明南宋后期永嘉之学中也有朱学。

关于朱学，全祖望还说：

> 四明之专宗朱氏者，东发为最，《日钞》百卷，躬行自得之言也，渊源出于辅氏。晦翁生平不喜浙学，而端平以后，闽中、江右诸弟子，支离舛戾固陋无不有之，其能中振之者，北山师弟为一支，东发为一支，皆浙产也。（《宋元学案》卷八十六）

他把黄震（字东发）视为四明地区传承朱学最有力的学者，说黄震出自朱子门人辅广。全祖望指出，南宋末年，最能振兴朱学的，一支是前面提到的金华的"北山四先生"，一支就是四明的黄震。他特别指出，这两支都是浙产，即都是浙学。《宋元学案》序录底本谓："勉斋之外，庆源辅氏其庶几乎！故再传而得黄东发、韩恂斋，有以绵其绪焉。"

此外，全祖望在浙江的朱学之外，也关注了浙江的陆学：

> 槐堂之学，莫盛于吾甬上，而江西反不逮……甬上之西尚严陵，亦一大支也。（《宋元学案》卷七十七）

"甬上四先生"是陆学在浙江的代表。全祖望称之为"吾甬上"，即包含了把浙江的陆学派视为浙学的一部分之意。严陵虽在浙西，但在全祖望看来，是浙江陆学在甬上之外的另一大支，自不能不看作浙学的一部分。

四

谈到浙学就不能不谈及浙东学派的概念。

黄宗羲是浙东学派这一概念的最早使用者之一。在《移史馆论不宜立理学传书》中，他反驳了史馆馆臣"浙东学派最多流弊"的说法，这说明馆臣先已使用了"浙东学派"这个概念，并对浙东学术加以批评。黄宗羲认为：

> 有明学术，白沙开其端，至姚江而始大明。……逮及先师蕺山，学术流弊，救正殆尽。向无姚江，则学脉中绝；向无蕺山，则流弊充塞。凡海内之知学者，要皆东浙之所衣被也。今忘其衣被之

功，徒訾其流弊之失，无乃刻乎！（《黄宗羲全集》增订本第十册）

黄宗羲认为陈白沙开有明一代学脉，至王阳明始大明，这说明他是站在心学的立场上论述明代思想的主流统系。他同时指出，阳明之后流弊充塞，刘蕺山（刘宗周）出，才将流弊救正过来。所以，明代思想学术中，他最看重的是陈白沙、王阳明和刘蕺山，而王阳明、刘蕺山被视为浙东学术的中坚。在这个意义上，他强调要看到浙东学派的功绩，而不是流弊。黄宗羲是在讨论浙东学派的历史功绩，但具体表述上他使用的是"学脉"，学脉比学派更宽，超出了学派的具体指向。从黄宗羲这里的说法来看，他对"浙东学派"的理解是儒学的、理学的、哲学的，而不是历史的。而黄宗羲开其端，万斯同、全祖望等发扬的清代浙东学派则以史学为重点，不是理学、哲学的发展了。

浙东学派的提法，可以看作是历史上一个与浙学观念类似的、稍有局限的学术史观念。因为浙东学派在名称上就限定了地域，只讲浙东，不讲浙西。这和"浙学"不分东西是不同的。浙东学派这样一个概念的提出也是有理由的，因为历史上浙学的发展，其重点区域一直在浙东，宋代、明代都是如此。

在全祖望之后，乾隆时章学诚《浙东学术》提出：

浙东之学，虽出婺源，然自三袁之流，多宗江西陆氏，而通经服古，绝不空言德性，故不悖于朱子之教。至阳明王子，揭孟子之良知，复与朱子抵牾。蕺山刘氏本良知而发明慎独，与朱子不合，亦不相诋也。梨洲黄氏，出蕺山刘氏之门，而开万氏弟兄经史之学，以致全氏祖望辈，尚存其意，宗陆而不悖于朱者也。唯西河毛氏，发明良知之学，颇有所得，而门户之见，不免攻之太过，虽浙东人亦不甚以为然也。

世推顾亭林氏为开国儒宗，然自是浙西之学，不知同时有黄梨洲氏出于浙东，虽与顾氏并峙，而上宗王、刘，下开二万，较之

> 顾氏，源远而流长矣。顾氏宗朱，而黄氏宗陆，盖非讲学专家，各
> 持门户之见者，故相互推服，而不相非诋。学者不可无宗主，然必
> 不可有门户。故浙东、浙西，道并行而不悖也。（《文史通义》内
> 篇卷五）

其实，清初全祖望在回顾北宋中期的学术思想时曾指出：

> 庆历之际，学统四起。齐、鲁则有士建中、刘颜夹辅泰山而
> 兴。浙东则有明州杨、杜五子，永嘉之儒志、经行二子，浙西则有
> 杭之吴存仁，皆与安定胡学相应……（《宋元学案》卷六）

这说明全祖望在回顾浙学发展之初，就是浙东、浙西不分的。章学诚
认为浙东之学，出于朱熹，而从"三袁"（袁燮为"明州四先生"之
一，袁燮与其子袁肃、袁甫合称"三袁"）之后多宗陆象山，但是宗
陆不悖于朱。他又说王阳明与朱子不合亦不相诋，这就不符合事实了，
阳明批评朱子不少，在其后期尤多。章学诚总的思想是强调学术上不
应有门户之见，宗陆者应不悖朱，宗朱者可不诋陆，不相非诋。他认
为浙东与浙西正是如此，道并行而不悖。所以，他论浙学，与前人如
黄宗羲不同，是合浙东、浙西为一体，这就使其浙学观较之前人要宽
大得多了。

> 四明之学多陆氏。深宁之父亦师史独善以接陆学，而深宁绍
> 其家训，又从王子文以接朱氏，从楼迂斋以接吕氏，又尝与汤东涧
> 游，东涧亦兼治朱、吕、陆之学者也。和齐斟酌，不名一师。
> （《宋元学案》卷八十五）

《宋元学案·深宁学案》中把兼治陆学、朱学、吕学，没有门户之见的
状态描述为"和齐斟酌"。章学诚用"并行不悖"概括浙学"和齐斟

酌"的性格，也是很有见地。

由以上所述可见，"浙学"所指的内容从宋代主要是事功之学，到明代扩大到包含心学，再到清初进一步扩大到包含理学，"浙学"已经变成一个越来越大的概念；经过全祖望、章学诚等的论述，浙学由原来只重浙东学术而变成包括浙东、浙西，成为越来越宽的概念。这些为我们今天确立大的浙学概念，奠定了深厚的历史基础。

五

有关儒学的普遍性与地域性，我一向认为，中国自秦汉以来，各地文化已经交流频繁，并没有一个地区是孤立发展的，特别是在帝国统一的时代。宋代以后，文化的同质性大大提高，科举制度和印刷业在促进各地文化的统一性方面起了巨大作用。因此，儒学的普遍性和地域性是辩证的关系，这种关系用传统的表述可谓"理一而分殊"，统一性同时表达为各地的不同发展，而地域性是在统一性之下的地方差别。没有跳出儒学普遍性之外的地域话语，也不可能有离开全国文化总体性思潮涵盖的地方儒学。不过，地域文化的因素在交往还不甚发达的古代，终究是不能忽视的，但要弄清地域性的因素表现在什么层次和什么方面。如近世各地区的不同发展，主要是因为各地的文化传统之影响，而不是各地的经济—政治结构不同。所以，问题的关键不在于承认不承认地域性的因素，而在于如何理解和认识、掌握地域性因素对思想学术的作用。

近一二十年，全国各地，尤其是经济发达的地区或文化教育繁荣发展的地区，都很注重地域文化的挖掘与传承。这可以看作是中国崛起的总态势下、中华文化自觉的总体背景之下各种局部的表达，有着积极的意义，也促进了地域文化研究的新开展。其中浙学的探讨似乎是在全国以省为单位的文化溯源中特别突出的。这一点，只要对比与浙江地域文化最接近、经济发展和教育发展水平最相当的邻省江苏，就很清楚。江苏不仅没有浙江那么关注地域文化总体，其所关注的也往往是"吴文化"一类。指出下面一点应该是必要的，即与其他省份多侧重"文化"的展示不同，浙江更关注的是浙学的总结发掘。换言之，其他省份多是宣传展示广义的地域文化的特色，而浙江更多关注的是学术思想史意义上的地域学术的传统，这是很不相同的。

当然，这与一个省在历史上是否有类似的学术资源或论述传统有关。如朱熹在南宋时已使用"浙学"，主要指称婺州吕氏、永康陈亮等所注重的着重古今世变、强调事功实效的学术。明代王阳明起自越中，学者称阳明学在浙江的发展为"浙中心学"；清初黄宗羲倡导史学，史称"浙东史学"。明代以后，"浙学"一词使用渐广。特别是，"浙东史学"或"浙东学派"的提法，清代以来已为学者所耳熟能详，似乎成了浙学的代名词。当代关于浙学的探讨持续不断，在浙江尤为集中。可以说，南宋以来，一直有一种对浙学的学术论述，自觉地把浙学作为一个传统来寻求其建构。我以为这显示着，至少自南宋以来，浙江的学术思想在各朝各代都非常突出，每一时代浙江的学术都在全国学术中成为重镇或重点，产生了较大影响。所谓浙学也应在这一点上突出其意义，而与其他各省侧重于"文化"展现有所分别。事实上，"浙学"与"浙江文化"的意义就并不相同。总之，这些历史上的浙学提法显示，宋代以来，每一时代总有一种浙学被当时的学术思想界所重视、所关注，表明近世以来的浙江学术总是积极地参与中国学术思想、思潮的发展潮流，使浙学成为宋代以来中国学术思想发展中的重要成分。每一时代的浙江学术都在全国发出一种重要的声音，影响了全国，使浙学成为中国学术思想史内在的一个重要部分。

当然，每一时代的浙江学术及其各种学术派别往往都有所自觉地与历史上某一浙学的传统相联结而加以发扬，同时参与全国学术思想的发展。因此，浙学的连续性是存在的，但这不是说宋代永嘉事功学影响了明代王阳明心学，或明代阳明心学影响了清代浙东史学，而是说每一时期的学术都在以往的浙学传统中有其根源，如南宋"甬上四先生"可谓明代浙中心学的先驱,而浙东史学又可谓根源于南宋浙学等。当然,由于全国学术的统一性,每一省的学术都不会仅仅是地方文化的传承,如江西陆氏是宋代心学的创立者,但其出色弟子皆在浙江如甬上;而后来王阳明在浙中兴起,但江右王学的兴盛不下于浙中,这些都是例子。浙学的不断发展不仅是对以往浙江学术的传承,也是对全国学术思想的吸收、回应和发展,是"地方全国化"的显著例子。

对浙学的肯定不必追求一个始终不变的特定学术规定性,然而,能否寻绎出浙学历史发展中的某种共同特征或精神内涵呢?浙学中有哪些是与浙江的历史文化特色有密切关联,从而更能反映浙江地域文化和文化精神的呢?关于历代浙学的共同特征,已经有不少讨论,未来也还会有概括和总结。我想在这里提出一种观察,即南宋以来,浙江的朱子学总体上相对不发达。虽然朱熹与吕祖谦学术关系甚为密切,但吕氏死后,淳熙、绍熙年间,在浙江并未出现朱子学的重要发展,反而出现了以"甬上四先生"为代表的陆学的重要发展。南宋末年至元初,"金华四先生"的朱子学曾有所传承,但具有过渡的特征,而且在当时的浙江尚未及慈湖心学的影响,与"甬上四先生"在陆学所占的重要地位也不能相比。元、明、清时代,朱子学是全国的主流学术,但在文化发达的浙江,朱子学始终没有成为重点。这似乎说明,浙江学术对以"理"为中心的形而上学的建构较为疏离,而趋向于注重实践性较强的学术。不仅南宋的事功学性格如此,王阳明心学的实践性也较强,浙东史学亦然。朱子学在浙江相对不发达这一事实可以反衬出浙江学术的某种特色,我想这是可以说的。从这一点来说,虽然朱熹最早使用"浙学"的概念,但我们不能站在朱熹批评浙学是功利主义这样的立场来理解浙学,而是要破除朱熹的偏见,跳出朱熹的局限来认识这一点。对此,我的理解是,与重视"理"相比,浙学更重视的是"事"。黄宗羲《艮斋学案》案语:"永嘉之学,教人就事上理会,步步著实,言之必使可行,足以开物成务。"(《宋元学案》卷五十二)这个对永嘉之学的概括,是十分恰当的。南宋时陈傅良门人言:"陈先生，其教人读书，但令事事理会，……器便有道，不是两样，须是识礼乐法度皆是道理。"此说正为"事即理"思想的表达。故永嘉之学的中心命题有二，一是"事皆是理"，二是"事上理会"。这些应该说不仅反映了永嘉学术，而且在一定意义上反映了浙学的性格。总之，这个问题的思考和回答是开放的，本丛书的编辑目的之一，正是为了使大家更好地思考和回答这些问题。

浙学是"浙江大地上曾经有的文化思想成果"，浙学在历史上本来就不是单一的，而是富于多样性的。这些成果有些是浙江大地上产生的，有些是从全国各地引进发展的，很多对浙江乃至全国都发生了重要影响。正如学者指出的，南宋的事功学、明代的心学、清代的浙东史学是"浙学最具坐标性质的思想流派"，是典型的根源于浙江而生的学术思想，而民国思想界重要的浙江籍学者也都继承了浙学的"事上理会""并行不悖""和齐斟酌"的传统，值得不断深入地加以总结研究。

目　录

导　读

叶适的《习学记言序目》是永嘉学派的代表性著作，它以读书札记的形式，通过评论儒家经典与史、子典籍以及宋人著作，表达了叶适晚年成熟时期的思想，不仅是南宋思想史上的一部重要著作，而且在整个中国思想史上也具有一定的地位。

一、生平与著述

在南宋乾道、淳熙年间（1165—1189）儒家道学运动兴起以后，随着湖湘学派代表人物张栻（1133—1180）、婺学代表人物吕祖谦（1137—1181）的去世，道学的思想话语权与影响力分归朱熹（1130—1200）、陆九渊（1139—1193）两家，叶适作为相对晚起的思想家，以其思想与行动，集永嘉学派之大成而与之鼎足。

叶适（1150—1223），字正则，浙江温州人，晚年定居温州城外水心村，学者称其为水心先生，《宋史》有传。关于叶适的生平事迹，今人周学武的《叶水心先生年谱》①与周梦江的《叶适年谱》②作了较清楚的编年梳理，张义德的《叶适评传》③也有较详细的介绍。这里只略述叶适生平中的一些重点。叶适的生平大致可以他59岁（嘉定元年，1208年）被夺官息影于水心村分为前后两个时期：前期是从政，实践

①周学武：《叶水心先生年谱》，（台湾）大安出版社1988年版。
②周梦江：《叶适年谱》，浙江古籍出版社1996年版。
③张义德：《叶适评传》，南京大学出版社1994年版。

其政治理想，思想初步形成并定型；后期是总结思想并予阐发，倡导永嘉思想，以斯文为己任。在宗旨上，叶适的思想是前后一贯的，区别仅在于思考重点与呈现形式有所不同。作为思想的反映，前者主要见于《叶适集》，尤其是其中的《进卷》《外稿》及奏札部分，后者则以《习学记言序目》为代表。

淳熙五年（1178），叶适进士及第，历任工部侍郎、吏部侍郎、知建康府兼沿江制置使。叶适的整个仕宦生涯经历了孝宗、光宗、宁宗三朝，其中，孝宗时期主要有三事。一是淳熙十一年，诏大臣各举贤良方正能直言极谏者一人，叶适进呈《进卷》，这是他早年思想的重要著述。二是淳熙十四年，轮对上书孝宗，有"国是难变，议论难变，人材难变，法度难变，加以兵多而弱不可动，财多而乏不可动，不信官而信吏不可动，不任人而任法不可动，不用贤能而用资格不可动"的"四难五不可"议论，[1]反映了叶适对时政的认识，令孝宗读了深具感慨。三是淳熙十五年，发生了陈贾请禁道学、林栗弹劾朱熹的事件，叶适上书抗辩。

光宗、宁宗时期，叶适介入朝政更深一些，主要也有三件事情。第一件是绍熙五年（1194），孝宗去世，光宗未能执丧，引发政治危机，朝廷发生政变，迫使光宗禅位于宁宗，叶适是重要的参与者。第二件是宁宗庆元二年（1196）发生打击道学运动的庆元党禁案，叶适被弹劾罢官，次年朝廷籍伪学五十九人，叶适名列其中。第三件是宁宗开禧二年（1206）朝廷启动北伐，叶适因一向主张抗金，以人望被召入朝。但此时叶适已深知南宋的问题，没有实力北伐，因此强烈主张以修边代替开边，整兵代替用兵，强调节用、减赋以宽民力。朝廷没有接纳叶适意见，但仍欲借重叶适之名起草北伐诏书，叶适力辞。北伐开启以后，叶适虽然持保留意见，但又临危受命，出任建康知府兼沿

---

① 〔宋〕叶适：《叶适集》第三册，刘公纯、王孝鱼、李哲夫点校，中华书局1961年版，第835页。

江制置使，投入前线的战事。北伐失败，朝廷不审事由本末，叶适以附会开启兵端而被夺职，叶适没有自辩，从此杜门家居，专心于学术思想，奉祠十三年而去世，谥忠定。

叶适自青年起，就富具家国情怀，《宋史》本传称他"志意慷慨，雅以经济自负"。然而观其从政经历，虽历任地方与朝廷官员，但其实是未尽其才。

从政期间，叶适也进行了广泛的学术思想活动。在进士及第以前，叶适已先后结识永嘉学派的代表人物陈傅良（1137—1203）、薛季宣（1134—1173），永康学派的代表人物陈亮（1143—1194），并从吕祖谦游，参与浙学的思想活动。此后，又与朱熹等有过学术交流。作为永嘉学派的集大成者，叶适虽然在思想上与朱熹理学、陆九渊心学有重大分歧，但在政治上与他们是同属于道学士群的。因此，叶适与整个道学士群有着广泛的思想交流，并成为道学运动的重要参与者。

叶适的著作《叶适集》与《习学记言序目》都已由中华书局分别于1961年与1977年整理出版，这一选读本就是根据中华书局1977年的版本来选编的。《叶适集》包括了《水心文集》与《水心别集》。由于《水心文集》与《水心别集》原有重复，因此中华书局合刊为《叶适集》时，去其重复，但保留了各自集名与目录。

《水心文集》最初是由叶适的门人赵汝谠编定的。赵汝谠《水心文集序》曰：

> 集起淳熙壬寅，更三朝，四十余年中，期运通塞，人物散聚，政化隆替，策虑安危，往往发之于文，读之者可以感慨矣！故一用编年，庶有考也。

也就是说，《水心文集》最初是按年编定的，时间跨度达四十多年，尤以从政时期的思想与交游为主要内容。但此本至明代已无完本，出现了各种名称的遗本，现存最早的文本是明代黎谅编集的。黎谅早年读题为叶适著的《策场标准集》，很欣赏，但内容前后亡缺脱落。后，黎谅任浙江处州推官，叶适的祖籍地是处州府龙泉，黎谅便在地方上用心访求叶适著述的各种遗本，历时八年才得以汇编完成。黎谅《水心文集跋》曰：

> 有曰《文粹》，曰《叶学士文集》，曰《水心文集》，及余幼时所读《标准集》者，其总目有四，惟《标准》一集十亡其七八，公暇躬自誊录。其各集中所作札、状、奏议、记、序、诗、铭并杂著，成篇章者得八百余篇，编集汇次，分为二十九卷，其所著经传子史，编为《后集》，总名曰《水心先生文集》。①

《四库全书总目》著录与《四部丛刊》中的《水心文集》就是这个黎编本，但只有二十九卷，并没有"其所著经传子史，编为《后集》"的部分。清代孙衣言编《永嘉丛书》，以黎本为底本，又取各种相关著述校补，始编成更精良的《水心文集》，仍二十九卷，另附一卷《补遗》，这也就是中华书局1961年出版所本。

《水心文集》二十九卷中，卷十三至二十五都是墓志铭，占了整个文集的很大比重。对此，赵汝说在序文中专门作了说明：

> 昔欧阳公独擅碑铭，其于世道消长进退，与其当时贤卿大夫功行，以及闾巷山岩朴儒幽士隐晦未光者，皆述焉，辅史而行，其意深矣。此（水心）先生之志也。②

这一说明强调了叶适的用意是通过这些墓志铭来记录真实、丰富的历史。后来孙衣言在《校刊黎本水心文集书后》中，也专门指出了《水

---

① 《叶适集》第一册，第5页。
② 《叶适集》第一册，第1页。

心文集》的这一特点，尤其指出这些碑铭对于温州地方史志的重要性。

　　《水心别集》共十六卷，前九卷是《进卷》，中六卷是《外稿》，末一卷是《后总》。在卷十五后，有叶适自跋，可知《别集》的前十五卷是叶适在宁宗嘉泰四年（1204）55岁时亲自编定的。由于《别集》的前十五卷集中系统地反映了叶适的政治思想，故叶适虽作自谦，但对此是看重的，不仅亲自编定，而且准备日后传授给儿子叶宲、叶宓。叶适曰：

　　　　此书虽与一世之论绝异，然其上考前世兴坏之变，接乎今日利害之实，未尝特立意见，创为新说也。惜其粗有益于治道，因稍比次而系以二疏于后，他日以授宲、宓焉。①

最后一卷《后总》，叶适门人孙之弘在《习学记言序目·序》中提及，"笔墨将绝，别有《后总》，特秘而未传"②，应该是叶适最后的著作，其内容也是有关治道的，后人编为《别集》末卷。

　　如前所述，《叶适集》包括了札、状、奏议、记、序、诗、铭，以及杂著，文体形式丰富多样。比较起来，《习学记言序目》很单纯，全是读书札记。叶适门人孙之弘《序》曰：

　　　　《习学记言序目》者，龙泉叶先生所述也。初，先生辑录经史百氏条目，名《习学记言》，未有论述。自金陵归，间研玩群书，更十六寒暑，乃成《序目》五十卷。

并说明这个五十卷本是叶适儿子叶宲"以先志编次"。③孙之弘所讲的"自金陵归"，就是指开禧北伐失败后，叶适罢任建康知府兼沿江制置

---

①《叶适集》第三册，第844页。

②〔宋〕叶适：《习学记言序目》下册，中华书局1977年版，第760页。

③《习学记言序目》下册，第759页。

使，退隐水心村。这说明《习学记言序目》是叶适退隐以后，在长期读书笔记的基础上，进一步"研玩群书，更十六寒暑"而撰成的著作。因此，此书是叶适思想在晚年深思熟虑后的表达。

或以为《习学记言》与《序目》是两部书，或将《习学记言序目》误题为《习学记言》，其实孙之弘的序讲得很清楚，《习学记言》原本只是叶适长期以来的读书笔记，《序目》是在《习学记言》的基础上写成的札记评论体著作。《序目》既成，题为《习学记言序目》，每则评论的对象都有标注，原来的摘录便无须保留了。

另据汪纲初刻本《跋》，《习学记言序目》自始就有两个版本。一个是他原初从林居安那里获得的本子，分前后两帙：

> 一自《书》《诗》《春秋》三经历代史记讫《五代史》，大抵备史法之醇疵，集时政之得失，所关于世道者甚大；一自《易》、《礼》、《论》、《孟》五经诸子讫吕氏《文鉴》，大抵究物理之显微，著文理之盛衰，所关于世教者尤切。

另一个就是叶宷编定、孙之弘拿给汪纲的本子，"用诸经史子前后排比次第，聚为一书，总五十卷"。而又据赵汝铎告知汪纲，叶适实际的著述前后与林居安的前后两帙本是一致的，只是当时市面上已按照孙之弘的本子在刊刻了。对此，汪纲在《跋》中特意说明：

> 余尝反覆绅绎其故，此分彼合，要皆不为无意，读者幸有考焉。①

并指出，林、孙、赵三人都是叶适的高足。比较两个本子的不同，孙本是按照传统目录经、史、子的先后编排，《序目》既是读书札记，这

---

① 《习学记言序目》下册，第762页。

样重新编排自无不可；而林本是以叶适的思想来编排，不仅符合叶适著述的实况，而且"世道"与"世教"的区分也是叶适思想的重要表征，保留原状似乎更有益于对叶适思想的理解。因此，现在研读《习学记言序目》五十卷本时，应该注意到最初版本的不同。

宋汪纲刻本以后，元明没有重刻，至清末，《习学记言序目》已散失很严重。晚清黄体芳据孙衣言所藏抄校本，重新印行，但量少板毁。1928 年黄群以黄体芳为底本，重为校刻，收入《敬乡楼丛书》。1977 年中华书局的刊行本是以黄体芳刻本为底本，参校了黄群的重刻本以及别的本子而成。

二、自负而理智

《习学记言序目》是一本极具识见而又富思想性的著作，这种识见与思想性使得此书很有独特性。宋人陈振孙《直斋书录解题》评此书曰：

> 自六经、诸史、子以及《文鉴》，皆有论述，大抵务为新奇，无所蹈袭，其文刻削精工，而义理未得为纯明正大也。自孔子之外，古今百家，随其浅深，咸有遗论，无得免者。[1]

叶适以能文著称，《序目》是札记评论体，文字洗练自不待言，而其思想的创造性，"务为新奇，无所蹈袭"，使得文字更趋精审，故呈现为"刻削精工"的文风。实际上，要真正理解《习学记言序目》"自孔子之外，古今百家，随其浅深，咸有遗论，无复免者"的思想独特性，不仅要读其书，还要知其人。前述叶适的生平大事只是勾勒出有形的信息，寓于其中的无形的精神气质与学术风格却不容易获知，而对于

---

[1]《习学记言序目》下册，第 767 页。

理解一个传统士大夫兼思想者的思想与行动来说，精神气质与学术风格的把握是不可或缺的。①

叶适是宋代士大夫的精英，要了解叶适的精神气质与学术风格，需要对宋代士大夫这个群体有基本的了解。宋代士大夫是一个政治主体意识高度自觉与张扬的群体，而且这种自觉与张扬并不限于少数理想高远的士大夫，而是宋代士阶层的一种集体意识；不仅于此，宋代士大夫高度自觉的政治主体意识在现实的政治活动中是得到了有效释放的。因此，在这样的历史场域中，士大夫们不可能在政治识见上保持一致，而且，由于现实的利益因素渗透其中，他们不可避免地形成不同的政治团体。毫无疑问，这些分属不同政治团体的士大夫，从其自身的政治识见和现实的利益考虑，自然会有不同的思考方式与处事态度，从而形成各不相同的士风。

从类型学的视角看，可以先对宋代士大夫进行类型划分，然后据此来说明叶适的士风。但是类型划分对于宋代士大夫的整体分析可能更有意义，而施之于一个具体的人物也许并不有效，甚至会显得空洞。而且，对于一个具体的士大夫而言，他的士风在某种程度上也受到了他的个性的影响，尽管这种影响很难给予实证性的说明。因此，从叶适具体的仕宦经历上更能体会他的士风，而类型上的划分充其量只是淡化了的背景。

前引《宋史》本传称叶适"志意慷慨，雅以经济自负"，"自负"二字很传神，写出作为士大夫的叶适一生的基本精神气质。早在淳熙元年（1174），二十五岁的叶适在京师待了年余，以求出身，但没有结果，返乡前上书右相叶衡，就非常"自负"地对南宋的"国是"作了一番议论，甚至不免"狂妄"地以为，"今天下之事，非某谁实言

---

①本尼迪克特在分析文化的形成时指出，只有首先理解了一个社会在情感与理智上的主导潮流，才得以理解各种行动所取的形式（［美］鲁思·本尼迪克特：《文化模式》，张燕、傅铿译，浙江人民出版社1987年版，第45页）。虽然这种分析是针对文化这样一个大的对象而言，但对于理解个体也不无启发。

之"。^①出仕以后，在政见相异的官员眼里，叶适同样表现得相当"矜己以傲人"。《四朝闻见录》载：

> 刘（德秀）为大理司直，会治山陵于绍兴，朝议或欲他徙。丞相留公正会朝士议于其第，刘亦往焉。是早至相府，则太常少卿詹体仁元善、国子司业叶适正则先至矣。詹、叶亦晦翁之徒，而刘之同年也。二人方并席交谈，攘臂笑语，刘至，颜色顿异。刘即揖之，叙寒温，叶犹道即日等数语，至詹则长揖而已。揖罢，二人离席默坐，凛然不可犯。^②

晚年，叶适虽息影水心村，但这种"自负"的精神气质却似乎没有丝毫衰颓。嘉定十四年（1221），这年已是叶适致仕的第二年，两年后他便去世了，叶适为他的学生宋驹撰写了墓志铭，铭文开篇有一段精彩的叙述：

> 时诸儒以观心空寂名学，徒默视危拱，不能有论诘，猥曰"道已存矣"。君（宋驹）固未信，质于余。余为言学之本统，古今伦贯，物变终始，所当究极。忽昂然负载，如万斛舟；如食九奏，大牢先设而醢酱不遗；如赐大宅，百室皆备，从门而入也。识益增，智愈长，千岁前成败是非之迹，纠结者条理，郁暗者昭灼，破竹迎判乎！伐柯睨远乎！常掩卷叹曰："世孰能为我师！"家居，或尽一史，露抄雪纂，踰月不出门。野宿，或专一经，山吟水诵，兼旬不返舍。每与余言，自谓乐甚，非人所知。且其趋舍不同流，知奚用为！盖余友如君比不过数人尔，数年间相继死。悲夫！无以

---

① 《水心文集》卷二十七《上西府书》，《叶适集》第二册，中华书局1961年版，第541页。

② 〔宋〕叶绍翁：《四朝闻见录·丁集》"考异"条，中华书局1989年版，第151页。这里称叶适"亦晦翁之徒"，显然不应该理解为朱熹门人，而宜从政治上的党徒来看。这种政治派系的区分实际上构成了南宋士林的一种分类背景。

　　寄余老矣。①

这里不嫌烦地照录这段文字，是因为这里所述的看似是墓主的事迹，但真正彰显的却是叶适对自己平生学问与立身的"自负"。

　　叶适这种"自负"的精神气质，其实是他特立独行性格的写照。对自己的这种性格，叶适是清楚的。由于特立独行大抵是一种高标的性格，所以叶适尝以自谦否认的方式指出了自己的这种性格。嘉定五年（1212）在给夫人高氏所撰墓志铭的结尾处，叶适感慨言道：

> 余观自古特立独行之士，无所复望于世，而旅泊其身以苟免者，固已众矣，是不足悲也。然而岂亦不有夫顺亲和戚之属而为之托焉！今余非敢谓特立而独行也，然既老而休，且病且衰，旦暮且尽，而高氏迫不余待，遂弃余，以是使余无顺亲和戚而为之托也，是亦不足悲乎！②

而从叶适为母亲杜氏所撰墓志，大致可以看到，叶适的这种性格或与其自幼所承母教不无关系。从曾祖父起，"叶氏自处州龙泉徙于瑞安，贫匮三世矣"，叶适母亲杜氏嫁入叶家二十余年，始终处于困厄之中，甚至居无定所。在叶父"聚数童子以自给，多不继"的情况下，"夫人无生事可治，然犹营理其微细者"，虽亲戚共劝改业，但杜氏终持守本业，并以此训诫诸子，叶氏"得保为士人之家者，由夫人见之之明而所守者笃也"。③

　　不过，"自负"的精神气质在叶适身上虽然非常明显，而且终其一生都如此，但这种气质并非他独有，而是为同时代的许多士人，特别是道学人士所共有。前文所引文献中与叶适同样"凛然不可犯"的詹

---

　　①《水心文集》卷二十五《宋厩父墓志铭》，《叶适集》第二册，第490页。

　　②《水心文集》卷十八《高令人墓志铭》，《叶适集》第二册，第355页。

　　③《水心文集》卷二十五《母杜氏墓志》，《叶适集》第二册，第509—511页。

体仁，即是一显例。此外，据宋人的观察，永嘉"士风任气而矜节"①，似乎在精神气质上还有着某种区域特征。

如果我们细心体会前引《四朝闻见录》中的那段记载，可以发现，虽然詹体仁与叶适同样是对有同年关系的刘德秀摆出了"凛然不可犯"的傲慢，但叶适似乎温和些，至少还寒暄数语。詹是朱熹门人，陆学中人更甚，不仅自负傲慢，应该是几近张狂，朱熹曾描写为"狂妄凶狠，手足尽露"②。这个区别，实际上真正反映出了叶适的士风特征，即在他"自负"的精神气质中含有相当的理智成分。

试从前述叶适仕宦生涯中的两件大事来佐证这一点。第一件事是淳熙十五年（1188）叶适独上封事为朱熹辩护。③叶适虽然比朱熹小二十岁，但思想却早熟，淳熙五年（1178）中进士以后，他的思想就渐有影响，淳熙十二年（1185）撰成的《外稿》更为士林所重，盛行于时。虽然朱熹在绍熙二年（1191）的《答叶正则》中才提及"但见士子传诵所著书"④，但在淳熙十二年的《寄陈同甫书》中，朱熹就已有"观其（指叶适）议论，亦多与鄙意不同"⑤云云，可见彼此思想的分歧那时双方即已知晓。然而，当林栗弹劾朱熹时，叶适并没有因为思想上的分歧而袖手旁观，在群臣表现出沉默状时，他独上封事为朱熹辩护。一方面固然是为包括自己在内的一批推动儒学发展的思想者的思想学术活动力争合法权利与生存空间，但更重要的一面却是坚持着道学一党的政治志业。叶适能够超越思想分歧而着眼于政治上的志业，正表明了他对主观自我的克制，反映出他士风上的理智。

第二件事则是开禧二年（1206）叶适在北伐问题上的语默进退。

①〔宋〕程俱：《北山集》卷二十二《席益差知温州》，库本。

②《朱文公文集》卷五十《答程正思》，〔宋〕朱熹：《朱子全书》第二十二册，上海古籍出版社、安徽教育出版社2002年版，第2327页。

③详见《水心文集》卷二《辩兵部郎官朱元晦状》，《叶适集》第一册，第16—20页。关于叶适与朱熹的交往，详见何俊：《南宋儒学建构》，上海人民出版社2004年版，第246—259页。

④《朱文公文集》卷五十六，《朱子全书》第二十三册，第2651页。

⑤《朱文公文集》卷三十六，《朱子全书》第二十一册，第1585页。

叶适宿有北伐志愿，因此韩侂胄决定北伐时，"以适每有大仇未复之言重之"。①然而叶适并没有因为自己的夙愿，以及长期以来因此而树立的形象，无视对时势的理性分析。针对当时的强弱之势，叶适明确表明不同意北伐。他上书宁宗，主张以备边取代开边，②甚至为了拒绝起草北伐诏书，力辞兼任直学士院。而尤有意味的是，当他未能劝阻韩侂胄北伐，北伐发生溃败，中外恐悚之时，则又毅然受命于危难之际，出任宝谟阁待制、知建康府，兼沿江制置使，用以攻为守的策略取代据江而守的被动战术，从而为扭转战局立下了大功。③

对于叶适在北伐问题上的立场变化，《宋史》本传表达了一种委婉的批评，以为"第出师之时，适能极力谏止，晓以利害祸福，则侂胄必不妄为，可免南北生灵之祸，议者不能不为之叹息焉"。但这种批评实际上近于苛刻，因为韩侂胄北伐心意已决，包括叶适在内的任何人都不可能谏止。作为一个宿主恢复的士大夫，叶适能够清醒地认识到开禧北伐是在不恰当的时候发动的一场不恰当的战争，而且不惜自我形象的否定，上疏陈其利害，力阻其事，直至力辞直学士院以拒绝起草北伐诏书，不仅是一种极其理智的举措，而且实已是勉为其难的行为。而当战事既起，出现危机之时，叶适竟然能够搁置自己在北伐问题上的看法，前往一线指挥，更属极具风险而难能之举。如果战败，叶适自然是没有好结果，而在当时战败的可能性极大；如果战胜，叶适似乎又表现出对韩侂胄北伐的认同，而韩侂胄执意北伐最终结局定将失败，叶适是清楚的。事实是，次年韩侂胄被诛，御史中丞雷孝友劾叶适附韩侂胄用兵，叶适落职，此后便退隐水心村直至去世。

如果说，叶适为朱熹辩护，尚只反映出他对共同的政治志业的坚持，那么在开禧北伐上的语默进退，则彰显了他作为一个士大夫对政

①《宋史》卷四百三十四《叶适传》。
②详见《水心文集》卷一《上宁宗皇帝札子》（开禧二年），《叶适集》第一册，第5—9页。
③参见《宋史》本传；《水心文集》卷二《定山瓜步石跋三堡坞状》，《叶适集》第一册，第12—15页。

治责任的担当。开禧年间，乾淳时代的老一辈基本谢世，叶适已是当时士林最具思想号召力的士大夫，但是他的举措表明，他并不受累于这样的身份与名誉，甚至不顾个人的处境，几乎完全是根据冷静而理智的认识，以负责的态度，做出语默进退的选择，有所为，有所不为。

三、徇于道与由于学

毫无疑问，自负而理智这一士风，固然有着个人习惯的可能，但同样也不免有主观努力的成分，而在叶适身上，却可以说是有着高度的自觉。叶适曰：

> 士在天地间，无他职业，一徇于道，一由于学而已。道有伸有屈，生死之也；学无仕无已，始终之也。集义而行，道之序也；致命而止，学之成也。①

"徇于道"与"由于学"，正是令叶适自负又理智的内在依据与支撑。对于"学"，下文详说。这里就"道"对叶适士风的影响再作申述。

叶适以为士的志业之一是"徇于道"，这个"道"在叶适的思想中不是悬空了的虚设之路，而是存于历史现实中的诉求。具体地说，在叶适成长与从仕的年代里，一个真正"徇于道"的士，便是要对"凡天下之大政，师旅刑赋之本末，道德法制之先后，至于宫掖之议，民伍之情"②有深刻的了解，从而为南宋找到一条切实的"治道"。

淳熙十四年（1187）冬，叶适迁博士，获对孝宗，在他的《上殿札子》③中，叶适纲领性地表达了他对南宋"治道"的认识，提出要变国是、变议论、变人材、变法度，从而根本性地改变兵多而弱、财多

① 《水心文集》卷十一《台州州学三老先生祠堂记》，《叶适集》第一册，第193页。
② 《水心文集》卷二十七《上西府书》，《叶适集》第二册，第541页。
③ 详见《水心别集》卷十五，《叶适集》第三册，第830—836页。

而乏、不信官而信吏、不任人而任法、不用贤能而用资格的困局。值得注意的是，叶适指出，针对南宋"报二陵之仇、复故疆之半"的"国是"，言者虽不否定，但却强调外虏强大而难攻、坚固而未动，因此南宋只能等待时机，其结果，"公卿大夫，私窃告语，咸以今之事势举无可为者，姑以美衣甘食老身长子自足而已"，实际上完全是"率易苟且，习闻卑论，而无复振起之实意"。由此可见，叶适的自负，在极大的程度上是源于他蔑视南宋士林这种因循苟且的士风，而自持求治愈新的理想主义情怀。

上述尚从大处而言。事实上，叶适的"徇于道"决不只是停于求治愈新的理想层面，而是见诸重大问题的处理上，他在逼光宗内禅一事上的作用即是显例。吴子良《荆溪林下偶谈》云：

> 水心平生静重寡言，有雅量，喜愠不形于色，然能断大事。绍熙末年，光庙不过重华宫，谏者盈庭，中外汹汹。未几，寿皇将大渐，诸公计无所出。水心时为司业，御史黄公度使其婿太学生王棐仲温密问水心，曰："今若更不成服，当何如？"水心曰："如此却是独夫也！"仲温归，以告黄公，公大悟，而内禅之议起于此。①

南宋沿习牵制，始终未能走出困局，但叶适这种"徇于道"的经世情怀却一生不渝，他对自己的经世思想充满自信。前文言及的《外稿》是嘉泰四年（1204），叶适在久病稍苏而未愈之时，整理近二十年前（淳熙十二年，1185年）撰写的治道著述而成，并准备授予儿子，即一显见的表征。嘉定十三年（1220），叶适在跋学生周南的策文时，也忆及当年吕祖谦对自己治道思想的评价：

---

① 〔宋〕吴子良：《荆溪林下偶谈》卷三"水心能断大事"条，库本。另参见余英时：《朱熹的历史世界》下册，生活·读书·新知三联书店2004年版，第620—622页。

> 往东莱吕氏评余《廷对》，谓自有策以来，其不上印板即不可
> 知；已上印板，皆莫如也。

虽然他接着谦虚地表示，"嗟夫！予何足以及此"①，但自信是显见的。

对于自己关于治道的撰述，叶适标示"与一世之论绝异"，足见他的自负。但这种自负又非凭空而生。叶适曾在《上殿札子》为孝宗陈说，宋室南渡以来，小人之论一味偏安主和，不足以言，而即便是君子之议，同样不可期待。他分类指出：

> 为奇谋秘画者，则止于乘机待时；忠义决策者，则止于亲征
> 迁都；沉深虑远者，则止于固本自治；高谈者远述性命，而以功业
> 为可略；精论者妄推天意，而以夷夏为无辨。

与此相反，叶适强调自己的议论，虽然"未尝特立意见，创为新说"，却是经过了"上考前世兴坏之变，接乎今日利害之实"，即基于理性的智识主义立场，对南宋的政治经济提出的系统分析与对策。

换言之，叶适精神气质上的自负，固然源于他的"徇于道"，但这个"道"本身却又是"由于学"的。这便意味着，叶适精神上因"徇于道"而滋生的自负气质，因其"由于学"而复有理性的成分。叶适曾评定友人黄度"公志在经世，而以学为本"②。这个评定其实也完全适用于叶适自己。

叶适思想最终确立的标志虽然是在归隐以后的十六年中完成的《习学记言序目》，但他似乎自始就认为"重其任而轻其道，专其学而杂其施，此为政者所以谬于古而违于今也"③。因此，在还没有进入仕

---

①此系叶适佚文（周梦江：《叶适年谱》，第171页），见〔宋〕周南：《山房集》卷七《丁卯召试馆职策》所附跋语，库本。

②《水心文集》卷二十《故礼部尚书龙图阁学士黄公墓志铭》，《叶适集》第二册，第393页。

③《水心文集》卷二十六《蕲州谒先圣文》，《叶适集》第二册，第536页。

途以前，他便对"治道"进行了"上考前世兴坏之变，接乎今日利害之实"的系统研究。实际上，正是这个研究，形成了他早期对儒学的独立认识，并受到了朱熹的质疑与批评。只是叶适没有像陈亮那样正面回应这些质疑与批评，①而是在归隐以后才如他的学生孙之弘所言，"间玩群书"，将自己的实践与认识印证于经史，在以往学习摘录的基础上，撰成了他的思想代表作《习学记言序目》，从而完整地阐释与证明他所认定的儒学。概言之，为学构成了叶适一生的主轴与重心，而经世则表征着他的为学。

淳熙五年（1178），二十九岁的叶适赐进士第二时，南宋士林已告别"绍兴以来，闻卑见陋；士失常心，颠错昏昼"②的局面，"东南之学起"③，南宋儒学正处在方兴未艾之中。在这五年前（乾道九年，1173年），朱熹已完成了《伊洛渊源录》的编撰，对南宋以来洛学分流所呈现出的"混乱"作了阶段性的清理；三年前（淳熙二年，1175年），朱熹又与吕祖谦合编了《近思录》，旨在传播他所建构的道学。④朱熹如此，活跃于乾淳年间的南宋诸儒也都处于思想的交阐互畅之中，使后辈士子争相追随。这样的思想氛围，叶适曾有非常深切的感受，他后来清晰地回忆道：

> 每念绍兴末，淳熙终，若汪圣锡、芮国瑞、王龟龄、张钦夫、朱元晦、郑景望、薛士隆、吕伯恭及刘宾之、复之兄弟十余公，位虽屈，其道伸矣；身虽没，其言立矣。好恶同，出处偕，进退用舍，必能一其志者也。⑤

乾道五六年，（道学）始复大振。讲说者被闽、浙，蔽江、

---

①参见何俊：《南宋儒学建构》，第211—245页。

②《水心文集》卷二十八《祭吕太史文》，《叶适集》第二册，第565页。

③《水心文集》卷十五《彭子复墓志铭》，《叶适集》第二册，第273页。

④参见何俊：《南宋儒学建构》第135—125页、159—166页。

⑤《水心文集》卷十六《著作正字二刘公墓志铭》，《叶适集》第二册，第306页。

湖，士争出山谷，弃家巷，赁馆贷食，庶几闻之。①

相对于上述人物，叶适晚出，他的思想正是在这样的氛围中形成的。在叶适的文集以及别人的文集中，记载了许多叶适请益的内容，譬如对永嘉前辈，于郑伯熊，叶适讲："某之于公，长幼分殊；登门晚矣，承教则疏。"②于郑伯英，叶适讲："我最晚出，公顾亦厚。"③于薛季宣，季宣云："（执事）听于途说，不以某之不肖，惠然肯顾，投以尺书，望我以急难，扣我以学问。"④于陈傅良，叶适讲："余亦陪公游四十年，教余勤矣。"⑤对浙学前辈，叶适不仅曾问学于吕祖谦，"昔从东莱吕太史，秋夜共住明招山"⑥；而且也相伴过陈亮，"余畜从子，今也变衰"⑦。即便是出道以后甚至很久，叶适仍然保留着向前辈陈说自己的心得而冀望有所承教的开放心态，如对朱熹，叶适深知"彼建安之裁量，外永嘉而弗同"⑧，但仍多次请教，朱熹文集中现存的四封《答叶正则》证明了这一点。大约在淳熙十二年，叶适曾有书信请教于朱熹，叶适的信今佚，但朱熹在给陈亮的信中记录了这件事，并在与门人论学时痛批了叶适的观点。⑨直到绍熙二年（1191），叶适还向朱熹陈述自己读佛经的心得，结果引来朱熹直接而尽兴的批评。⑩

　①《水心文集》卷十三《郭府君墓志铭》，《叶适集》第一册，第246页。

　②《水心文集》卷二十八《祭郑景望龙图文》，《叶适集》第二册，第564页。

　③《水心文集》卷二十八《祭郑景元文》，《叶适集》第二册，第569页。

　④《浪语集》卷二十五《答叶适书》，库本。

　⑤《水心文集》卷十六《宝谟阁待制中书舍人陈公墓志铭》，《叶适集》第二册，第300页。

　⑥《水心文集》卷六《月谷》，《叶适集》第一册，第47页。

　⑦《水心文集》卷二十八《祭陈同甫文》，《叶适集》第二册，第572页。

　⑧《水心文集》卷二十八《祭薛端明文》，《叶适集》第二册，第586页。

　⑨《朱文公文集》卷三十六，《朱子全书》第二十一册，第1585—1586页；〔宋〕黎靖德编：《朱子语类》卷一百二十三，王星贤校点，中华书局1986年版，第2966—2967页。

　⑩《朱文公文集》卷五十六《答叶正则书》之四，第2651—2652页。

但是，叶适并没有严格意义上的师承。①在问学上，叶适以为"力学莫如求师，无师莫如师心"。这个"师心"，并不是指知识内容源于主观性的"心"，而是指顺立"心"的动力来寻求知识，显然这是因为叶适认为，"心"是具有向学的内在主动性的。他引《易·蒙》"山下出泉"以喻心之向学："泉之在山，虽险难蔽塞，然而或激或止，不已其行，终为江海者，盖物莫能御，而非俟夫有以导之也。"②因此，学贵自善，很自然地成为叶适治学的心得。他讲：

> 师虽有传，说虽有本，然而学者必自善。自善则聪明有开也，义理有辨也，德行有新也，推之乎万世所共由不异矣。谓必用一说一本者，以学为诬者也；不一说，不一本，而不至乎其所共由者，以学为私者也。③

所谓"所共由者"，就是"道"。④换言之，叶适的"师心"与"自善"是有他的标准的，这就是把握"道"。至于有传有本的师说，其取舍概以是否合乎道为准。这种唯"道"是求，不必用一说一本，亦不必弃一说一本的意识，正构成了叶适思想为后来黄宗羲所称誉的"异识超旷，不假梯级"⑤的风格。

---

①叶适即使对从游时间最长的陈傅良，也未曾称师（参见周梦江：《叶适年谱》，第17页），《水心文集》卷二十七《与吕丈书》中有"同志林百顺，依君举兄为学"语（《叶适集》第一册，第548页），足可证之。

②《水心文集》卷十二《送戴许蔡乃王汶序》，《叶适集》第一册，第217页。

③《水心文集》卷二十九《题薛常州论语小学后》，《叶适集》第二册，第592页。

④《水心文集》卷二十二《故运副龙图侍郎孟公墓志铭》曰："道者，天下共由之途也。"见《叶适集》第二册，第431页。

⑤《宋元学案》卷五十四《水心学案上》，《黄宗羲全集》第五册，方祖猷、桂心仪、陈敦伟校点，浙江古籍出版社1995年版，第172页。

四、释、老之妄与朱、陆之病

尤为难得的是，叶适的学风充溢着崇尚智识的理性精神。他在为陈傅良夫人张幼昭所撰的墓志中表彰陈夫人"不信方术，不崇释老，不畏巫鬼"①，实也反映了他本人的精神旨趣。宋人雅好风水，虽通人大儒如苏轼、朱熹亦不免，叶适却深不以为然，即便是不得已为友人的风水著作写序，仍讥讽其妄。②

叶适对释老的批评，集中在二氏之说"怪神虚霍，相与眩乱"③的反理性倾向上。叶适并不全盘否定佛学。在淳熙十六年（1189）出任荆州，继而转任蕲州的两三年中，他因"无吏责，读浮屠书尽数千卷。于其义类，粗若该涉"④。他对佛教的认识且待后文述论，这里只就反理性一点略作申论。叶适认为，传入中国的佛学自有其经书，固有其智识，但是学佛的中国人难以理解；胡僧干脆弃书不用，以己为佛，却又遭到怀疑而被视为荒诞；禅风兴起，始自以为宗，"荡逸纵恣，终于不返"⑤，其结果是：

> 举以聪明为障，思虑为贼，颠错漫汗而谓之破巢窟，颓弛放散而谓之得本心，以愚求真，以粗合妙，而卒归之于无有。⑥

叶适曾专门以"悟"为例更具体地指出佛老在智识论上与儒学的根本分歧，曰：

---

① 《水心文集》卷十四《张令人墓志铭》，《叶适集》第一册，第263页。
② 见《水心文集》卷十二《阴阳精义序》，《叶适集》第一册，第206页。
③ 《水心文集》卷二十九《吕子阳老子支离说》，《叶适集》第二册，第602页。
④ 《水心文集》卷二十九《题张君所注佛书》，《叶适集》第二册，第599页。
⑤ 《水心文集》卷十二《宗记序》，《叶适集》第一册，第223页。
⑥ 《水心文集》卷九《觉斋记》，《叶适集》第一册，第142页。

　　昔孔子称愤启悱发，举一而返三，而孟子亦言充其四端至于能保四海，往往近于今之所谓悟者。然仁必有方，道必有等，未有一造而尽获也；一造而尽获，庄、佛氏之妄也。①

　　余每病学佛者徒守一悟而不知悟本，或外示超俗而实堕俗纷。②

甚至可以进一步指出，"乾淳诸老既殁，学术之会，总为朱、陆两派，而水心断断其间"③，其中一个非常重要的原因，就在于叶适对朱、陆两派学风上所表现出来的非智识倾向深为不满。叶适晚年批评近世之学：

　　古人多识前言往行，谓之畜德。近世以心通性达为学，而见闻几废，为其不能畜德也。然可以畜而犹废之，狭而不充，为德之病矣。④

宋儒的性命之学，究其本质，就是要确立起价值理念与伦理秩序，"畜德"即其表征。叶适所坚信的是儒家传统的思想，认为畜德的过程依赖于知识的增长，即所谓"多识前言往行"；而近世之学的弊病恰恰在于，或"见闻几废"如陆学，或"狭而不充"如朱学。

　　叶适甚少提及陆学，但对于陆学的出场、进路与影响，却是清楚的。他在为人撰墓志时言及：

　　初，朱元晦、吕伯恭以道学教闽、浙士；有陆子静后出，号称径要简捷，诸生或立语已感动悟入矣。以故越人为其学尤众，雨

---

① 《水心文集》卷十七《陈叔向墓志铭》，《叶适集》第二册，第326页。
② 《水心文集》卷二十九《题端信师帖》，《叶适集》第二册，第602页。
③ 《宋元学案》卷五十四《水心学案上》全祖望案语，《黄宗羲全集》第五册，第106页。
④ 《水心文集》卷二十九《题周子实所录》，《叶适集》第二册，第603页。

并笠，夜续灯，聚崇礼之家，皆澄坐内观。①

由前文所述叶适对佛学"徒守一悟"的批评，便足可想见他对陆学的"径要简捷"也决不会以为然。②可幸的是，我们在《习学记言序目》中读到了他对陆学切中要害的批评。在论及祭祀之礼时，针对"墟墓之间，未施哀于民而民哀；社稷宗庙之中，未施敬于民而民敬"的说法，叶适强调，作为内在精神的"哀""钦（敬）"与作为外在礼仪的"墟墓""社稷宗庙"原本是统一的，哀敬存于祭祀之中，祭祀的过程即是哀敬的过程，两者间并不存在且不应该存在着一个所谓的转进过程。由此，叶适转而引出他对陆学的批评：

> 余记陆氏兄弟从朱、吕氏于鹅湖寺，争此甚切。其诗云："墟墓生哀宗庙钦，斯人千古最明心。大抵有基方作室，未闻无址可成岑。"噫！徇末以病本，而自谓知本，不明乎德而欲议德，误后生深矣！③

---

①《水心文集》卷十七《胡崇礼墓志铭》，《叶适集》第二册，第338页。

②后人如黄震以为，"先生于义理，独不满于陆氏，《胡崇礼墓志》讥陆学尤深"（《黄氏日抄·读叶水心文集》，库本），但叶适对"以悟为宗"者并不全然否定，如他对徐谊的评价就很高。（参见《水心文集》卷二十一《宝谟阁待制知隆兴府徐公墓志铭》，《叶适集》第二册，第402—406页）究其原因，心学所倡导的"悟"固然使之呈现出禅学的倾向，但心学所主张的道事合一、道器不二，却使之外拓求落实，与事功学有相同的一面。（参见何俊《南宋儒学建构》第四章第一节之二）对徐谊的肯定便着眼于心学与事功学相同的一面，而此处对陆学的批评，针对的则是陆学在智识论上流于禅学从而背离儒家的倾向。叶适对心学的这种一分为二的评定，在所撰《故运副龙图侍郎孟公墓志铭》中讲得非常清楚，叶适讲："（孟）良甫之学，以观省密察为主。外所涉历，皆切于心；身所觉知，皆反于性。凡情伪错陈，横逆忽来，几若无所摆拂，而筋骸之束，肌肤之会，常得由于顺正。其专悟独了，动用不穷，盖非简策所载，笺训所及。然余欲其博达伦类，尽究古今之变，以进于昔之所谓知道者，而良甫亦未能也。"（《水心文集》卷二十二，《叶适集》第二册，第431页）

③叶适所论及引语见《习学记言序目》卷八《礼记·檀弓》，上册，中华书局1977年版，第99页。陆氏诗句前两句是陆九渊所写，其中"最明心"当是"不磨心"（《象山全集》卷二十五《鹅湖和教授兄韵》，库本），后两句是陆九龄所写（《象山全集》卷三十四《语录》，库本）。

陆学误导后生之处，在叶适看来，就在于将"墟墓""宗庙"的外在礼仪与"哀""钦（敬）"的内在精神，一起系于人心之明，以"明心"为"基"与"址"。这实与叶适的思想完全相反。叶适以为，人心之明恰恰来源于墟墓之间、社稷宗庙之中的礼仪，因为正是这个礼仪的过程培植了哀钦之德；而礼仪的实施有赖于相关的知识，因此，知识获求不仅是行礼的保证，而且同时也培植了行礼者的德性。陆学既以明心为本，甚而以为明心即等于践履，则有关礼仪的种种知识，不仅是次要的，甚至会产生负作用。由此，叶适所秉持的畜德有赖于多识前言往行、知识培植价值的理性主义立场与陆学"见闻几废"的非智识倾向[1]区别得极为分明。

朱熹自然是非常重视道问学，极为关注思想理论的知识基础，[2]朱学何以会产生非智识的倾向尤需说明。叶适有一段话是很值得玩味的，他讲：

> 古圣贤之微言，先儒所共讲也；然皆曰"至二程而始明"。凡二程所尝讲，皆曰"至是止矣"。其密承亲领，游、杨、尹、谢之流，而张、吕、朱氏后时同起，交阐互畅，厥义大弘，无留蕴焉。窃怪数十年，士之诣门请益，历阶睹奥者，提策警厉之深，涵玩充溢之久，固宜各有论述，自名其宗，而未闻与众出之以扶翼其教，何哉？岂敬其师之所以觉我，而谦于我之所以觉人欤！[3]

文中虽然并举张、吕、朱，但此文作于嘉定十一年（1218），[4]因此叶适

---

①陆九渊非常强调"智识"，但所指向的是主观的明心，而不是客观的见闻，参见何俊《南宋儒学建构》，第199页。

②详见何俊《南宋儒学建构》第三章第一节。

③《水心文集》卷二十九《题陈寿老论孟纪蒙》，《叶适集》第二册，第607页。

④参见周梦江：《叶适年谱》，第168—169页。

所针对的主要是朱学当无疑。在这段文字中，叶适表面上质疑的是朱学后人缺乏创造，但实际上所含的批评则是程朱一系弃"先儒所共讲"而奉"二程所尝讲"为"始明"、为"止矣"。如此之结果，便是"虽争为性命之学，然而滞痼于语言，播流于偏末，多茫昧影响而已"①。朱熹本人固然是极为博学的人，以道问学为尊德性的基础，但道统的偏狭却足以使朱学产生"狭而不充"、权威取代理性的非智识倾向。

明确叶适上述的知识立场，对于研读《习学记言序目》具有非常重要的作用，因为叶适的这一读书札记并不是无针对的泛观博览的心得，而完全是针对程朱理学，重构孔子儒学的精神，并使自己的思想接续于这一精神传统，从而确立起永嘉学派正当性的著作。孙之弘《序》曰：

　　窃闻学必待习而成，因所习而记焉，稽合乎孔氏之本统者也。夫去圣绵邈，百家竞起，孰不曰"道术有在于此"？独先生之书能稽合乎孔氏之本统者，何也？盖学失其统久矣，汉唐诸儒推宗孟轲氏，谓其能嗣孔子，至本朝关、洛骤兴，始称子思得之曾子，孟轲本之子思，是为孔门之要传。近世张、吕、朱氏二三巨公，益加探讨，名人秀士鲜不从风而靡。先生后出，异识超旷，不假梯级，谓洙泗所讲，前世帝王之典籍赖以存，开物成务之伦纪赖以著；《易》《彖》《象》，仲尼亲笔也，《十翼》则讹矣；《诗》《书》，义理所聚也，《中庸》《大学》则后矣；曾子不在四科之目，曰"参也鲁"；以孟轲能嗣孔子，未为过也，舍孔子而宗孟轲，则于本统离矣。故根柢六经，折衷诸子，剖析秦、汉，讫于五季，以吕氏《文鉴》终焉。其致道成德之要，如渴饮饥食之切于日用也；指治摘乱之几，如刺腧中育之速于起疾也，推迹世道之升降，品目人材之短长，皆若绳准而铢称之，前圣之绪业可续，后儒之浮论尽废。

①《水心文集》卷二十一《宝谟阁待制知隆兴府徐公墓志铭》，《叶适集》第二册，第405页。

其切理会心，冰销日阖，无异亲造孔室之闳深，继有宗庙百官之富美，故曰稽合乎孔氏之本统者也。①

孙之弘开宗明义，《习学记言序目》的宗旨是"稽合乎孔氏之本统"。所谓"本统"，就是根本性的传统。宋代理学接着汉唐对孟子的推崇，建构起了曾子、子思、孟子接续孔子的思想谱系，并在《论语》外，推尊《大学》《中庸》《孟子》，合为"四书"，在理论上依托《易传》，尤其是上下《系辞传》《序卦传》，从而形成了理学的形上体系。叶适从根本上否定这些努力，他认为《易传》中只有《彖》《象》可能是孔子写的，其他都不可靠，思想上也与《论语》所表征的精神相悖，所以他的《习学记言序目》要"根柢六经，折衷诸子，剖析秦、汉，讫于五季，以吕氏《文鉴》终焉"，既有所宗，又不自限，从而充分彰显孔子之本统"闳深""富美"的学术气象；而这一学术的精神实质是追求"内外交相成而至于圣贤"。②换言之，永嘉事功学是接续孔子整理的"六经"根本精神，广泛汲纳诸子思想，以及证诸历史的经验与教训，从而直面时代的挑战，给出自己的学术思想回应。

五、本书的选编、导读与注释

由于《习学记言序目》是札记体著作，全部论述基于叶适的读书摘录，如果不对叶适所读的著作有所了解，只读札记，很难真正认识他的思想，甚至可能不知所云。这使得本书的导读变得难以着手。如果要对叶适的札记对象先给予说明，进而对他的札记进行解读，则导读的篇幅将很大。此外，虽然叶适的思想是自成系统的，但其呈现形式却是碎片化的研究心得札记，而不是体系化的理论著作，因此使得

①《习学记言序目》下册，第759—760页。
②《习学记言序目》上册，第207页。

选编也变得相当困难。

为了帮助读者既能完整地感知《习学记言序目》，又能比较具体深入地阅读，这本选编导读完全依照《习学记言序目》的卷次作选编，选编的原则是覆盖全部而有所选择。具体是：经部内容以"总论"为主，以见叶适的总体论断，同时兼选了一些具体札记，如《易》关于《系辞》《序卦》《礼记》诸篇，以见叶适的相关论述。《论语》《孟子》则全选。在经部后，叶适依次编排《老子》《子华子》《孔子家语》《孔丛子》，之所以这样编次，是因为在叶适看来，它们有助于孔子思想的理解。这部分，除了《老子》全选外，其余仅选了"总论"或个别札记。从卷十八《战国策》，到卷四十三《唐书》《五代史》，史部的内容很多，只能在每种史籍中各选编数则。卷四十四至卷四十六是关于子部的，这部分篇幅原本不多，基本作了全选。最后四卷是关于《皇朝文鉴》的札记，从中选了数则。另外，附录了原编者叶适的弟子孙之弘的序，以便了解原书的编纂及其评价。

由于不可能对每则札记都作导读，因此在各卷所选的札记中，只能有选择地作了一些导读。显然，这样的导读是不可能对所选编的每条札记都起直接助益的，更谈不上是对整个《习学记言序目》的详尽导读。此外，无论是所选编的札记，还是作导读的札记，也都不能断然讲是具有代表性的。为了能对叶适思想有一个根本性的了解，建议读者先读《习学记言序目》卷四十九"序"中所选的"因范育序《正蒙》，遂总述讲学大指"条札记，然后再读整个选编。读者如果能够由所选编的内容，以及有限的导读，对了解与研读《习学记言序目》举一反三，那么这一选读本对于认识与理解叶适的学术思想，也算是指点了门径，达到了目的。

本读本的选编、导读与研读由我负责，注释主要由我的学生陈正祥完成，我最后作了校读。注释工作甚烦、难以精准，甚至易错；而且限于水平，有些仍然不知道，只能标示不详，还请读者鉴谅，并恳请指出，以便今后有机会补正。

选 注

周　易^①

周　易[1]

◎ 解题

《易》推天道以明人事，在传统知识系统中居群经之首，在知识内涵上又被认为是所有知识的源头，宋代儒者对它高度重视，叶适也是如此。《习学记言序目》论经共九卷，首四卷都关于《易》，不仅对六十四卦一一作讨论，而且在此基础上，专门写了这则《上下经总论》，阐明自己的总看法。

上下经总论

日与人接，最著而察者八物[1]，因八物之交错而象之者，卦也，此君子之所用，非小人之所知也。故乾[2]"以自强不息"，坤[3]"以厚德载物"，屯[4]"以经纶"，蒙[5]"以果行育德"，需[6]"以饮食燕乐"，讼[7]"以作事谋始"，师[8]"以容民畜众"，小畜[9]"以懿[10]文德"，履[11]"以辨上下，定民志"，否[12]"以俭德避难"，同人[13]"以类族辨物"，大有[14]"以遏恶扬善，顺天休命"，谦[15]"以哀多[16]益寡，称物平施"，随[17]"以向晦入宴息[18]"，蛊[19]"以振民育德"，临[20]"以教思无穷，容保民无疆"，贲[21]"以明庶政[22]，无敢折狱[23]"，大畜[24]"以多识前言往行以畜其德[25]"，

---

①周易：即今所见《易经》，儒家经典，"六经"之首，也是"三易"之一。"三易"为《连山》《归藏》《周易》，前二失传无考。

颐[26]"以慎言语，节饮食"，大过[27]"以独立不惧，遁世无闷"，坎[28]"以常德行，习教事"，咸[29]"以虚受人"，恒[30]"以立不易方"，遁[31]"以远小人不恶而严"，大壮[32]"以非礼弗履"，晋[33]"以自昭明德"，明夷[34]"以莅众用晦[35]而明"，家人[36]"以言有物而行有恒"，睽[37]"以同而异"，蹇[38]"以反身修德"，解[39]"以赦过宥罪"，损[40]"以惩忿窒欲[41]"，益[42]"以见善则迁，有过则改"，夬[43]"以施禄及下"，萃[44]"以除戎器，戒不虞"，升[45]"以顺德积小以高大"，困[46]"以致命遂志"，井[47]"以劳民劝相[48]"，革[49]"以治历明时"，鼎[50]"以正位凝命"，震[51]"以恐惧修省"，艮[52]"以思不出位"，渐[53]"以居贤德善俗"，归妹[54]"以永终知敝"，丰[55]"以折狱致刑"，旅[56]"以明慎用刑而不留狱"，巽[57]"以申命行事"，兑[58]"以朋友讲习"，节[59]"以制数度，议德行"，中孚[60]"以议狱缓死"，小过[61]"以行过乎恭，丧过乎哀，用过乎俭"，既济[62]"以思患豫防"，未济[63]"以慎辨物居方"：皆因是象，用是德，修身应事，致治消患之正条目也。观孔子与群弟子分别君子小人甚详，而正条目于《易》乃明著之，又当于其间择其尤简直切近者，孟子所谓左右逢其原，而近世亦有求端用力[64]之说。夫力则当用，而端无事于他求也，求诸此足矣。此学者参前倚衡之要道也，与夫意测声随而宛转于枝叶之外者殊绝矣。

[1] 八物：指天、地、雷、风、水、火、山、泽八个物像。 [2] 乾：《易经》第一卦，上下皆为☰，六十四卦之首，象征"天"象的阳刚之气和刚健之行。以下卦名皆出《易经》。 [3] 坤：第二卦，上下皆为☷，象征地、母亲、马等。于"象"则象征大地，于"行"象征顺从。 [4] 屯：第三卦，下震☳上坎☵，象征万物出生的艰难。 [5] 蒙：第四卦，下坎☵上艮☶，象征启蒙。 [6] 需：第五卦，下乾☰上坎☵，象征等待。 [7] 讼：第六卦，下坎☵上乾☰，象征争议和诉讼。 [8] 师：第七卦，下坎☵上坤☷，象征民众、兵众。 [9] 小畜：第九卦，下乾☰上巽☴，象征小有蓄积。 [10] 懿（yì）：美，善。《说文》："懿，专久而美也。" [11] 履：

第十卦，下兑☱上乾☰，以兑之柔小，对应乾阳之刚，故有"履"象。履，践，行。　　[12] 否：第十二卦，下坤上乾☰，象征闭塞。　　[13] 同人：第十三卦，下离☲上乾☰，象征与人同志。　　[14] 大有：第十四卦，下乾☰上离☲，象征大有收获。　　[15] 谦：第十五卦，下艮☶上坤☷，象征谦虚。　　[16] 裒（póu）：减少。《文子·上德》："天之道，裒多益寡；地之道，损高益下。"　　[17] 随：第十七卦，下震☳上兑☱，象征着随从、顺应。　　[18] 向晦：天将黑。宴息：休息。《传习录·钱德洪录》："向晦宴息，此亦造化常理。"　　[19] 蛊：第十八卦，下巽☴上艮☶，象征弊乱和整治。　　[20] 临：第十九卦，下兑☱上坤☷，象征君临天下。　　[21] 贲：第二十二卦，下离☲上艮☶，象征文饰。　　[22] 庶政：各种政务。《书经·周官》："庶政惟和，万国咸宁。"　　[23] 折狱：判决诉讼案件。　　[24] 大畜：第二十六卦，下乾☰上艮☶，象征大有蓄积。　　[25] 畜其德：蓄积其美德。　　[26] 颐：第二十七卦，下震☳上艮☶，象征颐养。　　[27] 大过：第二十八卦，下巽☴上兑☱，象征大有过越。　　[28] 坎：第二十九卦，下坎☵上坎☵，象征重重陷阱和险阻。　　[29] 咸：第三十一卦，下艮☶上兑☱，象征感应。　　[30] 恒：第三十二卦，下巽☴上震☳，象征永恒持久。　　[31] 遁：第三十三卦，下艮☶上乾☰，象征退隐和逃避。　　[32] 大壮：第三十四卦，下乾☰上震☳，象征大为强盛。　　[33] 晋：第三十五卦，下坤☷上离☲，象征长进。　　[34] 明夷：第三十六卦，下离☲上坤☷，象征光明殒灭。　　[35] 语出《周易·明夷·象》："君子以莅众，用晦而明。""莅"即临，"众"即众人，"晦"即晦藏，"明"即明察。句意为君子临于众人，能晦藏自己之明而不用，则更能显明。　　[36] 家人：第三十七卦，下离☲上巽☴，象征一家人。　　[37] 睽：第三十八卦，下兑☱上离☲，象征乖异背离。　　[38] 蹇：第三十九卦，下艮☶上坎☵，象征征途艰难。　　[39] 解：第四十卦，下坎☵上震☳，象征解脱。　　[40] 损：第四十一卦，下兑☱上艮☶，象征减损。　　[41] 惩忿（fèn）窒（zhì）欲：克制住愤怒，抑制住欲望。　　[42] 益：第四十二卦，下震☳上巽☴，象征增益。　　[43] 夬：第四十三卦，下乾☰上兑☱，象征决断。　　[44] 萃：第四十五卦，下坤☷上兑☱，象征会聚。　　[44] 升：第四十六卦，下巽☴上坤☷，象征上升。[46] 困：第四十七卦，下坎☵上兑☱，象征困穷。　　[47] 井：第四十八卦，下巽☴上坎☵，象征水井。　　[48] 劳民劝相：慰劳民众并劝其相互帮助。〔唐〕孔颖达言："劳，慰劳；劝，劝告；相，相助。"　　[49] 革：第四十九卦，下离☲上兑☱，象征变革。　　[50] 鼎：第五十卦，下巽☴上离☲，象征

"鼎器取新"。　　[51] 震：第五十一卦，下震☳上震☳，象征震动。
[52] 艮：第五十二卦，下艮☶上艮☶，象征抑止。　　[53] 渐：第五十三
卦，下艮☶上巽☴，象征渐进。　　[54] 归妹：第五十四卦，下兑☱上震☳，
象征少女出嫁。　　[55] 丰：第五十五卦，下离☲上震☳，象征盛大。
[56] 旅：第五十六卦，下艮☶上离☲，象征行旅。　　[57] 巽（xùn）：第
五十七卦，下巽☴上巽☴，《说卦》云："巽，入也。"有"顺行"的本质，也
有"进入"的特点。　　[58] 兑：第五十八卦，下兑☱上兑☱，象征愉
悦。　　[59] 节：第六十卦，下兑☱上坎☵，象征节制。　　[60] 中孚：第
六十一卦，下兑☱上巽☴，象征心怀诚信。　　[61] 小过：第六十二卦，下
艮☶上震☳，象征小有过越。　　[62] 既济：第六十三卦，下离☲上坎☵，
象征事已成功。　　[63] 未济：第六十四卦，下坎☵上离☲，象征事未成
功。　　[64] 求端用力：在寻求造化大理的端绪上下功夫。

　　按易之初一画[1]，卦分而为十二[2]，二卦对立而为六十四[3]，
画之始终具焉。圣人非罔民[4]以自神者，而学者多异说，不知过
也。按班固用刘歆《七略》记《易》所起，伏羲、文王作卦重
爻[5]，与《周官》不合，盖出于相传浮说，不可信；言"孔氏为之
《彖》《象》《系辞》《文言》《序卦》之属"，亦无明据。《论语》但
言"加我数年，五十以学《易》"而已，《易》学之成与其讲论问
答，乃无所见，所谓《彖》《象》《系辞》作于孔氏者，亦未敢从也。
然《论语》既为群弟子分别君子小人无所不尽，而《易》之《象》
为君子设者五十有四焉。《彖》《象》辞意劲厉，截然著明，正与
《论语》相出入，然后信其为孔氏作无疑。至所谓《上》《下系》《文
言》《序卦》，文义复重，浅深失中[6]，与《彖》《象》异，而亦附
之孔氏者，妄也。自颜、曾而下，讫于子思、孟子，所名义理，万
端千绪，然皆不若《易》《象》之示人简而切，确而易行。学者诚有
志于道，以是为经，而他书特纬[7]之焉可也。

　　[1] 一画：即阳爻。　　[2] 十二：即十二辟卦，又称"十二消息卦"，
分别为"复、临、泰、大壮、夬、乾、姤、遯、否、观、剥、坤"。　　[3] 六

十四：即六十四卦。 [4] 罔民：欺骗、陷害百姓。《孟子·梁惠王上》："苟无恒心，放辟邪侈，无不为已。及陷于罪，然后从而刑之，是罔民也。焉有仁人在位，罔民而可为也！" [5] 作卦重爻：指三画（爻）的经卦两两相重为六画（爻）卦。 [6] 失中：亦作"失衷"，不合准则。《汉书·食货志赞》："至于王莽，制度失中，奸轨弄权，官民俱竭，亡次矣。" [7] 特纬：当作参考资料。

书文训故[1]，莫知所起之时，盖义理由此而出。以《易》考之，有即其所称不待解释而明者，如屯、泰[2]、否、谦、临、观[3]、贲、复[4]、遁、家人、睽、损、益、震、归妹、旅、巽、涣[5]、节、既济、未济，如此类者，必当时人所通知，故不复解释，止于核卦象而已。有虽其所称义不随见，必待训释而通者，如"山下有险，险而止，蒙"，"上刚下险，险而健，讼"，"柔得位而上下应之曰小畜"，"柔得位，得中而应乎乾曰同人"，"柔得尊位，大中而上下应之曰大有"，"刚应而志行，顺以动，豫[6]"，"刚来而下，柔动而说[7]，随"，"刚上而柔下，巽而止，蛊"，"颐中有物曰噬嗑[8]"，"无妄[9]刚自外来而为主于内"，"大畜刚健笃实辉光，日新其德"，"明入地中，明夷"，"解险而动，动而免乎险，解"，"巽乎水而上水，井"，"水火相息，二女同居，其志不相得曰革"，"柔在内而刚得中，说而巽[10]，孚"；需之为须，师之为众，比[11]之为辅，履为柔履刚，剥[12]之为剥，颐之为养，大过为大者过，小过为小者过，坎之为险，离[13]之为丽，恒之为久，大壮为大者壮，晋之为进，蹇之为难，夬之为决，姤[14]之为遇，萃之为聚，困为刚揜[15]，鼎之为象，艮之为止，渐之为进，丰之为大，兑之为说：必非其当时所通知，或虽通知而字与义不偶[16]，故必以后字明前字，转相足而后著也。又有义不止于卦名者，如天为乾而象乃为健，随不止于随而为天下随时；有虽卦所取名，《彖》所训义，而后世犹不能从者，如坤、小畜、大畜、噬嗑、坎、离、夬、姤、艮、兑；

有虽卦所取名，《象》所训义，而义理终微小不与卦并行者，如屯、需、渐是也。夫人之一身，自仁义礼智信之外无余理，形于世故，自六十四卦之外无余义，学者溯源而后循流，则庶几得之，若沿流以求源，则不胜其失。故余谆谆焉以卦象定人德之条目而略于爻，又以卦名通世故之义训而略于卦者，惧沿流不足以求源也。

[1] 书文：文书、文学。训故：解释古书中的字、词句的意义，亦称"诂训""故训"。 [2] 泰：第十一卦，下乾☰上坤☷，象征通顺安泰。 [3] 观：第二十卦，下坤☷上巽☴，象征观察。 [4] 复：第二十四卦，下震☳上坤☷，象征阳气往而复来。 [5] 涣：第五十九卦，下坎☵上巽☴，象征涣散。 [6] 豫：第十六卦，下坤☷上震☳，象征欢乐。 [7] 参照杨天才译注本（中华书局2022年版），此处断句为："刚来而下柔，动而说。"意为阳刚来居阴柔之下，震动而充满喜悦。 [8] 噬嗑：第二十一卦，下震☳上离☲，象征啮合和刑罚。 [9] 无妄：第二十五卦，下震☳上乾☰，象征不妄为。 [10] 说而巽：和悦而谦逊。出自《周易·中孚·象》。 [11] 比：第八卦，下坤☷上坎☵，象征亲近和团结。 [12] 剥：第二十三卦，下坤☷上艮☶，象征阳气被剥落。 [13] 离：第三十卦，下离☲上离☲，象征附着于光明。 [14] 姤：第四十四卦，下巽☴上乾☰，象征邂逅相遇。 [15] 刚揜：坎卦为阳，泽为阴，水在泽下，意为阳为阴用，刚为柔所掩盖。揜，通"掩"，捕取，袭取。 [16] 不偶：不合。

◎ 研读

解《易》的维度因人而异，大致有四：辞、象、占、变。叶适主张"取象"是解《易》的正道，每一卦象代表了人类实践的一种典型经验，以及隐含于这一经验中的道理。他摘录《象传》对每卦的解释，指出这些解释都是"因是象，用是德，修身应事，致治消患之正条目也"，其内涵与《论语》所记载孔子问答弟子们的内容相吻合。

传统学界认为整个《易传》是孔子所撰，但叶适质疑这一看法，他以为只有《象传》《象传》可能是孔子写的，而《象传》尤其反映了孔子的精神。《象传》不仅在思想上与《论语》的内容相吻合，而且言语风格也相一致。孔子以后，《象传》与《论语》这种简明亲切、明确易行的道理与风格渐趋消失，所谓的义理看似千端万绪，其实只是繁杂空洞。

与《象传》重视因象明理相区别，《象传》重在揭明卦之义理。叶适指出，卦所隐含的义理，有些很明白，有些则需要通过解释才能说明，而且当时的卦义在后代也未必适用，因此，对卦义不必太拘执，全部卦义无不在后来的仁义礼智信中。总之，叶适解易，由卦象而明德，由卦名以通义。

系　辞

自有《易》以来，说者不胜其多，而淫诬怪幻亦不胜其众。孔子之学，无所作也，而于《易》独有成书，盖其忧患之者至矣。不幸而与《大传》以下并行，学者于孔氏无所得，惟《大传》以下之为信。虽非昔之所谓淫诬怪幻者，然而依于神以夸其表[1]，耀于文以逞其流[2]，于《易》之道犹曰出入焉而已。余既条其大指[3]，稍厘析[4]之，诚涣然如此，则孔氏之成书翳而复明[5]，《易》之道其庶几乎！

[1] 依于神以夸其表：以神秘玄远的理论来夸耀《易传》，没有认清《易》之本质。　　[2] 耀于文以逞其流：放弃《象传》对卦义的质实之释，转而依托浮夸之言而敷衍成说。　　[3] 条其大指：分条叙述《易经》大要。条，分条叙述。大指，亦作"大旨""大恉"，意为大要。　　[4] 厘析：分析细密而有条理。　　[5] 翳（yì）而复明：原来被遮掩之后，而现在又重新显现出来。翳，遮掩。

《周官》太卜"掌《三易》之法：一曰《连山》，二曰《归藏》，三曰《周易》，其经卦皆八，其别皆六十有四"。《连山》《归藏》虽不可得而见矣，以其义推之，非变则无以为易，非经非别则无以尽变，古人之所同者，不知其安所从始也。而后世之言易者，乃曰"伏羲始画八卦"，又曰"以代结绳之政"，神于野而诞于朴[1]，非学者所宜述也。

[1] 意为诞生在民间，后在民间以一种神秘玄幻的面目传播。

◎ 研读

  叶适四卷关于《易》的札记，前三卷是逐一解卦，第四卷专论《系辞传》与《序卦传》。由于程朱理学的理论架构与核心概念主要来自《系辞传》，因此叶适专论《系辞传》主要是针对程朱理学，持批判与否定态度的。

  在这段札记中，叶适首先指出历来众多的解《易》者，淫诬怪幻者居多。孔子自称述而不作，但于《易》却有专论，这就是叶适主张的《彖》《象》为孔子所作。孔子不语怪力乱神，因此与历来解《易》的淫诬怪幻有根本的区别，而且叶适以为孔子所作《彖》《象》，就是对解《易》淫诬怪幻现象的忧患。然而学者往往推崇《系辞传》以下的诸篇，未得孔子解《易》的根本精神。叶适以为，《系辞传》的根本问题是"依于神以夸其表，耀于文以逞其流"，虽已相当程度上摆脱了淫诬怪幻，但终究与《彖》《象》所呈现的朴实相悖。

  叶适最后讲到，据《周官》，原本有"三易"：《连山》《归藏》《周易》。只是前二者失传了，仅《周易》流传了下来，但因此对其进行神化，则是不应该的。

系辞上

  "天尊地卑，乾坤定矣；卑高以陈[1]，贵贱位矣；动静有常，刚柔断矣；方以类聚，物以群分，吉凶生矣；在天成象，在地成形，变化见矣。是故刚柔相摩，八卦相荡，鼓之以雷霆，润之以风雨，日月运行，一寒一暑。乾道成男，坤道成女；乾知大始，坤作成物；乾以易知，坤以简能。"此所以释夫《彖》也。按《彖》言："大哉乾元，万物资始，乃统天。云行雨施，品物流行，大明终始，六位时成，时乘六龙以御天；乾道变化，各正性命，保合太和[2]，乃利贞[3]，首出庶物[4]，万国咸宁"；则皆乾德也，而天从之；《传》之所称，则皆天德也，而乾从之尔。且《易》之始画也，独乾而非坤，故《彖》之赞乾也，有乾而无坤，及其赞坤也，顺承乎天而已。然则"乾道成男，坤道成女，乾知大始，坤作成物，乾以易知，坤以简能"，是非坤不足以配乾，非乾坤不足以成《易》，而独乾非坤、有乾无坤之义隐矣。"乾道变化，各正性命"，充满覆载[5]，无非乾也；"乾道成男，坤道成女"，则阴为无预乎阳，阳必有待于阴，而乾之功用褊[6]矣。震虽有"不丧匕鬯[7]"，咸虽有"取女吉"，姤虽有"勿用取女"，然而以乾坤为父母，六卦为男女，皆卜筮牵合之虚文，非孔氏之书所道也，故其《彖》曰"出可以守宗庙社稷，以为祭主"，又曰"柔上而刚下，二气感应以相与"，又曰"勿用取女，不可与长也"，岂有渎乎其间哉！乾德终始主乎健，其《象》曰"自强"，曰"不息"；坤德终始主乎顺，其《象》曰"厚德"，曰"载物"，今变而曰"易"曰"简"，然则健顺[8]固所以为易简乎？抑健顺不足以尽乾、坤乎？易不必强，简不必厚乎？此皆与《彖》《象》之义异，不可得而从也。

[1] 卑高以陈：把尊高和卑下陈列出来。　　[2] 保合太和：保全太和之气。太和，阴阳化合之气。　　[3] 利贞：利于守持正固。〔汉〕徐干《治学》："出则元亨，处则利贞。"　　[4] 庶物：众物，万物。《孟子·离娄下》："舜明于庶物，察于人伦。"　　[5] 覆载：指天地。〔宋〕陆游《贺曾秘监启》："虽身居湖海之远，而名满覆载之间。"　　[6] 褊（biǎn）：狭小，狭隘。《说文》："褊，衣小也。"　　[7] 匕鬯（chàng）：代指宗庙祭祀。〔魏〕

王弼注："匕，所以载鼎实；鬯，香酒。奉宗庙之盛也。"　　[8] 健顺：刚健顺从。

"六爻[1]之动，三极[2]之道也。"又曰："有天道焉，有人道焉，有地道焉，兼三材而两之故六，六者非他也，三材之道也。"又曰："兼三材而两之，故《易》六画而成卦；分阴分阳，迭用柔刚，故《易》六位而成章。"谓"六爻之动"则信有三极之道矣；谓"兼三材而两之故六"，则非也。六画成卦，画之所自有，六位成章，亦画之所自成；谓阴阳刚柔天地所由立于此，亦非也。《易》之作也，自画而始，不三之则无以为八也，不六之则无以为六十四也。故一以为天也，六之以为乾；二以为地也，六之以为坤；有一者无二也，有二者无一也，安得预计其为三哉？且《易》之既成，则固备乎天地与人矣，而其始之所以作，则不必备也，原其始者莫著乎画，传者徒杂而言之，宜其晦而不明欤！

[1] 六爻：《易》卦之画曰爻。六十四卦中，每卦六画，故称。　　[2] 三极：即天、地、人三才。

"君子所居而安者，《易》之序也"，不知指何序？谓《易》有成序，君子之所当居，则泛滥而无择；谓君子于《易》有所当居之序，则移徙而难常，若朝困而暮升[1]，则俄约而忽泰[2]，非所以为安也。夫卦无常，君子之德有常，孔氏之教也，以有常之德居无常之卦，彼逆而我顺，不取必于《易》也。

[1] 朝困而暮升：早上处于困卦之象而晚上又处于升卦之象。　　[2] 俄约而忽泰：短时间内节俭，又忽然开始奢侈。

"《易》与天地准，故能弥纶[1]天地之道。"《传》之为是言也，将以大夫《易》也，其意若曰，"天地至大也，而《易》能准之，又弥纶之"尔。按乾称"统天"，泰称"财成天地之道"，豫称"顺以动，故天地如之"，大壮称"正大，天地之情可见矣"，《诗》《书》之称道，未尝不先天；惟《易》不然，盖其因变以明理，而后知天地之不能违也。然则天地固准《易》，而《易》非准天地也，且既已准而从之矣，又安能弥纶之乎？

[1]　弥纶：统摄，笼盖。《朱子语类》卷九八："弥纶天地，该括古今。"

"一阴一阳之谓道，继之者善也，成之者性也，仁者见之谓之仁，智者见之谓之智，百姓日月而不知，故君子之道鲜矣。"后世以是为微言之极也。一阴一阳，氤氲渺微，至难明也。善为之继，而综统之机[1]难执，性所以成，而归全之本[2]易离，仁智皆道之偏也。虽然，圣人之于道，盖难乎言，其言之者有矣，曰"天道下济而光明"，"天道亏盈而益谦"；曰"刚浸而长，说而顺，刚中而应[3]，大亨[4]以正，天道也"；又曰"观天之神道而四时不忒[5]"；又曰"天地之道，恒久而不已也"。夫天与人不相接，而其好恶消长，如影响符契[6]之相答然，此其所以有贵于圣人之言道也。道者，阳而不阴之谓也，一阴一阳，非所以谓道也。仁者不忧，智者不惑，于见道莫察焉。如使谓仁而非仁，谓智而非智，则毫芒之眊[7]，何止于寻丈之迷[8]，而君子不贵也。

[1]　综统之机：综合统一的时机。　　[2]　归全之本：回归到完善的、原本的境界。　　[3]　刚中而应：九二居内卦之中，故曰"刚中"，上有六五相应。参自《易经·临·彖》。　　[4]　大亨：大为亨通。　　　[5]　不忒（tè）：没有变更，没有差错。〔唐〕柳宗元《视民诗》："既柔一德，四夷是则。四夷是则，永怀不忒。"　　[6]　符契：古代朝廷调动军队或发布命令的信物。[7]　毫芒之眊（mào）：很微小的糊涂。毫芒，毫毛的细尖，比喻极细微。眊，眼睛看不清楚，引申为糊涂。　　[8]　寻丈之迷：很大的迷惑。寻丈，泛指八尺到一丈之间的长度。

"夫乾，其静也专，其动也直，是以大生焉；夫坤，其静也翕[1]，其动也辟[2]，是以广生焉；广大配天地"。《易》于乾、坤不并言，盖因乾而后有坤也；天地则并言之矣，盖有天则必有地也。《象》称"坤厚载物，德合无疆，先迷失道，后顺得常，西南得朋，乃与类行，东北丧朋，乃终有庆"。先后得丧之间，作《易》者戒之，则坤之广宜若配地者。至乾以元统天，以六御天，正性命，合太和，皆有待于乾而后能；则乾之为大，非配天者也。考德者[3]不明乎此，则阴阳错行，刚柔杂施，何以出首万物[4]而用九[5]乎？

[1] 翕（xī）：收敛、合拢。　[2] 辟：打开、张开。　[3] 考德者：考察德行的那些人。　[4] 出首万物：同"首出庶物"，意为春天来到，万物沐浴阳光，开始萌生。　[5] 用九：乾特有之爻题，即乾之第六爻。

"鸣鹤在阴，其子和之．我有好爵[1]，吾与尔靡之。子曰：君子居其室，出其言善，则千里之外应之，况其迩[2]者乎！出其言不善，则千里之外违之，况其迩者乎！言出乎身，加乎民，行发乎迩，见乎远，言行，君子之枢机[3]，枢机之发，荣辱之主也。言行，君子之所以动天地也，可不慎乎！"按中孚"柔在内而刚得中"至于"豚鱼吉"，而《象》"以议狱[4]缓死"，则其信乎己而恕乎人也至矣；故"鸣鹤在阴，其子和之"，《象》曰"中心愿也"。夫苟中心之所愿，则其化服[5]而感应者，岂必以子言哉？今特于言行而表之，皇皇[6]乎所以动物[7]者而致慎焉，此上九之"翰音登于天"而不可长者也。

[1] 爵：古代酒器，这里借指美酒。　[2] 迩（ěr）：距离近，与"遐"反义。《说文》："迩，近也。"　[3] 枢机：言语。《三国志·蜀志·来敏传》："前后数贬削，皆以语言不节，举动违常也。时孟光亦以枢机不慎，议论干时。"　[4] 议狱：审议讼狱。　[5] 化服：感化顺服。　[6] 皇：通"惶"，指彷徨不安。　[7] 动物：感动或感化万物。〔宋〕朱熹《四书集注》："诚能动物。"

"同人先号咷而后笑。子曰：君子之道，或出或处，或默或语，二人同心，其利断金，同心之言，其臭如兰。"按同人以门为无咎，以郊为无悔，而以宗为吝，则二人同心者，乃同人之狭者也；虽其利断金，非大师克之，天下之志不能通矣。

"初六，藉用白茅无咎。子曰：苟错诸地而可矣，藉之用茅，何咎之有！慎之至也。夫茅之为物薄，而用可重也，慎斯术也以往，其无所失矣。"按大过所以为栋桡[1]者，以初、上皆阴也，及舍卦而论爻，则以柔在下，适当其位，何咎之有！而栋桡之责，九三[2]反任之，以其系应于六也。至九四栋隆[3]获吉而以应初为吝，夫应犹吝之，而用何重焉？且敬其物者必贵其藉，藉之用茅，死麇[4]之包，庶人之礼也，"苟免于地"而已，其薄如此，非所以为慎也。

[1] 栋桡：屋梁脆弱曲折。桡，通"挠"，弯曲，扭曲。　[2] 九三：大过第三爻，因为阳爻，故曰"九三"。　[3] 栋隆：栋梁隆起。　[4] 麇（jūn）：先秦时期的一种猎物，鹿的一种。《诗经·国风·召南·野有死麇》："野有死麇，白茅包之。"

"劳谦，君子有终吉。子曰：劳而不伐，有功而不德，厚之至也，语以其功下人者也。德言盛，礼言恭，谦也者，致恭以存其位者也。"按谦卦，地体卑居上，而艮以九三为众阴所宗，如地有山，以高而蕴于卑，其终为地而已；非成功之位而有成功之劳，此万民之所以服也。若存位而为，谦之道寡矣。

"亢龙有悔[1]。子曰：贵而无位，高而无民，贤人在下位而无辅，是以动而有悔也。"乾为《易》之主，非他卦交错相成之比，故其为初也潜而隐，而非不可用也；其为四也跃而进，而非必求用也；至于上，则道成且革矣，故爻以为"亢而有悔"，而《象》以为"盈不可久"，明其将变而之阴尔，非若《传》之所谓也。且始终皆道，奚位之择？独乾御世，奚民之求？功则由已，奚辅之待？后世不知乾所以成《易》，而指成《易》以论乾，是以其言若此也。

[1] 龙为君位，亢是至高，指居高位而不知谦退，则盛极而衰，不免有败亡之悔。

"不出户庭无咎。子曰：乱之所生也，则言语以为阶，君不密则失臣，臣不密则失身，几事[1]不密则害成，是以君子慎密而不出也。"按节，"君子以制数度，议德行"，非可密之事。初九居节之始，不出户庭，惟始可节。故《象》以为知通塞，固宜明示节限，安有密闭也！历考《书》《诗》正文，自尧舜至文武，君臣相与，造治成德，虽不为疏以致败，亦无依密以成功者。君臣不密，此论杂霸战国之时事可也，去帝王远矣。

[1] 几事：很小的事。

"大衍之数五十，其用四十有九，分而为二以象两，挂一以象三，揲[1]之以四以象四时，归奇于扐[2]以象闰[3]，五岁再闰，故再扐而后挂。天数五，地数五，五位相得而各有合。天数二十有五，地数三十，凡天地之数五十有五，此所以成变化而行鬼神也。乾之策二百一十有六，坤之策百四十有四，凡三百有六十，当期之日，二篇之策万有一千五百二十，当万物之数也。是故四营而成易，十有八变而成卦，八卦而小成，引而伸之，触类而长之，天下之能事毕矣。显道神德行，是故可与酬酢[4]，可与祐神矣。"按《易》之始，有三而已，自然而成八；有六而已，自然而成六十四；一成一反，象类晓然而名义出焉，非四十九所能用，非挂非归非再扐所能通也。然则自乾而至未济，皆已具矣，已具则必有起数，故筮人为是以起之，云"得某爻，爻成当某卦，某爻当变，变当之某卦"而已，此《易》之浅事也。《易》成在先，卦起在后，今《传》之言若是，是不知《易》之所以成，而即以筮人之所起者为《易》，无惑乎《易》道之不章[5]也。又谓象三材四时，一闰再闰，愈浅末矣。

[1] 揲（shé）：古代数蓍草以占卜吉凶。　　[2] 扐（lè）：古代数蓍草占卜，将零数夹在手指中间称"扐"。　　[3] 闰：历法上的置闰。《说文》："闰，余分之月，五岁再闰。"　　[4] 酬酢：宾主互相敬酒，泛指交际应酬。　　[5] 章：古同"彰"，彰明。

"子曰：知变化之道者，其知神之所为乎！《易》有圣人之道四焉：以言者尚其辞，以动者尚其变，以制器者尚其象，以卜筮者尚其占。是以君子将有行也，问焉而以言，其受命也如响，无有远近幽深，遂知来物，非天下之至精，其孰能与于此！参伍[1]以变，错综其数，通其变，遂成天地之文；极其数，遂定天下之象；非天下之至变，其孰能与于此！《易》，无思也，无为也，寂然不动，感而遂通天下之故，非天下之至神，其孰能与于此！夫《易》，圣人之所以极深而研几[2]也。唯深也，故能通天下之志；唯几也，故能成天下之务，唯神也，故不疾而速，不行而至。子曰易有圣人之道四焉者，此之谓也。"按《易》以《彖》释卦，皆即因其画之刚柔逆顺往来之情，以明其吉凶得失之故，无所谓"无思无为""寂然不动""不疾而速、不行而至"者。余尝患浮屠氏之学[3]至中国，而中国之人皆以其意立言，非其学能与中国相乱，而中国之人实自乱之也。今《传》之言《易》如此，则何以责夫异端者乎？至于"问焉而以言，其受命也如响，无有远近幽深，遂知来物"，真卜筮之所为，而圣人之所黜[4]尔，反以为有圣人之道，可乎？

[1] 参伍：亦作"参五"，或三或五，指变化不定的数。参，三。伍，五。　　[2] 研几：亦作"研机"。穷究精微之理。　　[3] 浮屠氏之学：即佛学。　　[4] 黜：罢黜，废黜。《说文》："黜，贬下也。"

"天一，地二，天三，地四，天五，地六，天七，地八，天九，地十"，此言阴阳奇耦可也，以为五行生成，非也。按《洪范》以凡举五行，鲧之所以汩陈[1]者，谓其以土捍水尔。五行无所不在，其曰天生而地成之，是又《传》之所无有，而学者以异说佐之也。且使其果信，则于《易》之道曷损益乎！

[1] 汩陈：错乱陈列。《尚书·洪范》："鲧陻洪水，汩陈其五行。"

以蓍[1]求卦，蓍非圆也，吉凶在卦，蓍非神也。六十四卦皆因其象以成理，非洗心也。圣贤皆不杀，独谓为《易》者不杀，亦非也。

[1] 蓍（shī）：蓍草，多年生草本植物，古代用其茎占卜。

"易有太极"，近世学者以为宗旨秘义。按卦所象惟八物，推八物之义为乾、坤、艮、巽、坎、离、震、兑，孔子以为未足也，又因《象》以明之，其微兆往往卦义所未及。故谓乾各正性命，谓复见天地之心，言神于观，言情于大壮，言感于咸，言久于恒，言大义于归妹，无所不备矣；狃无所谓"太极"者，不知《传》何以称之也？自老聃为虚无之祖，然犹不敢放言，曰"无名天名之始，有名万物之母"而已。至庄列始妄为名字，不胜其多，故有"太始""太素""未始有夫未始有无"茫昧广远之说，传《易》者将以本原圣人，扶立世教，而亦为太极以骇异后学，后学鼓而从之，失其会归，而道日以离矣。又言"太极生两仪[1]，两仪生四象[2]"，则文浅而义陋矣。

[1] 两仪：古代哲学范畴．即阴阳。　[2] 四象：指老阴、少阴、老阳、少阳。

"崇高莫大乎富贵"，是以富贵为主，至权与道德并称，《书》《诗》何尝有此义，学者不可从也；从之，则富贵不足以成道德，而终至于灭道德矣。按卦比以五阴宗一阳[1]，大有以五阳宗一阴[2]，其象比曰"先王以建万国，亲诸侯"，《象》大有曰"君子以遏恶扬善，顺天休命"。然则崇高富贵必如是而后可，故显比则失前禽[3]，交如[4]则信以发志；不然，则以富贵高天下而其敝至于秦汉矣。

[1] 五阴宗一阳：比卦下坤上坎，独一阳居九五中位，上下五阴皆应之，故曰"五阴宗一阳"。　[2] 五阳宗一阴：大有卦下乾上离，独一阴居六五位，上下五阳皆应之，故曰"五阳宗一阴"。　[3] 显比：光明之德使四方来附。前禽：前面的猎物。参见《易经·比》九五爻。　[4] 交如：交接貌。《易经·大有》："六五，厥孚交如，威如，吉。"

"形而上者谓之道。"按"一阴一阳之谓道"，兼阴虽差，犹可也；若夫言形上则无下，而道愈隐矣。

◎研读

叶适对《系辞上》的攻驳较详，所论散布，难以列举，这里仅举几例，以为管见。

一、主张崇阳。解《易》在阴阳关系上，有崇阳、崇阴、阴阳并重三种立场。《系辞传》取阴阳并重，所谓"一阴一阳之谓道"。程朱理学也主要取此立论。叶适批评这一主张看似精妙，"以为微言之极"，其实"至难明也"；落在践行上，则往往"综统之机难执""归全之本易离"。只有坚持崇阳，才真正能继善成性，仁者不忧，智者不惑。

二、否定《易》有成序。程朱理学强调事物背后都有特定的理据，程颐的《周易程氏传》尤其重视《序卦传》，但叶适否定这种卦象背后秩序的存在，他强调六十四卦就是独立的人类经验，经验之间并无内在的逻辑，人们研修《易》，就是从具体的经验中获得启示。

三、否定揲蓍成卦。《系辞上》"大衍之数五十"一节，后人据此解释成卦的方法，朱熹即是。叶适以为《易》的成卦就是三爻而成八卦，八卦重叠而成六十四卦，所谓的用四十九，经过挂、归、扐，只是筮人后来浅薄了的仪式化，如果执此而解卦，那就成了本末倒置。

四、否定"太极"概念。"易有太极"是程朱理学重要的理论，即叶适所谓"近世学者以为宗旨秘义"。叶适以为，《易》象只有八物，各具其义，八物之义不足，则进而有六十四卦，但唯独没有所谓"太极"。"太极"其实是源自庄子、列子的概念，这是《系辞传》引道家以释《易》的表征。

系辞下

十三卦亦近世学者所标指，而其说尤为不通。包牺氏始为罔罟[1]，神农氏始为耒耨[2]、交易，黄帝、尧、舜始为衣裳，其后乃有舟楫、马牛、臼杵、弧矢[3]、宫室、栋宇，甚矣其不考于《易》也！《易》十三卦义详矣，乃无毫厘形似之相近者。学者诚能准义于《易》，则凡本象所称，义类炳然，诚得一二如此，足以经世纪民，律身而成德矣。不是之求而震于异说，欲大而反小之，其卒无所底止而已矣。

[1] 罔罟（wǎng gǔ）：指渔猎的网具。《荀子·王制》："鼋、鼍、鱼、鳖、鳅鳝孕别之时，罔罟毒药不入泽。"　[2] 耒耨（lěi nòu）：犁与锄，亦泛指农具。　[3] 弧矢：弓和箭。

"天下同归而殊涂，一致而百虑"，以为不足思，不足虑也。然言"日月相推而明生"者，是不知明之所由生；"寒暑相推而岁成"者，是不知岁之所由成也；因其往来之已然，而遂欲利用安身于其间者，是不知德之所由崇也；然则曾"憧憧[1]往来朋从尔思"之未及，而尚何以穷神而知化乎！故《传》之义多似于深而其实浅者，亦学者之所不可不知也。故《象》以为未光大，而不以为不当思，使其感人心而天下和平，则虽憧憧而不为己私，然乌有安其固然而不知所由来者哉！

[1] 憧憧（chōng）：往来不绝。

"困于石，据于蒺藜，入于其宫，不见其妻，凶。子曰：非所困而困焉，名必辱，非所据而据焉，身必危。"按卦以刚见揜于柔为困，其为爻也，则以柔乘刚为凶，困于石，谓四也，据于蒺藜，谓二也，皆刚也。当困之时，非大人不亨[1]，三为致困之主，将施其不利于我，而进退皆刚，卒与祸会，非大人实为之，而理有不得不然者矣。君子而变于小人，危之辱之可也；小人而乘君子，其不胜天也，其辱与危，非不幸也，不祥之招，揜刚之报[2]也，又何戒焉！

[1] 大人不亨：无德之人不能亨通。　　[2] 揜（yǎn）刚之报：这是阴柔遮掩刚健的报应。

"君子藏器于身，待时而动，何不利之有！"当解之时，痿者欲起，瞑者欲视，有小人焉，谄上陵下，身为戎首[1]以捍通涂[2]，物情之所同恶也。故以公射隼，既获而解，解则无事矣；如使过[3]而用射[4]，反以致冠[5]，何利之有！夫用之则行，非待时也，舍之则藏，非藏器也，安得有藏器待时之说！而学者方沾沾焉抱其所有，如贾之售物，适以为悖，而不足以解悖[6]矣。

[1] 戎首：发动战争的主谋、祸首，比喻首先挑起事端或带头做坏事的人。出自《礼记·檀弓下》。　　[2] 通涂：畅通的大路。　　[3] 过：有过错的人。　　[4] 用射：任用射手。　　[5] 致冠：做官。　　[6] 解悖：纾解悖逆者造成的危难。

"其亡其亡，系于苞桑[1]。"按否以九五为大人吉，有"其亡其亡"之戒，必深固根本以为众阳之主，言朋来之阴未易当之，所恃者在正而已。此岂常道居尊之时，而《传》谓"安不忘危，存不忘亡，治不忘乱，故身安而国家可保"。呜呼！吾未见处危乱之世而自谓治安者也。

[1] 苞桑：桑树之本，比喻牢固的根基。指帝王能经常思危而不自安，国家就能巩固。

《传》既谓包牺始作八卦，神农、黄帝、尧、舜续而成之，又谓《易》兴于中古，"当殷之末世，周之盛德"，"于稽其类其衰世之意"，是《易》之或远或近，不能自必其时也，皆以意言之而已。韩宣子聘鲁，见《易》《象》与《鲁夫秋》，然则当时国各为繇[1]，而《周易》之不见者多矣，无怪乎学士诸生之纷纷也。

[1] 繇（zhòu）：古代占卜的文辞。

◎**研读**

在《系辞下》的札记中，叶适所论要简略许多，这里举一两段为例。

第一段，叶适针对《系辞下》第二章中举六十四卦中的十三卦以推测古人因卦象而立礼法、制器用，批评这样的比附过于牵强，研习《易》不应沉迷于这种附会，而应该由卦象而明义，以此经世济民，律身成德。

第二段，叶适针对《系辞下》讲的"天下同归而殊涂，一致而百虑"，指出这样的说法实为虚浮的夸大之辞，"以为不足思，不足虑也"。叶适这样的批评，旨在针对宋代理学的发展过程中所出现的援禅入儒，强调知识的增长与德性的培植，都有赖于对前人言行的艰苦学习，不存在轻松的殊途同归、百虑一致。

序　卦

按上下《系》、《说卦》浮称泛指，去道虽远，犹时有所明，惟《序卦》最浅鄙，于《易》有害。按诸卦之名，以象取之，与文字错行于世者少，圣人重复殷勤其词以训释之，多至数十百言而未已，盖其难明如此。今《序卦》不然，以是为天地万物之所常有也，鳞次栉比而言之，以是为鈆椠篆籀^[1]之常文也。嗟乎！使其果若是，则束而联之，一读而尽矣，奚以《易》为！学者尺寸不辨，而谓有见于无穷，吾不知也。

[1] 鈆（qiān）椠（qiàn）篆籀（zhòu）：指古代书写方式。鈆，古同"铅"。椠，古代以木削成用作书写的版片。籀，古代的一种字体，春秋战国时流行于秦国，今存石鼓文是其代表，与金文合称"大篆"。

◎研读

叶适对《易传》中的《序卦传》最具负面看法，一则如此段札记所言，《易》的六十四卦本来以卦象取之，文辞甚少，而且有些也不清楚讲什么，彼此之间并无内在的逻辑关系，只是零散的经验案例的汇集，《序卦传》试图揭明六十四卦背后的逻辑，这在叶适看来是强为之说。再则是因为叶适的易学思想主要针对程颐的《周易程氏传》，程颐的易学思想重在建构理的观念，他的《易传》依据《序卦传》，着力阐发卦的内在逻辑，以彰显事物表象背后的理据，叶适强调事物本身，其思想与程颐理学正相反。

尚　书

◎解题

　　传统认为"六经"都是孔子删修，其中包括《尚书》及其《书序》。叶适以为这一说法出自班固，班固出自司马迁，而司马迁是根据孔安国的说法。孔安国是孔子的十世孙，汉武帝时，在孔府旧宅破壁（即文中所述"后世圼壁"），发现了《尚书》《礼记》《论语》等，其上书写的文字是汉代人已不认识的古文字，孔安国用汉代人的文字进行了整理，但孔安国认为《尚书》及其《书序》为孔子作，在叶适看来是无依据的。

书序　孔安国序

　　按以《书》为孔氏之书，《序》亦孔子作，其说本出班固。固因司马迁，迁因孔安国，安国无先世的传[1]，止据前后浮称，兼《左氏》楚灵王言倚相事尔。固引"雒出《书》[2]"而谓字文为书，既已甚陋，安国初言《典》《坟》[3]，至夏商周，《雅》《诰》奥义，历代以为大训，旋复言讨论《坟》《典》，芟[4]烦剪浮，则是孔子并大训亦去取也，岂有是哉！文字章，义理著，自《典》《谟》[5]始。此古圣贤所择以为法言，非史家系日月之泛文也。自是以后，代有诠叙，尊于朝廷，藏于史官，孔氏得之，知其为统纪之宗，致道成德之要者也，何所不足而加捃于其间，以为孔氏之书欤？《书序》亦由旧史所述，明记当时之事以见其书之意，非孔子作也。不然，则"升自陑[6]""放太甲[7]""杀受[8]"，皆其《书》所无有，孔子胡断然录之哉？春秋以后，游士浸盛，虽然，不因孔氏而获见《书》之全者寡矣，又况后世屋壁[9]中乎！其尽归之孔氏，不足怪也。至于迹上古已定不刊之训[10]，推孔氏有述无作之心，则盖有不然者。后有君子，当更考详。或疑非安国文，无证。

[1] 先世的（dí）传：先人可靠的经传。　　[2] 雒（luò）出《书》：洛书，儒家关于《尚书·洪范》"九畴"创作过程的传说。雒，通"洛"。《汉书·五行志上》："禹治洪水，赐《雒书》，法而陈之，《洪范》是也。"[3] 《典》《坟》："三坟""五典"的并称，后转为古代典籍的通称。"三坟"，即伏羲、神农、黄帝之书；"五典"，即少昊、颛顼、高辛、尧、舜之书。[4] 芟（shān）：割草，引申为除去。　　[5] 《谟》：《尚书》中有"三谟"，即《大禹谟》《皋陶谟》《益稷》。　　[6] 陑（ér）：古地名，在今中国山西省永济县南。《书·汤誓序》："伊尹相汤伐桀，升自陑。"后以"升陑"指创业之始。　　[7] 放太甲：伊尹流放太甲。《史记·殷本纪》："帝太甲既立三年，不明，暴虐，不遵汤法，乱德，于是伊尹放之于桐宫。三年，伊尹摄行政当国，以朝诸侯。帝太甲居桐宫三年，悔过自责，反善，于是伊尹乃迎帝太甲而授之政。帝太甲修德，诸侯咸归殷，百姓以宁。"　　[8] 出自《尚书·周书·洪范》："武王胜殷，杀受，立武庚，以箕子归。作《洪范》。"　　[9] 后世屋壁：指汉武帝时孔安国发现《尚书》《礼记》《论语》等的孔府旧宅墙壁。[10] 不刊之训：正确的、不可修改的言论。

◎ 研读

在思想上，由后面选读的《皇朝文鉴·序》"因范育序《正蒙》，遂总述讲学大指"知道，叶适以为，道由尧、舜起，孔子只是道丧以后的传承，因此孔子整理了《尚书》是可能的，但不能认为《尚书》是孔子所作。这一札记是叶适关于道统思想在《尚书》上的反映。

总　论

天有常道，地有常事，人有常心，于《书》见之，孔氏索焉，不可不考。《书》称"若稽古[1]"四人，孔子言"大哉尧之为君也"，"舜有天下而不与焉"，"禹吾无间然矣"，子夏曰"舜举皋陶，不仁者远矣"。故考德者必先四人，其次汤伊尹，又次文、武、周公，世有差降[2]，德有出入，时有难易，道有屈伸，孔氏以是为学之统绪，孟子所谓"闻而知""见而知"者也。近世之学，虽曰一出于经，然而泛杂无统，洇洑[3]失次，以今疑古，以后准前，尊舜、文王而不知尧禹，以曾子、子思断制众理，而皋陶、伊尹所造，忽而不思，意悟难守，力践非实：凡此类当于《书》求之。

[1] 稽古：考察古代的事迹，以明辨道理是非，总结知识经验，从而于今有益、为今所用。《尚书·尧典》："曰若稽古帝尧。"　　[2] 差降：按等第递降。《唐律疏议·名例三·除名比徒三年》："除名、免官、免所居官，罪有差降，故量轻重节级比徒。"　　[3] 洇洑（fú）：湍急回旋的流水。

◎研读

此札仍然是强调，道应当从尧、舜讲起。近世之学，即宋代儒学，虽然都尊经，但泛泛而言，未经梳理，因此杂乱无统，以至尊崇舜与文王，却忽略了尧、禹，强调曾子、子思的思想，而无视皋陶、伊尹的贡献。叶适以为，道的源起要从《尚书》加以求证。

毛　诗

◎解题

在《诗经》学上，《诗序》因其对诗义的阐释而具有重要的地位。但是，宋儒疑传疑经的风气兴起，对经典的注释乃至经典都提出了许多疑问，对《诗经》也是如此。朱熹是宋代对《诗序》质疑乃至否定的重要代表，叶适虽然没有朱熹那么强烈与系统，但同样持质疑态度，以为用《诗经》来进行印证，可以发现《诗序》的论断是有失条理的。比如讨论诗风的正变是《诗经》学的一个重要内容，《诗序》虽然多有见解，但并不都尽然。

诗　序

作《诗》者必有所指，故集《诗》者必有所系；无所系，无以《诗》为也。其余随文发明[1]，或记本事，或释《诗》意，皆在秦汉之前，虽浅深不能尽当，读《诗》者以其时考之，以其义断之，惟是之从可也。专溺旧文，因而推衍，固不能得《诗》意；欲尽去本序，自为之说，失《诗》意愈多矣。

[1] 随文发明：根据《诗经》阐明。

《大序》所发明，既为决定之词，学者据依。然以《诗》考之，精粗表里失条流[1]矣。

[1] 条流：流派、类别。

论《风》《雅》者必明正变[1]，尚矣。夫自上正下为正，固也；上失其道，则自下而正上矣，自下正上，虽变，正也。《小序》谓"政教失而变风发乎情"，宜如其言，则是不足以自正，岂能正人哉！今之所存者，取其感激陈义而能正人，非谓怨愤妄发而不能自正也。舜、皋陶赓歌[2]，风之正也，五子述禹戒而作歌[3]，得为变乎？

[1] 正变：指《诗经》的正风、正雅和变风、变雅及遵循其创作原则的作品。　[2] 赓歌：酬唱和诗。《尚书·虞书·益稷谟》："乃赓为歌曰：'元首明哉，股肱良哉，庶事康哉！'"　[3] 大禹的儿子启作为夏朝君主开启了"父传子，家天下"的世袭君主制时代。然而继承王位的启之子太康，就因为没有德行，导致老百姓反感，他贪图享乐，在外打猎长期不归，国都被后羿侵占。太康的五个弟弟和母亲被赶到洛河边，追述大禹的告诫而作《五子之歌》，表达了悔意。

《史记》"古《诗》三千余篇，孔子取三百五篇"，孔安国亦言"删《诗》为三百篇"。按《诗》，周及诸侯用为乐章，今载于左氏者，皆史官先所采定，就有逸诗，殊少矣，疑不待孔子而后删十取一也。又《论语》称"《诗》三百"，本谓古人已具之《诗》，不应指其自删者言之也。余于《尚书》，既辨百篇非出于孔氏，复疑《诗》不因孔氏而后删，非故异于诸儒也，盖将推孔氏之学于古圣贤者求之，视后世之学自孔氏而始者则为有间[1]，亦次第之义当然尔。

[1] 间：间隙。

《雅》为朝廷礼乐政事而作，今考《南陔[1]》《白华》《何人斯》《蓼莪[2]》《无将大车》《都人士》《采绿》《绵蛮》，往往其人自言一身及一家之事，不必关朝廷。盖《雅》者周人所为诗，亦下兼风土，如豳人之《风》固上兼朝廷也。

[1] 陔（gāi）：田间的土埂。　　[2] 蓼（lù）：形容植物高大。莪（é）：一种草，即莪蒿。李时珍《本草纲目》："莪抱根丛生，俗谓之抱娘蒿。"

自有生民，则有诗矣，而周诗独传者，周人以为教也。诗一也，周之所传者可得而言也；上世之所不传者不可得而言也。

◎研读

诗用形象的语言勾勒出的是诗的意象，在诗的意象中是否隐涵着诗义，或者究竟寄托了怎样的诗义，这是《诗经》学上的重要问题。叶适以为诗的意象中应该是隐涵着诗义的，否则就没必要创作诗了。

关于孔子"删《诗》为三百篇""《雅》为朝廷礼乐政事而作"等传统观点，叶适也提出疑问。在最后一段，叶适试图说明唯独周代的诗得以流传是因为周人行诗教的缘故。

总　论

按《左氏》载逸诗[1]，有事本者惟《祈招》。以《诗》考之，独文、武、成王、幽、厉、宣王有诗，康王则已无诗，而美诗多作于成王之时。盖集诗之凡例，专以治乱兴亡两节及中兴为断，而义归于一君之美刺及美刺兼焉者，故康、穆以下至夷王，虽有诗皆不录；疑此西周之后，东周之时所裒次[2]也。周以《诗》为教，置学立师，比辑义类，必本朝廷，况《颂》者乃其宗庙之乐乎！诸侯之风，上及京师，列于学官，其所去取，亦皆当时朝廷之意，故《匪风》之思周道，《下泉》之思治，《简兮》思西方之人，皆自周言之也。孔子生远数百年后，无位于王朝，而以一代所教之诗，删落高下十不存一为皆出其手，岂非学者随声承误[3]，失于考订而然乎？且又有甚不可者，孔子之先，非无达人，六经大义，源深流远，取舍予夺，要有所承，使皆芜废讹杂，则仲尼将安取斯？今尽掩前闻，一归孔氏，后世之所以尊孔子者，固已至矣，推孔子之所以承先圣者，则未为得也。然则孔子言"自卫反鲁，然后乐正，雅颂各得其所"，何也？曰：孔子之时，上距东迁二百余年矣。王室愈微，诸侯益横，吴楚肆暴，天下遂为战国。鲁卫旧家往往变坏，文物残缺，而师挚鼗鼓之官[4]沦溃散亡，《诗》《书》残乱，礼乐崩逸，孔子于时力足以正之，使复其旧而已，非谓尽取旧闻纷更之也。后世赖孔子一时是正之力[5]得以垂于无穷，而谓凡孔子以前者皆其所去取，盖失之矣，故曰《诗》《书》不因孔子而后删。然则若是则孔子亦不系《易》欤？曰：古卜筮家皆用其所自为繇，国各有占，人自立说，而象数之学胜，道益以茫昧难明，孔子将以义理黜之，故别为《彖》《象》，专本中正，不用象数，所以合文王、周公之本心，盖一家之学而天下从之，固非删定《诗》《书》之比也。

[1] 逸诗：指《诗经》未收的古代诗歌。 [2] 裒（póu）次：搜集编排。《新唐书·儒学传上·萧德言》："太宗欲知前世得失，诏魏徵、虞世南、褚亮及德言裒次经史百氏帝王所以兴衰者上之。" [3] 随声承误：人云亦云。 [4] 师挚鼗鼓之官：泛指乐师。师挚，鲁国乐师，名挚。鼗（táo）鼓，古代中国乐器。 [6] 是正之力：拨乱反正之力。

◎ 研读

叶适根据《诗》的成篇年代，参证《左传》中的逸诗，推断《诗经》的编集目的主要取治乱兴亡以及中兴，从而对君王进行美刺，以行诗教。而且诗教的传统起于周，由朝廷而下及诸侯。因此，他认为《诗经》成书应在西周之后，东周之时，断非孔子删定为三百篇。不仅《诗经》如此，六经大义，皆源深流远，后世全归于孔子，虽出于尊崇孔子之意，但并不符合历史事实。叶适的根本宗旨，就在阐明儒家的道就是华夏民族的文明，而此文明是尧、舜以来的创造演化。孔子的贡献在于他生当礼崩乐坏之时，以自己的努力纠正当时的偏离背悖。叶适这一核心思想的关键，在于强调人的现实生活中，实践的重要性与先在性，这也是永嘉事功学在叶适这里得以集大成的根本精神。

在此札最后，叶适由《诗》《书》而论及《易》。他的看法是，《诗》《书》原已有之，《易》是卜筮的工具，占卜者各自立说，结果象数之学胜，《易》的义理茫昧难明。孔子撰《彖》《象》，从而使《易》的义理得以彰显，与文王、周公的精神相一致，因此，孔子系《易》的性质与删《诗》《书》是有所不同的。

周　礼

◎解题

　　《周礼》又称《周官》，是周代政治制度的记载与说明，但晚出于秦汉之际，故真伪一直难定。叶适既不认为是周公所作，也不认同完全是刘歆伪造。他总体上认为此经是类似周公这样的人物所设想的政治理想，即所谓"周、召之徒，因天下已定，集成其书，章明一代之典法"。叶适在对此书进行论证与阐释时，参用《诗》《书》，证诸历史，这是叶适治学的重要特征。参用《诗》《书》，是以经证经的方法；证诸历史，则是以史证经的方法。

　　《周官》独藏于成周，孔子未之言，晚始出秦汉之际，故学者疑信不一。好之甚者以为周公所自为，此固妄耳。其极尽小大，天与人等，道与事等，教与法等，粗与细等，文与质等，无疏无密，无始无卒，其简不失，其繁不溢，则虽不必周公所自为，而非如周公者亦不能为也。此书既成，参以成、康盛时董正治官[1]及命君陈册毕公之词，犹若未足以尽行其道。又，商之傲民[2]亦介于其中，未知何以处之？《毕命》谓"既历三纪，世变风移""旌别淑慝[3]，表厥[4]宅里""弗率训典，殊厥井疆[5]"，岂其初固使之观治而已，不遽强以必从也？及昭、穆道衰，而君牙、伯冏之流愈不足以行其道，又可见矣。又，上考《诗》《七月》，周所以兴，止家人作苦之事；又，《棉》追称太王"乃召司空，乃召司徒"，意是时官未必备，官虽备而道未必备也；又，《书》《康诰》称"文王明德慎罚，肇造区夏[6]"，直以小心克己为天命所归：亦无如是之弘大。盖周、召之徒，因天下已定，集成其书，章明一代之典法，殆尧、舜、禹、汤所无有，而古今事理之粹精特取见于此，如《诗》《书》则尚有兴坏是非之粗迹存焉故也。然余所疑者，周都丰镐，而其书专治洛邑；然则乡遂郊野，兴贤劝甿[7]，凡国之政将一断于是书，而旧都莫之用耶？或旧都固自有法，而一畿[8]之内可以两治耶？书之所不言，不可得考，而周之所以致盛治，则犹有不尽具者，此其为深可惜也。其后宗周亡灭，而东周之君臣世守此书，然诸侯夷狄方迭为强雄，冢官巨列[9]所职，不过行于一城，而微文缛典乃或准于天下，遂以是为共主四百余年。然则孔子岂以有其书而不能起其治，故不言耶？不然，则所谓"周监于二代，郁郁乎文哉，吾从周"者，岂此书也？呜呼！刘歆、苏绰、王安石，固此书之腥秽；而郑玄已下，又其糠粃[10]尔。

[1]　董正治官：周公辅佐周成王，督导整顿治事之官。《尚书·周官》："六服群辟，罔不承德，归于宗周，董正治官。"　　[2]　傲民：无视百姓。[3]　淑慝（tè）：善恶。　　[4]　表厥：树立准则。　　[5]　有不遵循教训和常法的，就变更他的井居田界。　　[6]　肇造区夏：开始治理华夏地区。肇，始。区夏，华夏地区。　　[7]　兴贤劝甿（méng）：勉励农民耕种。甿，古指农民。　　[8]　畿（jī）：古指靠近国都的地方。　　[9]　冢官巨列：代指管理制度体系。　　[10]　糠粃（bǐ）：谷皮和瘪谷，比喻粗劣而无价值之物。

按六卿分职，各以数字之微使归统叙，一职之内，各有条目，使就绩用[1]，充其所行，而三才之道无遗憾矣，虽舜、禹、皋陶，未能如此详尽也。其所以为异者，《舜典》以人任官，而《周官》以官任人尔。余故谓自成、康盛时，其人已不足以尽行其道，然学者于此观之，当知官有职业，知官有职业，故知人有职业。知官有职业，则道可行；知人有职业，则材可成；愈于子思、孟子犹未免以意言之，岂其亦未见此书也？

[1] 就绩用：发挥各自功能。

舜命司徒止数语，而《周官》谆悉[1]至此，然亦无在数语之外者。尧、舜、三代教治皆出于一，但记叙广略不同耳。学者耽味《舜典》，便厌《周官》之烦，及其于《周官》考验，则井田任土，纷然百绪，穷年白首而不足以有明，视舜语殆成胡越[2]矣。

[1] 谆悉：恳切而详细。　　[2] 胡越：胡地在北，越在南，比喻疏远隔绝。

◎ 研读

此札是叶适关于《周礼》的一个总评论。永嘉学派以经制言学，所谓经，是根柢六经，以六经为思想基础；所谓制，是重视周制，以周礼为历史基础。这个特点在宋代永嘉学派即已形成，至晚清民初永嘉学重振时依然继承。

由于《周官》是基于一定政治实践的政治理想，因此后世怀抱政治野心与政治追求者，多死搬硬套《周官》来进行政治改革，前者如汉之王莽，后者如宋之王安石，这在叶适看来，都是极成问题的，因为历史已发生变化，不可能用基于历史经验的政治制度来施治于变化了的后世。但是，叶适对《周官》的基本精神还是充分肯定的，他指出"《舜典》以人任官，而《周官》以官任人尔"，以官任人，才能以职责设岗任人，从而"知官有职业，则道可行；知人有职业，则材可成"。

天官冢宰

大宰"以九赋敛财贿：一曰邦中之赋，二曰四郊之赋，三曰邦甸之赋，四曰家削之赋，五曰邦县之赋，六曰邦都之赋，七曰关市之赋，八曰山泽之赋，九曰币余之赋"。载师"以廛里[1]任国中之地，以场圃任园地，以宅田、士田[2]、贾田[3]任近郊之地，以官田、牛田、赏田、牧田任远郊之地，以公邑之田任甸地[4]，以家邑之田任稍地[5]，以小都之田任县地，以大都之田任畺地[6]"。大宰总其法，载师专其任，非二事也。而郑玄以为："赋，口率出泉[7]。今之算泉[8]，民或谓之赋，此其旧名与？"尧、舜、三代之治法，任民以地而不责其身，故用民之力，丰年无过三日，其爱惜之如此。且赋口率出泉，后世之暴敛，玄乃举以为比。玄虽博洽群书，训释经义，而不知帝王大意，随文彼此，辄形笺传以误后世，其害甚矣。又载师言"任地国宅无征，园廛二十而一，近郊十一，远郊二十而三，甸、稍、县、都皆无过十二，惟其漆林之征二十而五[9]"，盖视其所任劳逸、获利厚薄而为之多少，亦无定法，此司徒之正文也。而儒者争言古税法必出于十一，又有贡、助、彻[10]之异，而其实皆不过十一。夫以司徒教养其民，起居饮食待官而具，吉凶生死无不与偕，则取之虽或不止于十一，固非为过也。后世刍狗百姓，不教不养，贫富忧乐，茫然不知，因其自有而遂取之，则就能止于十一，而已不胜其过矣，亦岂得为中正哉！况合天下以奉一君，地大税广，上无前代封建之烦，下无近世养兵之众，则虽二十而一可也，三十而一可也，岂得以孟子貉道[11]之言为断耶？

[1]廛（chán）里：古代城市居民住宅的通称。　[2]士田：古代卿、大夫、士及其子弟所领有的田地。　[3]贾田：古代商人及其家属所分得的田地。　[4]甸地：古指距都城一百里外、二百里内之地。　[5]稍地：周代称离都城三百里的地域。　[6]畺（jiāng）地：疆土。畺，古同

"疆"。　　[7] 口率出泉：按人口比例收取赋税。口率，按人口比例。泉，古代钱币的名称。　　[8] 算赋：计算赋税。　　[9] 二十而一、十一、二十而三、十二、二十而五，均为计税方法，如"十一"为按十分取一的税率抽税。　　[10] 贡、助、彻：相传夏、商、周三代分别实行的赋税制度。《孟子·滕文公》："夏后氏五十而贡，殷人七十而助，周人百亩而彻，其实皆什一也。"　　[11] 貉（mò）道：对北方少数民族习俗、制度的贬称。《孟子·告子下》："白圭曰：'吾欲二十而取一，何如？'孟子曰：'子之道，貉道也。'"

《周官》言道则兼艺，贵自国子弟，贱及民庶皆教之。其言"儒以道得民"，"至德以为道本"，最为要切，而未尝言其所以为道者。虽《书》自尧、舜时亦已言道，及孔子言道尤著明，然终不的[1]言道是何物。岂古人所谓道者，上下皆通知之，但患所行不至耶？老聃本周史官，而其书尽遗万事而特言道，凡其形貌朕兆[2]，眇忽微妙，无不悉具。余尝疑其非聃所著，或隐者之词也。而《易传》及子思、孟子亦争言道，皆定为某物，故后世之于道始有异说，而又益以庄列西方之学，愈乖离矣。今且当以"儒以道得民""至德以为道本"二言为证，庶学者无畔援[3]之患而不失古人之统也。

　　[1] 的（dí）：真实，确实。白居易《出斋日喜皇甫十早访》："的应不是别人来。"　　[2] 朕兆：征兆。　　[3] 畔援：违离，改易。

◎ 研读

　　《周官》设天、地、春、夏、秋、冬六卿，其中冬官司空已失，仅存《考工记》一篇。叶适对其余五官都有评论，这是他的政治思想的重要表达。天官冢宰，又称太宰，是主财务与王家宫内事务的官，周武王死时，成王年少，周公曾以此官行摄政，可知这其实是六卿之首。

　　财政是国家的根本，它以赋税的形式取之于民，用之于政。赋税究竟收多少合理，这是人民能否安康、社会能否持续发展、国家能否长久治安的重要问题，为历代政治家与思想家所重视。叶适批评汉代经学大师郑玄对赋的解释只重文字表面之义，而失政治大意。叶适以为，"尧、舜、三代之治法，任民以地而不责其身，故用民之力，丰年无过三日，其爱惜如此"，强调赋税的核定依据在地，即实际收入，而不是人口，要减轻赋税。其次，国家财政应该用于教养人民，使人民起居饮食有足，吉凶生死和谐，至于具体的定税标准应该以此为准，而不是死扣"十取一"与否。如果真正用于人民，则不止"十取一"亦无妨；如果不真正用于人民，哪怕"三十取一"也是多了。

财政用于教养人民，能使人民起居饮食有足，吉凶生死和谐，这就是"儒以道得民"。叶适进而指出，《周官》"言道则兼艺"，即养之外，重教化，这便是"至德以为道本"。对道的这一精神，叶适以为孔子讲得尤为著明，但没有对道作直接的界定；老子则相反，离开具体的事物本身，大讲特讲道，近于隐士所言。《易传》以及子思、孟子开始界定道为何物，至宋儒进一步援引佛老加以阐扬，结果愈详说愈乖离。因此，叶适强调，"儒以道得民"与"至德以为道本"最为关键。这其实也是叶适事功哲学在政治思想上的呈现。

地官司徒

司徒"建邦国，诸公之地，封疆方五百里，其食者[1]半；诸侯之地，封疆方四百里，其食者参[2]之一；诸伯[3]之地，封疆方三百里，其食者参之一；诸子之地，封疆方二百里，其食者四之一；诸男之地，封疆方百里，其食者四之一"。又，职方氏"邦国千里封公，以方五百里则四公，方四百里则六侯，方三百里则七伯，方二百里则二十五子，方百里则百男"。两言自五百里至百里，此成周分土之定制也。诸侯之国，三五相因[4]，周之特封者可数，齐、晋、鲁、卫、陈、蔡、宋、郑，往往皆自五百里以下，而诸家之论谓诸侯必百里者，妄说也。孟子言"周公封鲁，地非不足而俭[5]于百里，太公封齐，地非不足而俭于百里"。孟子何得不知齐鲁之始封，而以百里限之乎？封疆多而食者少，地势则然，而郑众谓"包以附庸[6]"，郑玄又谓"一易再易，必足其国之用而后贡其余"者，尤妄说也。且虽王畿千里，亦不过举封疆言，安得尽可食之地哉。

[1] 食者：吃饭的人。　[2] 参：三。　[3] 伯：爵位。周代分公、侯、伯、子、男五等爵位。　[4] 三五相因：三百里到五百里之间。　[5] 俭：节省，节俭。　[6] 包以附庸：指用小国包围着。附庸，古代指附属于大国的小国。

市所以交易百货，民生通塞之所由，司市为之治教禁令甚详。其言曰："国君过市[1]则刑人赦[2]，夫人过市罚一幕[3]，世子过市罚一帟[4]，命夫过市罚一盖，命妇[5]过市罚一帷[6]。"盖众之所聚，非驰突[7]之所加；利之所在，非观视之所及也。

[1] 过市：经过市场。　[2] 刑人赦：当受刑的人就被赦免。　[3] 幕：覆盖在上面的帐幕。　[4] 帟（yì）：张设在幄中座上用以承接尘土的小幕。　[5] 命妇：泛称受有封号的妇女。　[6] 帷：围在四周的账幕。[7] 驰突：快跑猛冲。

◎研读

地官掌管田地耕作与劳役。此札考证分封的领地大小事，旨在说明分封领地的大小与其可食者并无必然关系，从而表示田地耕作与劳役的政策应当据实而定。此外，由于市场既是人员混杂的场所，也是利益交集的地方，故管理应该特别加强，即"司市为之治教禁令甚详"。

春官宗伯

《司徒》"以五礼防万民之伪而教之中，以六乐防万民之情而教之和"；而《宗伯》"以天产作阴德，以中礼^[1]防之；以地产作阳德，以和乐^[2]防之"。是则民伪者天之属，民情者地之属也；伪者，动作文为辞让度数之辨也，情者，耳目口鼻四肢之节也。子产言"人生始化曰魄，阳曰魂"，而儒者因谓体魄则降，知气在上，又举季子之言，谓"骨肉归复于土，命也；魂气则无不之也"。《易传》又谓"精气为物，游魂为变"。故后世皆以魂知为阳，体魄为阴。然以宗伯之言考之，则魂知者固阴德也，体魄者固阳德也。伪不可见而能匿情，故为阴；情可见而能灭伪，故为阳；礼乐兼防而中和兼得，则性正而身安，此古人之微言笃论也。若后世之师者，教人抑情以徇^[3]伪，礼不能中，乐不能和，则性枉^[4]而身病矣。

　　[1]中礼：适中、合度的礼仪。　　[2]和乐：和谐的音乐。　　[3]徇：顺从，曲从。　　[4]性枉：天性歪曲。

　　《舜典》言"击石拊石，百兽率舞，箫韶九成^[1]，凤凰来仪^[2]"；大司乐言"六变而天神降，八变而地示出"；古人皆指其实，不想象而云也。人鬼不言出，鬼固依于人也。古人不以致神示为难，而以天地神明得其所安为难，后世反之。

　　[1]箫韶九成：指箫韶音乐奏了九章。《说文》："韶，虞舜乐也。"[2]凤凰来仪：凤凰来舞，仪表非凡，古代指吉祥的征兆。

　　大卜"掌三易之法：一曰《连山》，二曰《归藏》，三曰《周易》，其经卦皆八，其别皆六十有四"。占人"以八卦占筮^[1]之八"，故筮人"掌三易以辨九筮之名"。详此，则《周易》之为三易，别卦之为六十四，自舜、禹以来用之矣。而后世有伏羲始画八卦，文王重为六十四，又谓纣囚文王于羑里^[2]，始演《周易》，又谓河出图有自然之文；学者因之有伏羲先天、文王后天之论，不知何所本始。按籥章^[3]之官掌土鼓、豳籥，龡^[4]豳诗，击土鼓，以逆寒暑，以乐田畯[5]，盖周之旧乐也。《七月序》以陈王业，而说者乃以为周公所作。周公方制礼乐，陈雅颂，以昭先公先王之功德，而自作土风之诗使籥章掌之，可乎？然则《周易》果文王所改作，而后世臣子不以严宗庙，参《典》《谟》，顾乃藏之于太祝，等之于卜筮，何媟嫚[6]其先君若是哉？凡卦之辞，爻之繇，筮史所测，推数极象[7]，比物连类，不差毫发。独孔子以为不然，故孔氏之系《易》，以为必如是而测之，由其中正而不以祸福利害乱其心者，此君子之所为《易》也。学者既不能知，反援孔子之《易》同归于卜筮，以为人更三圣、世历三古而后成书。嗟夫！学者之自聋瞽[8]，无足怪者，而吾悲其转相聋瞽于人而未有已也！

　　[1] 筮（shì）：古同"筮"，占卜。　　[2] 羑（yǒu）里：古地名，又称羑都，今河南安阳汤阴县北4.5千米羑里城遗址，传为商纣囚禁周文王的地方。　　[3] 籥（yuè）章：乐官名，《周礼》春官之属，掌击土鼓吹奏《豳风》诗歌。《周礼·春官》："籥章，中士二人，下士四人，府一人，史一人，胥二人，徒二十人"，"掌土鼓豳籥。"　　[4] 歙（chuī），古同"吹"。[5] 田畯（jùn）：古代职掌农事的官。　　[6] 媟（xiè）嫚：轻薄，不庄重。　　[7] 推数极象：推算运数，穷尽卦象。　　[8] 瞽（gǔ）：目盲。

◎ **研读**

　　春官宗伯掌管邦礼。叶适以治道为儒家的精神内涵，故他以功能主义的视角来说明礼乐的作用。人的行为言语是经过理性支配的，属于"魂知"，可以"匿情"，亦可称之"伪"，归于阴；人的感官情绪是"体魄"的自然反映，无所隐藏，归于阳。礼的功能是规范人的行为言语，乐的功能是调和人的感官情绪，礼乐兼用从而使人"性正而身安""中和兼得"。"中和"是宋代儒学非常关注的哲学主题，但所论偏重于人的内在精神，"教人抑情以徇伪"，叶适由《周官》作了不同的解释，立足于人的活动，使人的生命感性存在与社会的文明规范达成某种和谐。由此，叶适对古代的原始歌舞与原始宗教也作了相应的解释，强调以人为中心的文明建构。

此札最后一段又论及三易之法，沿用一贯的以经证经的方法，引《诗》《书》证伪有关《易》"人更三圣、世历三古而后成书"的观点，阐明孔子系《易》的根本精神是抉发易学的中正理性精神，剔除祸福利害的卜筮虚妄。

夏官司马

掌固"造都邑，则治其固与其守法，国都之竟有沟树之固，郊亦如之，民皆有职焉"。司险"设国之五沟五涂[1]，而树之林以为阻固，皆有守禁，而达其道路"。禹、汤以前不知何如，而周司马之任如此，故虽小侯陋国，各有阻固，不得轻侵，而存者数百千年，孔子亦言"王公设险以守其国"，盖不如是则无以为国也。而孟子乃言"域民不以封疆之界，固国不以山溪之险"。此说既行，儒者世祖之。今长淮连汉荆襄，犬牙处绵数千里，无复阻隔，敌之至，我常荡然，而我之于敌，尺寸不能至也。此今世大议论，有国者不知讲，以存亡为戏，奈何！

[1] 五沟五涂：泛指沟渠与道路。五沟，遂、沟、洫、浍、川，五涂，径、畛、涂、道、路。《周礼·夏官·司险》："设国之五沟、五涂而树之林，以为阻固。"

职方[1]"辨其邦国、都鄙[2]、四夷[3]、八蛮[4]、七闽[5]、九貉[6]、五戎[7]、六狄[8]之人民，与其财用、九谷[9]、六畜之数要，周知其利害"。余尝疑召公在燕，太公在齐，唐叔在晋，皆为边远，与戎狄邻接，而江汉之间封建所不至，则周之所自治者固甚狭，而职方所辨乃若是之甚详，虽汉唐盛时不能，何也？岂姑具之图籍，而实未能统属耶？周、召之政，其必不然。夫辨之详而责之略，治之狭而服之广^[10]，非德有余于天下，何以致之！

[1] 职方：古指职掌地域之官。　[2] 都鄙：京城和边邑，含周公卿、大夫、王子弟的采邑、封地。　[3] 四夷：古代对中原周边各族的统称，即东夷、南蛮、北狄和西戎的合称。　[4] 八蛮：古谓南方的八蛮国。　[5] 七闽：古代生活在福建及毗邻地区的七个闽越部落。　[6] 九貉：古代北方的少数民族。　[7] 五戎：古代西部地区的少数民族。　[8] 六狄：古代北方民族狄的六个部落。　[9] 九谷：指苑囿中的大小池沼。　[10] 意为实际统治领域狭小但战略所及却广大。

◎ **研读**

夏官司马掌军。叶适引《周官》军事设施的用心安排，说明南宋与金的边界无险固可守。叶适一直主张抗金北伐，但开禧北伐时，他已深知南宋的困境，主张改北伐为备边。《习学记言序目》是开禧北伐失败，叶适致仕后隐居水心村写成，此札首段由古论今，亦是有感而发。

此札第二段讨论周的疆域。以为周的实际统治领域狭小，但战略所及却广大，表明周公、召公之政，并非赖以武力，而主要仰赖德政。

秋官司寇

司寇"以圜土^[1]聚教罢民，其能改者反于中国"，"以嘉石^[2]平罢民，使州里任之，则宥而舍之"。乡、遂、县士之有刑杀者，欲免则王与公卿会其期。司刺"以三法求民情，断民中"。季康子曰："如杀无道以就有道，何如？"孔子曰："子为政，焉用杀！子欲善而民善矣。"夫周、召之用刑，罪有余而法不足；孔子之论刑，杀有穷而生无穷；子思、孟子未足以及此也，而欲以建三典^[3]，纠万民，难矣。

[1] 圜（huán）土：夏、商、周三代监狱的通称。　[2] 嘉石：有纹理的石头。上古惩戒罪过较轻者时，于外朝门左立嘉石，命罪人坐在石上示

众，并使其思善改过。　　[3] 三典：轻、中、重三种刑法。

　　大小行人、司仪所以亲待诸侯邦国之礼，学者徒谓其揖让周旋之美都[1]，不知周、召经纪天下，精神会聚于此，参之以《诗》《书》所记，则唐、虞、三代之为国家，岂有毫发不尽于人心者哉？盖其得之未尝以智力，其守之未尝不以礼义。此意至周衰惟管仲知之，故其言曰："招携以礼，怀远以德，德礼不易，无人不怀"[2]。齐侯修礼于诸侯，诸侯官受方物。后世之学，专以《春秋》达王道，《诗》《书》《周官》取具而已，实自孟子始。又孔子谓管仲"身不由礼，则礼不能行于天下"，故谓之小器[3]；而孟子考之不详，因亦并废管仲。然则《周礼》与《诗》《书》并立，管仲识《周礼》尚存，此恐孟子未知也。学者承误，不思其中所蔽塞多矣。

　　[1] 美都：美好的都城。　　[2] 意为招抚有二心的国家，用礼；怀柔疏远的国家，用德。凡事不违背德和礼，没有不归附的。语出《左传·僖公七年》。　　[3] 小器：原指小器皿，亦指不大度。

◎ 研读

　　秋官司寇掌刑狱。刑狱是治国不可忽缺的工具，但如何认识与使用，则是政治思想的一个重要内容。《周官》有"刑新国用轻典""刑平国用中典""刑乱国用重典"的"三典"之说。但叶适以为，"周、召之用刑，罪有余而法不足；孔子之论刑，杀有穷而生无穷"，刑不可无，但不得已而用之，并不恃刑滥用。而且，周重礼制，也并不在仪式本身，而在人心的感召。周朝礼崩乐坏以后，对刑狱真正有所认识与实践的，只有管仲的德礼之治。只是由于孔子对管仲有"小器"的批评，加之孟子对刑狱问题缺乏真正的认识，"欲以建三典，纠万民"，后世对刑狱问题的认识蔽塞甚多，管仲的贡献也一并被忽略。

仪 礼

◎**解题**

　　《礼》有"三礼"之称，包括《周礼》《仪礼》《礼记》。《仪礼》记载周朝冠、婚、丧、祭等种种仪式，"当时举一礼必有仪，仪不胜记"，虽《仪礼》已难全。

　　《仪礼》所记有司[1]之事，以其所存逆其所不存，当时举一礼必有仪，仪不胜记，则何止于此！《顾命》可见。叔孙通朝十月仪，后世有司亦皆如此，只为不及古人，然亦不可不知也。文多而义少，事浅而防深，虽周、召立制，与后世共由之，而儒者为学，因宜有烦要博约之异，故孔子谓子夏"无为小人儒"，子贡"不幸言而中"，曾子亦言"君子所贵乎道者三"而已。学者之患，在于不明统纪，玩此忘彼，守粗遗实，或荒陋不知，忽略不讲，既已失之；其细碎太甚者，又以为先王一微一小皆有精义，错陈午割[2]，必中法程[3]。然则官司所传，历世所行，圣人亦何由尽以为一己所纷更乎？韩愈又言"惜吾不及其时进退揖让于其间"。以余观《仪礼》所记，与《周官》《礼记》《左氏》相出入，《诗》《书》亦互见，郑玄最通博矣。盖春秋时周及鲁行之尤详，而他诸侯国亦无不遵用，不知者以相病，不能者以相耻，下至战国尚存。秦虽扫灭，汉有诸博士所记乡射、乡饮、雅歌、骊驹[4]，犹时见一二。董卓败，曹操兴，始尽亡之矣。刘表亦颇欲收拾，而智计之士以为笑，相率去之。诸葛亮尤惩艾[5]，虽号名续汉统，而不复考寻矣。是愈之所欲进退揖让者，特衰周春秋诸侯事，非文王、周公盛时也。椒举曰："夏启有钧台之享[6]，商汤有景亳之命[7]，周武有孟津之誓[8]，成有岐阳之搜[9]，康有酆宫之朝[10]，穆有涂山之会[11]，齐桓有召陵之师[12]，晋文有践土之盟[13]，君其何用？"楚子曰："吾用齐桓。"如此等大朝会，殷国遍巡天下记之，至战国固在也。《仪礼》者，士之礼，通记大夫诸侯而天子无考焉，何能及三代之弥文缛典乎！

[1] 有司：主管某部门的官吏，亦泛指官吏。　　[2] 错陈午割：错杂陈列，交叉切割。　　[3] 法程：法则，程式。《吕氏春秋·慎行》："久而相信，卒而相亲，后世以为法程。"　　[4] 骊驹：纯黑色的小马。此为逸《诗》篇名。　　[5] 惩艾：吸取过去教训，以前失为戒。　　[6] 钧台之享：夏启剿灭有扈氏后，为废除传统的部落禅让制，巩固王权，确立王位世袭，而在都城阳翟（今河南省禹州）召集各地方国首领，举行的一场盛大的献祭神灵的活动，同时这也是一次重要的方国盟会。这次盟会确立了夏启"共主"地位，开始了中国历史上的"家天下"局面。钧台，指为群神修建的台坛。　　[7] 景亳之命：商汤从旧都商丘北迁至景亳（又称北亳、蒙亳，一说今河南商丘北，一说今山东曹县南）。商汤在此告命天下，征伐四方，最终灭夏。　　[8] 孟津之誓：周武王九年，大会诸侯于孟津（今河南孟津，为古代重要渡口）。在大会上，周武王举行了誓师仪式，这是一次"诸侯所由周命"的重要会盟，从此，众多诸侯都听从周的指挥，灭商有了充分的把握。　　[9] 岐阳之搜：周成王在岐山南面进行的一次大规模狩猎活动。　　[10] 酆宫之朝：周康王在酆宫（位于今陕西省户县）接受诸侯的朝见。　　[11] 涂山之会：涂山位于今安徽省蚌埠市禹会区，传说禹建都阳翟（今河南禹州市）后召集夏和夷的部落首领于涂山。　　[12] 召陵之师：春秋五霸之首齐桓公讨伐楚国时的军队，有一千数百乘兵车的兵力，在当时是前所未有的巨大兵力。　　[13] 践土之盟：春秋时期晋文公为确立霸主地位而举行的会盟。

◎ 研读

叶适以为，仪式本身只是一种形式，它的真正价值在于形式中所隐涵的意义。因此，研究《仪礼》，根本是要把握其隐涵的意义，弄清楚其精神，而不是就形式而形式。但与此同时，仪式虽有隐涵的意义，又并不意味着任何仪式都有明确的指义，而且仪式本身也在时时变化中。因此，叶适认为学者应该从儒家之道的根本出发，把握仪式的真精神，而不宜拘执于破碎的仪式复原。

礼　记

◎ 解题

　　《礼记》原是《仪礼》的附属，是战国秦汉时期儒家有关礼的论述，至东汉郑玄选辑作注而定编，收有四十九篇论述，从而由附属而独立，逐渐成为经典，其思想的丰富与影响的深远要胜于《仪礼》与《周礼》。叶适《习学记言序目》论《礼》三卷，也以对《礼记》的讨论最多。

曲　礼

　　《曲礼》中三百余条，人情物理，的然不违[1]，余篇如此要切言语，可并集为上下篇，使初学者由之而入。岂惟初入，固当终身守而不畔[2]；盖一言行则有一事之益，如鉴睹象，不得相离也。古人治仪，因仪以知义，曾子所谓"笾豆之事"[3]，今《仪礼》所遗与《周官》戴氏杂记者是也。然孔子教颜渊"非礼勿视，非礼勿听，非礼勿言，非礼勿动"，盖必欲此身常行于度数折旋[4]之中。而曾子告孟敬子，乃以为所贵者"动容貌、出辞气、正颜色"三事而已，是则度数折旋皆可忽略而不省，有司徒具其文，而礼因以废矣，故余以为一贯之语虽唯而不悟也。今世度数折旋既已无复可考，则曾子之告孟敬子者，宜若可以遵用；然必有致于中，有格于外，使人情物理不相逾越，而后其道庶几可存。若他无所用力，而惟三者之求，则厚者以株守[5]为固，而薄者以捷出为伪矣。

[1] 的然不违：真实确切，没有一条违背儒家之道。 [2] 不畔：坚守而不背弃。 [3] 笾（biān）豆之事：笾、豆，古代祭祀及宴会时常用的两种礼器，竹制为笾，木制为豆。借指祭仪。《论语·泰伯》："笾豆之事，则有司存。" [4] 度数：以"度"为单位计量而得的数目，指用以计量的标准。折旋：曲行，古代行礼时的动作。 [5] 株守：比喻拘泥守旧，不知变通。

◎ 研读

《曲礼》是《礼记》中的一篇，在这篇札记中，叶适对《曲礼》上下篇给予高度评价，以为所记的三百余条礼"人情物理，的然不违"，不仅"使初学者由之而入"，而且"固当终身守而不畔"。叶适以为，孔子教人为仁，克己复礼是根本路径，"必欲此身常行于度数折旋之中"。然而，曾子将广泛的生活实践压缩为"动容貌、出辞气、正颜色"三件事，使克己复礼严重窄化。后世对于传统的各种礼规已难以知晓，在这样的背景下，曾子三事固然也可以遵用，但必须在生活实践中作进一步的展开，"有致于中，有格于外"，才能真正把握与践行儒家之道。此札不仅反映了叶适内外交相成的思想，而且也重在否定程朱确认的曾子对孔子思想的垄断性继承。

王 制

《王制》一篇，当时盖欲施用，而博士诸生考论之所成，异于各以见闻记录者，故比诸篇颇为斟酌，亦有次第。然孔子时，周衰而未亡，圣人之力尚能合一以接唐虞夏殷之统，故其所述皆四代之旧。至孟子时，六国并雄，则周已亡，但未灭耳，其所欲行于当世，与孔子已稍异。不惟孟子，虽孔子复出，亦不得同矣。秦灭汉兴，郦食其[1]请立六国后，而张良以为非。及文帝初，贾谊所言者，正朔^[2]、官名、色上黄、数用五^[3]而已。中年谊已死，新垣平^[4]得用，始有作王制、封禅、巡狩之说。夫尧、舜、三代以礼让守天下，而类禋^[5]、巡狩皆为实治。汉以兵取，以力守，而儒生学士欲以虚文追还帝王之道耶？然则治后世之天下，而求无失于古人之意，盖必有说，非区区陈迹所能干也。

[1] 郦食其（前268—前203），本名郦冀，字食其，陈留郡雍丘县高阳乡（今河南省杞县高阳镇）人。秦末楚汉时期刘邦部下，中国历史上的著名说客。　[2] 正朔：由我国古代天命理论、大一统思想，以及华夷之辨等古代思想理论的发展而产生的政治概念。即"正统"的意思，象征着一个王朝统治的合法性与唯一性。　[3] 色上黄、数用五：根据"五德终始论"，汉为土德，土为黄色，所以崇尚黄色，此为"色上黄"；五行排列次序中，土为五，所以崇尚数字五，此为"数用五"。上，崇尚。　[4] 新垣平（？—前163），西汉赵人。　[5] 类禋：古代烧柴升烟以祭天，此处指类祭禋祀。

◎**研读**

《王制》是《礼记》中的一篇，反映了儒家关于国家法律制度的思想，内容涉及封建、职官、爵禄、祭祀、刑罚，以及建邑、选官、学校等。叶适以为此文是出于施政的实际需要，由博士诸生考论而撰成的，因此不同于一般的见闻记录，所述比较系统。叶适指出，历史是向前不断演化的，孔子的时代已不同于唐虞三代，孟子又身处不同于孔子的时代，秦汉郡县制以后更是大不同于宗周封建礼制，因此对国家法律制度的梳理考论，应该体会制度背后的精神，即"古人之意"，而决不是复原陈迹，妄想以虚文致用于当下。

月　令

以五帝^[1]、五神^[2]、五行^[3]、十日^[4]分配四时，不知何所起，

盖吕不韦之妄也。土无所见而附于夏秋之中，尤无义。夫天地之功用，见于五行，微而性命[5]，粗而事物[6]，无所不在；若四时各得其一，机缄不运[7]，块然穷独[8]，何名造化？其谬无足言者，而谶纬[9]阴阳转相资佐，异说滋章，道降政厖[10]，因以不反矣。

[1] 五帝：指黄帝、颛顼、帝喾、尧、舜。　　[2] 五神：指神、魄、魂、意、志五种人的精神活动。　　[3] 五行：水、火、木、金、土。中国古代认为此五种元素构成各种物质，古人常以此说明宇宙万物的起源和变化。[4] 十日：十干所表示的日子。十干，指甲、乙、丙、丁、戊、己、庚、辛、壬、癸。　　[5] 微而性命：精微如性命。　　[6] 粗而事物：粗大如事物。　　[7] 机缄 (jiān) 不运：（彼此间）气运不运转。机缄，气数，气运。[8] 块然穷独：孤独无依。　　[9] 谶 (chèn)：秦汉间巫师、方士编造的预示吉凶的隐语。纬：汉代神学迷信附会儒家经义的一类书。　　[10] 道降政厖 (máng)：大道衰降，政治浑乱。厖，乱。

◎研读

月令原是古代的一种文体，主要按月将人事活动纳入，以为准则。《礼记》中的《月令》是这种文体现存的一篇，主要反映了汉代的思想。叶适认为"月令"这种思想，根本上是对自然世界的功能与作用的一种僵化而呆滞的认识，如果进而以此来决定、支配人的活动，更是荒诞不经。《礼记》所存的《月令》把汉代的五行观念附于四季，看似精致，实则更成问题，后来的谶纬种种附会之说，都由此滋生。《月令》的作者与《礼记》中其他篇章的作者一样，都难以确考，叶适推测《月令》是来自吕不违的杂家思想。当然，叶适并不完全否定自然有其规律，但他反对把自然规律作简单化的处理，使之陷于虚妄，而更重视自然规律的丰富性与复杂性，强调具体现象世界中的经验习得。

曾子问

以曾子问礼及《杂记》诸礼与《仪礼》考之，益知其所谓"笾豆之事则有司存"者，盖曾子之所厌而不讲也。虽然，笾豆，数也，数所以出义也。古称孔子与其徒未尝不习礼，虽逆旅芨舍[1]犹不忘，是时礼文犹班班然[2]行于上下，智者将弃之矣。贯而为一，孔氏之所守也，执精略粗，得末失本，皆其所惧也。

[1] 芨（bá）舍：犹跋涉。　　[2] 班班然：清晰明白、有脉络可寻的样子。

◎ 研读

婚与丧是人的生命中重要的环节，其相关的仪式在儒家礼仪中也成为重要的部分。《曾子问》是《礼记》中以孔子与曾子答问的形式，讨论丧制与丧服主题的一篇文章。叶适在这则札记中，着意指出，曾子所问，反映出他对礼仪的关注更偏向内心，而不注重仪式本身，与《论语》中所记录曾子所讲的"笾豆之事则有司存"是相吻合的。叶适批评曾子这种内心化的偏向，认为礼仪背后是存有意义的，不习礼，实际上将难以体会仪式中的义；孔子的持守与所教在克己复礼，虽颠沛流离而犹不忘，曾子的偏向与孔子的言行是有所偏离的。这实际上是叶适否定程朱以曾子为孔子正统继承者的重要依据，同时也是叶适对儒家精神的理解不同于程朱理学的重要内容。

礼 运

又据《礼运》称仲尼、言偃[1]所论，与孔子在时言礼全不合。

孔子之言甚简，直下不立冒子[2]，治乱只在目前，何尝有道行、道隐之别，大同、小康之辨！盖后学不能以身行礼，浮辞泛说而已。犁弥谓"孔丘知礼而无勇，请以兵劫之"，末俗之病礼者皆如此；又曰"鲁人之皋，数年不觉，使我高蹈，唯其儒书以为二国忧"[3]，后世之病儒者皆如此。要是礼一日不行即一日坏，惟义数之在书册者尚可传，义理之在人心者犹不泯，故颜、曾欲求之于心，子贡、游、夏之徒欲求之于书，孔子皆指其偏失处，至明至切。然终以分散而不可复合者，礼已坏而不行，行之又无所因故也。

[1] 言偃（前506—前443），字子游，吴人（《孔子家语》记载为鲁人），春秋时期思想家，"孔门七十二贤"中唯一的南方弟子。　[2] 冒子：文章开端与主旨无关的赘语。　[3] 此为春秋时齐人歌谣，嘲讽鲁人死守儒书，不知变通。出自《左传·哀公二十一年》。

◎ 研读

《礼运》是《礼记》中以孔子与言偃答问的形式论述礼的演变与运用的一篇文章。叶适此札，首先否定《礼运》是孔子的思想。他认为，孔子的言语都非常简单明了，直面当下事情，解决当下问题，根本没有道行与道隐、大同与小康这些浮辞泛说，后世对儒者的诟病皆因这些浮辞泛说而起。其次是分析了孔门弟子对孔子精神的偏离及其后果。叶适指出，知识性质的"义数"可以通过书本传承，价值性质的"义理"可以存于人心而不泯灭，因此孔门弟子中，颜回与曾子求于心，子贡、子游、子夏等则求于书，结果使孔子承担当下之事的精神被分散而不可复合，礼亦因此坏而不行，即便勉强行之，又因失其传承而不能。

乐　记

礼乐刑政其极一也，所以同民心而出治道也。按孔子言"安上治民莫善于礼，移风易俗莫善于乐"，初不及政刑。然言"道之以政，齐之以刑，民免而无耻"，则前于孔子，固已纯任政刑矣。今以礼乐刑政融会并称，而谓其不二，则论治之浅，莫甚于此。其终礼乐不用而以刑政为极功，儒者之过也。

"人生而静，天之性也，感于物而动，性之欲也。"但不生耳，生即动，何有于静？以性为静，以物为欲，尊性而贱欲，相去几何？

《大学》言"致知在格物，物格而后知至[1]"；而此言"物至知知，然后好恶形焉，好恶无节于内，知诱于外，不能反躬，天理灭矣"；则是知与物均为不善，此躬何自而反[2]，天理乌得而存？甚矣儒者忕于言道[3]，而不知道之所从也！

[1] 意为探究事理后才能获得正确认识，认识正确后才能意念真诚。
[2] 意为从哪里可以回过头来检查自己的言行得失。　[3] 忕（tài）于言道：在章句写作上追求华丽。忕，奢侈。

◎ **研读**

《乐记》是《礼记》中关于乐论的文章，不仅论述了乐的产生，乐与礼的关系，以及乐对人类社会的作用等，而且论及人性与认知及其价值偏向等。由于六经中的《乐》失传了，因此《乐记》便在相当程度上成为替代《乐》的经典。

叶适把儒学的根本界定为文明的建构与演进，即所谓治道，因此他对一切知识，包括礼乐都在治道的功能上作了阐释。在此札中，叶适以为治道初以礼乐，后转进为政刑，这在孔子以前就已如此。

后人将礼乐刑政并称，看似融通，其实肤浅，最终落到"礼乐不用而以刑政为极功"。

《乐记》中论及人性及其与外物的关系，以为人的天性是静的，感应于外物而生发出的是人的欲望，叶适否定"以性为静，以物为欲，尊性而贱欲"的观念。此外，《乐记》还讨论到人的认知与外物的关系，以为认知因外物而生，进而衍生出情感上的好恶，好恶的情感不受节制，致使天理灭矣。叶适对此显然也不认同，因为这把知与物都界定为不善，如此，人类文明的发展便无从谈起。叶适在讨论《乐记》的知与物时，援引了《大学》"致知在格物"的观念，以为对照，表征他对《大学》观点的认同。

祭 义

宰我曰："吾闻鬼神之名，不知其所谓。"子曰："气也者神之盛也，魄也者鬼之盛也，合鬼与神，教之至也。众生必死，死必归土，此之谓鬼。骨肉毙于下阴为野土，其气发扬于上为昭明[1]，焄蒿悽怆[2]，此百物之精也，神之著也。因物之精，制为之极，明命鬼神以为黔首则，百众以畏，万民以服。圣人以是为未足也，筑为宫室，设为宗祧[3]，以别亲疏远迩，教民反古复始，不忘其所由生也。众之服自此，故听且速也。"按"子路问事鬼神"，子曰："未能事人，焉能事鬼！""敢问死"，曰："未知生，焉知死！"学者之记，以为孔子绝神怪而不言。然《周官》宗伯"掌建天神人鬼地示之礼，以佐王建保邦国"；大司乐"以乐六变八变[4]致神示而礼之"；盖自有天地即有人与鬼神，人与鬼神异道，各不相知，而为国家者必尊事之以自建保。子路欲以一己之智虑求鬼神生死之说，穷其所从，以为辨而已，宜孔子之不告也。而此篇乃载宰我、孔子之问答，尤为诞浅而不经。且生生而死死，人道相续，冥冥而昭昭[5]，神道常存，乌有待人死之气而后神，待人死之魄而后为鬼者乎？骨肉为土，气为昭明，使神道之狭果如此，岂足以流通于无穷乎？古之为国家者，凡天地山川之神灵，崇祀严祭，罔敢怠忽；若祖祢宗庙[6]，特以子孙相为依凭，然其享之有数，立之有纪，近则礼有特隆，远则恩所不及，固与世之神明有间矣，乌得杂而并称哉？儒者见理不明，而好言其不可知者。季札称"骨肉归复于土，魂气无不之"，谓不以反葬劳人[7]也。子产称用物精多则魂魄强，故有精爽以至于神明，不谓神明待魂魄而后为也。《礼运》称"体魄则降，知气在上"，谓复在上，葬在下也，犹不直以魂魄为鬼神。而《易传》称"精气为物，游魂为变，是故知鬼神之情状"，则直以魂魄为鬼神。而此篇"骨肉毙于下阴为野土，其气发扬于上为昭明，焄蒿悽怆，此百物之精，神之著也，因物之精，制为之极，明命鬼神以为黔首则"，又因前人之言而转失之，则鬼神遂止于魂魄，而鬼神之常道隐矣。孔子既于《易》言"鬼神害盈而福谦[8]"，明示天下以人神感通之理；而答子路以"未能事人，焉能事鬼"，"未知生，焉知死"；则人道立而鬼神可安，人职尽而生死为一，非故绝而不言也。

[1] 昭明：光明。《诗·大雅·既醉》："君子万年，介尔昭明。"
[2] 意指在祭奠时升腾的香气中，人们感到悲伤。焄（xūn）蒿：亦作"熏蒿"，指祭祀时祭品所发出的气味。焄，同"熏"，香气。蒿，雾气蒸发的样子。　[3] 宗祧（tiāo）：宗庙。祧，远祖之庙。　[4] 六变八变：周礼三大祭乐，分别为"六变""八变""九变"。　[5] 冥冥：为阴、为地、幽暗之处。昭昭：为阳、为天、光明之处。　[6] 祖祢（mí）宗庙：祖庙与父庙。　[7] 反葬劳人：劳苦之人死在外地，归葬于家乡。　[8] 意为鬼神使骄傲自满者受祸害，使谦虚者得福。

◎ **研读**

《礼记》中的《祭义》专论祭祀相关问题。叶适摘录了其中孔子与弟子宰我关于鬼神魂魄的答问，就此发表了自己的观点。叶适先引《论语》中孔子不谈论死与鬼神的材料，强调《祭义》中孔子与宰我的答问是不可信的。进而引《周官》说明，祭祀本是政治文明的组成部分，其功能在于建立族群的共同认同，不是个人性质的行为，这是《论语》中孔子不回答这类问题的原因。然后叶适杂引季札、子产，以及《礼运》《易传》的相关论述，综而论定孔子在鬼神问题上的思想，是强调"人道立而鬼神可安，人职尽而生死为一"，中心在人道的确立。

经　解

观《经解》所言，当时读书之人，其陋已如此，固难以责后人也。然自周、召既往，大道厘析，六艺之文，惟孔子能尽得其意，使上世圣贤之统可合。自子思、孟子犹有所憾，则如《经解》所言，亦其常情，但后学缘此堕处不少尔。

◎ 研读

《礼记》中的《经解》篇引孔子关于六经得失的话，作进一步阐发。叶适据此而论"当时读书之人，其陋已如此"。叶适强调周公、召公之后，儒家的大道已离析，只有孔子还能加以统合，予以传承，至子思、孟子已有所缺憾了。叶适自视甚高，他的志向就是要根柢六经，折衷诸子，从而继承孔子，这也是《习学记言序目》的宗旨。

仲尼燕居

"师尔过而商也不及。子产犹众人之母，能食之，不能教"。语全没交涉，但令子产受抑[1]尔。又言"敢问将何以为此中"，愈疏阔矣。

[1] 抑：贬抑。

按《诗》称礼乐，未尝不兼玉帛、钟鼓。孔子言"礼云礼云，玉帛云乎哉！乐云，钟鼓云乎哉"！未有后语，其意则叹当时之礼乐，具其文而实不至尔。然礼非玉帛所云，而终不可以离玉帛；乐非钟鼓所云，而终不可以舍钟鼓也。《仲尼燕居》乃以几筵[1]、升降[2]、酌献[3]、酬酢[4]不必谓之礼，而以言而履之[5]为礼，是则离玉帛而言礼矣；以缀兆[6]、羽籥[7]、钟鼓不必谓之乐，而以行而乐之为乐，是则舍钟鼓而言乐矣。按孔子称"先行其言，而后从之"，则言而履之，未知其果能行也。言与行，如形影不可相违也，离言以为礼，离行以为乐，言与行不相待，而寄之以礼乐之虚名，不惟礼乐无所据，而言行先失其统。然后世之言礼乐者，未尝不出于此，则天下遂无复礼乐矣。

[1] 几筵：犹几席。　　[2] 升降：官职的升迁与黜免。　　[3] 酌献：酌酒献客。　　[4] 酬酢：宾主互相敬酒，泛指交际应酬。　　[5] 言而履之：说到便能做到履行。　　[6] 缀兆：古代乐舞中舞者的行列位置。　　[7] 羽籥：古代祭祀或宴飨时舞者所持的舞具和乐器。羽，雉羽，此指舞具。籥，一种编组多管乐器。

◎ **研读**

《仲尼燕居》记述孔子与弟子子张、子贡、子游漫谈礼的问题。针对该文首段所载孔子对子张（师）、子夏（商）与子产的评论，叶适以为只是贬抑子产而已，而叶适对子产是高度肯定的。同时又针对接此评论而提的问题，指出"愈疏阔矣"。

接着，叶适就礼乐问题作了自己的阐述。叶适以为，礼乐固然有其内在的意义，但玉帛钟鼓所表征的仪式是不可或缺的。后儒不明此义，将仪式停留于言语，以为只要讲述清楚，便足以体认到仪式中所隐涵的意义，从而落实于践行，其结果"不惟礼乐无所据，而言行先失其统""天下遂无复礼乐矣"。

中　庸

"天命之谓性，率性之谓道，修道之谓教。道也者，不可须臾离也，可离非道也。"此章为近世言性命之总会。按《书》称"惟皇上帝降衷[1]于下民"，即"天命之谓性"也，然可以言降衷，而不可以言天命。盖万物与人生于天地之间，同谓之命；若降衷则人固独得之矣。降命而人独受则遗物，与物同受命[2]，则物何以不能率而人能率之哉？盖人之所受者衷，而非止于命也。《书》又称"若有恒性"，即"率性之谓道"也，然可以言若有恒性，而不可以言率性。盖已受其衷矣，故能得其当然者，若其有恒，则可以为性；若止受于命，不可知其当然也，而以意之所谓当然者率之，又加道焉，则道离于性而非率也。《书》又称"克绥厥猷[3]惟后"，即"修道之谓教"也，然可以言绥，而不可以言修。盖民若其恒性而君能绥之，无加损焉耳；修则有所损益而道非其真，道非其真，则教者强民以从已矣。且古人言道，顺而下之，"率性之谓道"，是逆而上之也。夫性与道合可也，率性而谓之道，则以道合性，将各徇乎之人之所安，而大公至正之路不得而共由矣。孔子曰："谁能出不由户，何莫由斯道也！"夫由户而出，虽无目者亦知之，况有目乎！以此喻道，可谓明而切矣。而此章曰"道也者不可须臾离，可离非道也"。夫自户而出，则非其户有不出者矣，今曰不可须臾离，则是无往而非户也；无往而非户[4]，则不可须臾离者有时而离之矣。将以明道而反蔽之，必自此言始。

　　[1] 降衷：施善，降福。衷，善，福。　　[2] 受命：接受天命。
[3] 克绥厥猷：能够顺乎其道。绥，原义为挽手上车的绳索，引申为安抚、
顺应之意。猷，道，法则。　　[4] 意为无论到了哪里都是家。

　　"故君子戒慎乎其所不睹，恐惧乎其所不闻，莫见乎隐，莫显乎
微，故君子慎其独[1]也"。按"子张问行"，孔子曰："立则见其参
于前也，在舆则见其倚于衡也[2]，夫然后行。"夫以为我之所必见，
则参前倚衡，微孰甚焉！以为人之所不见，则不睹不闻，著孰甚焉！
其义互相发明。《礼记》中与圣人不抵牾[3]如此类者甚少，虽《中
庸》《大学》亦不过三四尔。但系于天命一章之后，功用牵缀，不能
弘通。学者若专一致力于此，以慎独为入德之方，则虽未至于道，
而忠信笃敬，所立坚定矣。

　　[1] 慎其独：独自一人时，也要表里一致，严守本分，不做坏事，不自
欺。　　[2] 意为在车上时，就好像看见这几个字靠在车前横木上。舆，
车。　　[3] 抵牾（dǐ wǔ）：矛盾。

　　"喜怒哀乐之未发谓之中，发而皆中节谓之和。中也者，天下之
大本也；和也者，天下之达道也。致中和，天地位焉，万物育焉。"
按《书》称"人心惟危，道心惟微，惟精惟一，允执厥中[1]"，道
之统纪体用卓然，百圣所同，而此章显示开明，尤为精的。盖于未
发之际能见其未发，则道心可以常存而不微；于将发之际能使其发
而皆中节，则人心可以常行而不危；不微不危，则中和之道致于我，
而天地万物之理遂于彼矣。自舜、禹、孔、颜相授最切，其后惟此
言能继之；《中庸》之书，过是不外求矣。然患学者涵玩未熟，操持
未审，自私其说，以近为远，而天下之人不得共由之，非其言之过，
而不知言者之过也。此道常在，无阶级之异，无圣狂、贤不肖[2]之
殊，皆具于此章，但不加察尔。

[1] 允执厥中：言行不偏不倚，符合中正之道。出自《尚书·大禹谟》。
[2] 不肖：不相像。

子曰："道之不行也，我知之矣，知者过之，愚者不及也。道之不明也，我知之矣，贤者过之，不肖者不及也。人莫不饮食也，鲜能知味也。"按孔子称"师也过，商也不及"，"然则师愈软"？曰"过犹不及"。夫师之过，商之不及，皆知者、贤者也；其有过不及者，质之偏，学之不能化也。若夫愚、不肖，则安取此？道之不明与不行，岂愚、不肖者致之哉？此害犹小，不过涉道寡浅而已。今将号于天下曰："知者过，愚者不及，是以道不行"，然则欲道之行，必处知、愚之间矣；"贤者过，不肖者不及，是以道不明"，然则欲道之明，必处贤、不肖之间矣。且任道者，贤与智者之责也，安其质而流于偏，故道废；尽其性而归于中，故道兴；愚、不肖者何为哉？合二者而并言，使贤、智听役于愚、不肖，而其害大矣。饮食知味自为一章，犹足以教世也。若系此章之下，是以贤智、愚不肖同为不知味者，害尤大矣，此中庸之贼，非所以训[1]也。

[1] 训：训典，法则。

仲尼曰："君子中庸，小人反中庸。君子之中庸也，君子而时中[1]；小人之中庸也，小人而无忌惮也。"子曰："中庸其至矣乎！民鲜能久矣。"详孔子称中庸至德民鲜能之意，凡当时所谓君子，盖不以中庸许之矣；而此章乃言"君子中庸，小人反中庸"，则是凡当时所谓君子者，举皆以中庸许之，而非鲜能也。夫许君子以中庸而时中，滥于善犹可也，小人为恶何所不至，而必以反中庸言之，亦将滥于恶乎？且其言至于"天下可均，爵禄可辞，白刃可蹈，中庸不可能"，若是其严；则凡所谓君子者，固亦不以中庸许之矣。天下将轻弃难能之中庸，而乐从易能之无忌惮者，此言为之也。虽然，孔子不许当时君子之中庸，何也？孔子于善恶是非之反，固皆以君子小人对称之，而中庸独无对者，其德至矣，圣人尽心焉尔。呜呼！儒者失孔子之意，不择而易言之[2]，后世学者又过信之，轻重失伦，虚实无统，而中庸之道卒于无所明矣。汉人虽称《中庸》子思所著，今以其书考之，疑不专出子思也。

[1] 时：与时势一致。中：中庸之道，指的是在天地自然之道的正中运行，既不太过，又无不及。　[2] 意为不进行选择筛选就轻易拿来言说。

"舜好问而好察迩言[1]，隐恶而扬善，执其两端，用其中于民。"按《书》称舜告禹"人心惟危，道心惟微，惟精惟一，允执厥中，无稽之言勿听，勿询之谋勿庸"，此章因其言而失之。且使两端执而后可用中，则《洪范》所谓建皇极者，岂其铢[2]举而寸量之哉？孔子于尧、舜独赞君道，至《礼记》及《孟子》始与学者同辞，疑亦非孔氏本指也。

[1] 迩言：浅近之言。　[2] 铢：古代重量单位。

"君子素其位而行，不愿乎其外。""素贫贱行乎贫贱"，可也；"素富贵行乎富贵"，不可也。"在下位不援上[1]"，可也；"在上位"止于"不陵下[2]"，未尽其义也。

[1] 援上：攀附上级。　[2] 陵下：欺压下级。

《论语》称"君子无所争，必也射乎，揖让而升，下而饮，其争也君子"；孟子称"仁者如射，射者正己而后发，发而不中，不怨胜己者，反求诸己而已矣"；《中庸》乃言"射有似乎君子，失诸正鹄[1]，反求诸其身"。虽若不异，然以人为主，则有得于物，以物为主，则无得于人；故君子可以似射，而射不可以似君子。若果子思之言，恐其义亦未精也。

[1] 正鹄：箭靶的中心，引申为目的。

九经^[1]虽与八统^[2]略同，然周、召知其所以一而用之于八，故为平治；《中庸》未知其所以一而用之于九，则为弱政矣。

[1] 九经：九部儒家经典的合称，亦指用中庸之道来治理天下国家以达到太平和合的九项具体工作。　[2] 八统：旧时指统治民众的八种方法。《周礼·天官·大宰》：“以八统诏王驭万民，一曰亲亲，二曰敬故，三曰进贤，四曰使能，五曰保庸，六曰尊贵，七曰达吏，八曰礼宾。”

孔子自言“学不厌，教不倦”；“发愤忘食，乐以忘忧”；《中庸》自“祖述尧、舜”至“故曰配天”，其言弘大崇高，大抵赞颂之极辞也。后学赞颂圣人，自无所害；然近世乃以圣人之学为当如此，却无下手处。孔子言“能近取譬”，最当商量。

孔子虽曰“中庸之为德其至矣乎，民鲜能久矣”，及其与颜、闵之徒问答讲习，乃无所考。又“庸”字，古称“弗询之谋^[1]勿庸”。“自我五礼有庸哉”，“生生自庸”，“庸庸祗祗^[2]”，“民功曰庸”，《左氏》“无辞有庸”，《孟子》“利之而弗庸”，《丧服四制》“此丧之中庸”，大抵为用、为利、为实、为常之义。《周官》“以乐德教国子：中、和、祗、庸、孝、友”，然则中庸之为德，岂其此类也欤？

[1] 弗询之谋：独断的谋划。　[2] 庸庸祗祗（zhī）：信用敬重。

古人教德必先立义，教成则德成矣，故曰“直而温，宽而栗^[1]，刚而无虐，简而无傲”；教立于此，而德成于彼，非以义理为空言也。子思之疏释曰“君子之中庸也，君子而时中”，又曰“择乎中庸而不能期月^[2]守也”，又曰“回之为人也择乎中庸”，又曰“中庸不可能也”，又曰“庸德之行，庸言之谨”。夫以为时中则不待庸也；以为庸德庸行，则不待中也；然则中庸之为德，果一乎？果二乎？

后世无所据执而以意言之，虽服膺拳拳[3]，不敢失坠，而以义理为空言之患未忘也，此亦学者之所当思也。

[1] 宽而栗：宽宏大量又严肃恭谨。　[2] 期月：满一个月的时间。[3] 拳拳：形容恳切的样子。

◎研读

《中庸》是《礼记》中被抽离出来，与《论语》《大学》《孟子》合为"四书"的篇章。四书是宋代理学发展中确立起来的新经典系统，被视作通往传统经典五经的阶梯。叶适显然不认同这个新经典系统，所以他强调自己根柢六经。关于《中庸》的作者，汉代学者认为是子思，但叶适在小注中怀疑"不专出子思"。

由于《中庸》为宋代理学高度重视，所以叶适此札也辨析甚详，对《中庸》的主要论断几乎都作了考论，提出了自己的论述。如对"为近世言性命之总会"的首章"天命之谓性，率性之谓道，修道之谓教"，叶适不以为然，他运用一贯的论学方法，援引六经，此处主要是引《书》，以及《论语》，予以辩驳。与此相反，叶适对"故君子戒慎乎其所不睹，恐惧乎其所不闻，莫见乎隐，莫显乎微，故君子慎其独也"一章给予高度肯定，以为"《礼记》中与圣人不抵牾如此类者甚少"。总体而言，叶适强调，"古人教德必先立义，教成则德成矣""教立于此，而德成于彼，非以义理为空言也"。

大　学

按经传诸书，往往因事该理[1]，多前后断绝，或彼此不相顾。而《大学》自心意及身，发明功用[2]至于国家天下，贯穿通彻，本末全具，故程氏指为学者趋诣简捷之地，近世讲习尤详，其间极有当论者。《尧典》"克明俊德",而此篇以为自明其德,其修身、齐家、治国、平天下之条目,略皆依仿而云也。然此篇以致和[3]、格物[4]为大学之要,在诚意、正心之先,最合审辨。《乐记》言"知诱于外,好恶无节于内,物至而人化物",知与物皆天理之害也,余固以为非。此篇言诚意必先致知,则知者心意之师,非害也,若是,则物宜何从?以为物欲而害道,宜格而绝之[5]耶?以为物备而助道,宜格而通之耶?然则物之是非固未可定,而虽为《大学》之书者亦不能明也。程氏言"格物者,穷理也"。按此篇,心未正当正,意未诚当诚,知未至当致,而君臣父子之道各有所止,是亦入德之门尔,未至于能穷理也。若穷尽物理,矩矱不逾[6],天下国家之道已自无复遗蕴[7],安得意未诚、心未正、知未至者而先能之?《诗》曰:"民之靡盈[8],谁夙知[9]而莫成!"疑程氏之言亦非也。若以为未能穷理而求穷理,则未正之心,未诚之意,未致之知,安能求之?又非也。然所以若是者,正谓为《大学》之书者自不能明,故疑误后学尔;以此知趋诣简捷之地未能求而徒易惑也。按舜"人心惟危,道心惟微",孔子"非礼勿视,非礼勿听,非礼勿言,非礼勿动",皆不论有物无物,子思'喜怒哀乐之未发"非无物,"发而皆中节"非有物,三章真学者趋诣简捷之地也,其他未有继者。今欲以《大学》之语继之,当由致知为始,更不论知以上有物、无物,物为是、物为非,格为绝、格为通也,若是,则所知灵悟,心意端一[10],虽未至于趋诣简捷之地,而身与天下国家之理贯穿通彻,比于诸书之言,前后断绝,彼此不相顾者,功用之相去远矣。坐一"物"字或绝或通,自知不审,意迷心误,而身与国家天下之理滞室[11]而不闳[12],大为学者之害,非余所敢从也。

[1] 因事该理:根据具体事件阐发义理。 [2] 发明功用:彰明功能和用途。 [3] 致和:追求人事和顺。 [4] 格物:推究事物原理。 [5] 格而绝之:格去对事物的欲望并远离。 [6] 矩矱(yuē)不逾:不超过规矩法度。矱,尺度。 [7] 遗蕴:前人遗下的识见、道理等。 [8] 靡盈:不

自满。　　［9］夙知：早知道。　　［10］端一：庄重专一。　　［11］滞窒：阻碍。　　［12］闳（hóng）：宏大。

"所谓诚其意者，毋自欺也，如恶恶臭，如好好色，此之谓自谦"，"自谦"字误，不知本书当用何字。大学之端，莫先于致知，所知既审，则意之所形与其所发直至于善，不待好恶为佐使矣。正心亦然。"身有所忿懥[1]"，"身"当作"心"字。孟子言"君子所性，仁义礼智根于心，其生色也，晬然[2]见于面，盎于背[3]，施于四体，四体不言而喻"，不更开截分段。盖根心生色[4]，则本原枝叶自然无不备矣。若致知之道既已卓然，而犹惧意之有欺，心之有忘，顾步畏影，怵惕不暇[5]，而天下国家之理孰从而明之？是必其知未致而然也。故知致而意诚者，不期诚而诚也，不曰某道能诚之也；意诚而心正者，不期正而正也，不曰某道能正之也。

［1］忿懥（fèn zhì）：怨恨发怒。　　［2］晬（zuì）然：温润貌。［3］盎于背：充满体内。　　［4］根心：仁义礼智植根在心中。生色：产生的外在表现。出自《孟子·告子上》。　　［5］怵惕（chù tì）不暇：恐惧警惕没有空暇。

"心诚求之，虽不中不远[1]矣，未有学养子而后嫁者也"；此言至切，施于当事者，对病之神药，照形之明镜也，自不以首尾次第论。如必待齐家、治国、平天下而后用之，则有所系缚，效反不得专矣。

［1］虽不中不远：即使达不到目标，也不会相差太远。

所谓大学者，以其学而大成，异于小学，处可以修身齐家，出可以治国平天下也。然其书开截笺解[1]，彼此不相顾，而贯穿通彻之义终以不明。学者又逐逐焉章分句析，随文为说，名为习大学，而实未离于小学，此其可惜者也。

[1] 开截笺解：切割开章句，进行笺注解释。

◎研读

《大学》与《中庸》一样，属于四书新经典系统之一；而且，六经中的文字，"往往因事该理，多前后断绝，或彼此不相顾。而《大学》自心意及身，发明功用至于国家天下，贯穿通彻，本末全具，故程氏指为学者趋诣简捷之地，近世（叶适指朱熹）讲习尤详"。但叶适并不完全认同《大学》的论述，而是以为"其间极有当论者"。

叶适认同大学以致知为始的观点，但认为不必再添一"物"字，将致知与格物并提，因为格物的内涵是不明确的。如果"以为物欲而害道，宜格而绝之"；如果"以为物备而助道，宜格而通之"，但是"物之是非固未可定"，关键仍在致知，所以不必在致知之上，再画蛇添足提格物。叶适进而指出，程颐说"格物者，穷理也"，更是有问题。叶适强调，《大学》的正心、诚意、致知，都是"入德之门"，并未能达到穷理的层面。如果物理获得了穷尽，自然已是达到了正心、诚意、致知；如果为了穷尽物理，那么没有达到正心、诚意、致知，又如何可能去穷理。因此，程颐将格物界定为穷理，是有疑问的；而程颐的问题，正来自将《大学》致知与格物并举。此外，叶适还对"诚意"章提出辩析。

叶适对《大学》总体的认识是，"大学"异于"小学"，其根本就在于强调"以其学而大成""处可以修身齐家，出可以治国平天下"，但《大学》硬是将此根本思想"开截笺解"，结果"彼此不相顾，而贯穿通彻之义终以不明"。《大学》本身有此弊病，而"学者又逐逐焉章分句析，随文为说，名为习大学，而实未离于小学"，这又是针对朱熹的。

春　秋

◎ **解题**

　　《春秋》为六经之一，自孟子起，被认为是孔子所作的鲁国历史，内含褒贬，"以代天子诛赏"。叶适认为，"古者载事之史，皆名《春秋》"，只是"史有书法而未至于道，书法有是非而不尽于义，故孔子修而正之，所以示法戒，垂统纪，存旧章，录世变也"。尤其是，叶适强调，对历史事实作价值评判，并不是帝王的权力，而是每个人都拥有的权力。

　　孟子言《春秋》鲁史记之名，孔子所作以代天之诛赏，故曰"知我者其惟《春秋》乎！罪我者其惟《春秋》乎"！孟子去孔子才百余岁，见闻未远，固学者所取信而不疑也。今以《春秋》未作以前诸书考详，乃有不然者。古者载事之史，皆名"春秋"，载事必有书法 [1]，有书法必有是非；以功罪为赏罚者，人主也，以善恶为是非者，史官也，二者未尝不并行，其来久矣。史有书法而未至乎道，书法有是非而不尽乎义，故孔子修而正之，所以示法戒，垂统纪 [2]，存旧章，录世变也。然则"春秋"非独鲁史记之名，孔子之于《春秋》，盖修而不作。且善恶所在，无间尊卑，凡操义理之柄者，皆得以是非之，又况于圣人乎！及其职业当然，非侵人主之权而代之也。然则《春秋》者，实孔子之事，非天子之事也，不知孟子何为有此言也。意者以是书接禹、周公，有大功于世，其道卓越，又欲揭而异之乎？虽然，考索必归于至实，然后能使学者有守而不夸，后世之所以纷纷乎《春秋》而莫知底丽[3]者，小则以《公》《谷》[4]浮妄之说，而大则以孟子卓越之论故也。

[1] 书法：创作、写作方法、原则。　[2] 垂统纪：流传纲纪。
[3] 底丽：依附。　[4]《公》《谷》："春秋三传"之二《公羊传》《谷梁传》。

《公》《谷》，按汉人以为"末世口说流行之学"，见于其书者，又有尸子、鲁子、子女子之流。自经术[1]讲于师传[2]而训故之说行，《书》以义，《诗》以物，《周官》以名数，《易》以象，《春秋》以事以例，大抵训故之类也。口授指画，以浅传浅，而《春秋》必欲因事明义，故其浮妄尤甚，害义实大。然则所谓"口说流行"者乃是书之蠹[3]也，至汉为学官，后世相师，空张虚义，虽有聪明之士终不能仿佛，而以科举腐余之说为圣人作经之极致矣，哀哉！

[1] 经术：经学。　[2] 师传：老师的传授。　[3] 书之蠹（dù）：死读书的人。蠹，蛀蚀器物的虫子。

《左氏》未出之前，学者惟《公》《谷》之听，《春秋》盖芜塞[1]矣。孟子虽曰"天子之事"，司马迁闻之董生虽曰"礼义之大宗"，然本末未究而设义以行[2]，吾惧褒贬之滥及也。既有《左氏》，始有本末，而简书具存，实事不没，虽学者或未之从，而大义有归矣。故读《春秋》者，不可以无《左氏》，二百五十五年，明若划一，无讹缺者，舍而他求，焦心苦思，多见其好异也。若然，则《春秋》非《左氏》不成书欤？曰：非也。孔子谓夏殷礼吾能言之，杞宋不足徵[3]。夫《春秋》非《诗》《书》比也，某日、某月、某事、某人，皆从其实，不可乱也，今将以实事诏后世而学者无徵焉，顾使《公》《谷》浮妄之说宛转于其间乎？故徵于《左氏》，所以言《春秋》也。始卒无舛[4]，先后有据，而义在其中，如影响之不违也。嗟乎！不降其心，难矣哉！

[1] 芜塞：繁杂堵塞。　　[2] 设义以行：设立义德来履行。　　[3] 徵（zhēng）：验证。　　[4] 舛：误差。

　　周自昭、穆之后，君德虽衰，纪纲法度故在；厉王大坏矣，犹曰释位共和[1]而间王政，未有以霸统者也。及周亡东迁，平、桓欲自振不能，而齐庄、僖稍已鸠诸侯[2]，荆亦始大[3]，遂有桓、文之事，而吴越起东南，天下之变故繁矣。故《春秋》因诸侯之史，录世变，述霸政，续《诗》《书》之统绪，使东周有所系而未失。盖世之治、道之行，而事之合乎道，世之乱、道之废，而事之悖乎道，皆其理之固然；书其悖缪以示后世，皆森然[4]具之，岂待察其所以而后知也？《太史公自序》："察其所以，皆失其本已。"此其大旨也。以孔子之言考之，"管仲相桓公，九合诸侯，不以兵车，一匡天下[5]，民到于今受其赐，微管仲，吾其被发左衽[6]矣，如其仁，如其仁"，所谓"其事则齐桓晋文"者，此《春秋》之桢干[7]也。又曰："天下有道，则礼乐征伐自天子出；天下无道，则礼乐征伐自诸侯出。自诸侯出，盖十世希[8]不失矣；自大夫出，五世希不失矣；陪臣执国命，三世希不失矣。天下有道，则政不在大夫；天下有道，则庶人不议。"《春秋》书法，务此数者，因其出也，见其失也，反其在下，遏其横议[9]，此《春秋》之绳墨[10]也。至于凡例条章，或常或变，区区乎众人之所争者，乃史家之常，《春秋》之细尔，学者不可不知也。

　　[1] 周厉王昏庸，任用奸臣，激起民愤后奔逃。厉王出奔后，由大臣召穆公、周定公同行政，号为"共和"。　　[2] 晋文公派人毒死卫侯，宁俞找人贿赂医生，减少了毒药的用量，使卫侯逃过一劫。参见《僖公·僖公三十年》。　　[3] 荆亦始大：楚国开始强大。　　[4] 森然：丰厚貌。　　[5] 齐桓公多次会盟诸侯，签订条约，来使得当时的局面能够进行纠正，不打仗而能够让天下稳定下来。　　[6] 左衽：衣襟向左开，我国古代某些少数民族的服

饰特征，在当时异于中原。　　[7] 桢干：支撑。　　[8] 希：很少。
[9] 横议：非难。　　[10] 绳墨：木工打直线的墨线，比喻规矩或法度。

◎研读

　　《春秋》难读，后世有《公羊传》《谷梁传》《左传》予以解释。叶适以为，三传之中，只有《左传》为理解《春秋》提供了可靠的史实，《公羊传》与《谷梁传》是"末世口说流行之学""空张虚义""《春秋》必欲因事明义，故其浮妄尤甚，害义实大"。叶适对三传的评定与取舍，充分表征了他对史学的重视。但是，叶适指出，虽然"读《春秋》者，不可以无《左氏》"，但并不等于"《春秋》非《左氏》不成书"，作为"经"的《春秋》与作为"史"的《左传》，互为印证，这正是叶适集大成的永嘉事功学经史并重的思想特征与方法。

　　此外，叶适指出，《春秋》的大旨是对世治道行与否的记录，而以管仲为代表的功业，即所谓齐桓、晋文之事，则是《春秋》之桢干。"至于凡例条章，或常或变，区区乎众人之所争者，乃史家之常，《春秋》之细尔"，是史学者应该有所了解的。

左 传

总 论

汉儒以左氏为不传《春秋》，刘歆缘此移书责让[1]。以其书考之，以理揆之[2]，史文与国始终者也。今《传》独起惠公、元妃以为书之始，自孔丘卒后，毕哀公以为书之终，其始终不以史文而以《春秋》，则此书固为《春秋》而作耳；谓之不传《春秋》者，汉儒守师说之陋也。然《左氏》之取义广，叙事实，兼新旧，通简策[3]，虽名曰《传》，其实史也。《春秋》为孔子所修，故《左氏》之始终以之，若必欲事事解释如《公》《谷》然，而后谓之传《春秋》，但以传闻亲见而为精粗得失之异，此则刘歆草创不详之过矣。故作《传》虽因于孔氏，而为义不主于释经，何以言之？《左氏》首篇发明书法，皆策书旧义[4]，其后随事著见，大抵鲁史本文，如称"书""不书""先书""故书""不言""不称""书曰"之类，杜预所谓变例者，往往非孔子意也。其卓然出于孔子者，《左氏》必明载之，如"天王狩于河阳[5]"，"侨如以夫人妇姜氏至自齐[6]"，"盗杀卫侯之兄絷[7]"，"邾黑肱以滥来奔[8]"，盖数四而已。郑髡顽[9]、楚郏敖[10]皆弑也，而不言弑；赵盾[11]非弑也，而必言弑；崔杼几不为弑君[12]；天王之妄赴[13]；陈侯之再赴[14]：如此类者，《左氏》亦皆明载旧史之实，以示孔子之不复改也。其他褒贬予夺经孔氏者，必以仲尼别之；其出于当时史官或公论所在者，皆以君子著之。盖二百四十二年所关诸国，好恶不一，是非不同，彼皆自欲表章劝惩于一时，而必曰待孔子而后定；且孔子举以前代之劝惩为非是，而必曰由我而后可：此后人之臆说，相承之议论，非圣人经世之学本然也。左氏所传，重举经文，贯通本末，自为经纬，以孔丘卒后有传无经者考之：十七年楚灭陈，晋伐卫，十二月齐伐卫，十八年巴伐楚，卫石圃逐君，十九年越侵楚，叔青如京师，二十年齐鲁会廪丘[15]，越围吴，二十一年盟于顾，二十二年越灭吴，二十三年叔青如越，越诸鞅来聘，二十四年晋乞师，公如越，二十五年卫侯奔宋，公至自越，二十六年叔孙舒会纳卫侯，二十七年越后庸来聘，与获麟以前有传有经者，不为甚异也。然则《左氏》虽释经兼有其说，而犹述传各有其文，亦安得谓其如《公》《谷》之专意释经，而特以实事分高下乎？然则所以有贵于左氏之书者，以其足以质传闻之谬，订转易之讹[16]，循本以知末，因事以明意而已；彼《公》《谷》之妄为区区，乌在乎较是非而角胜负哉！曰："必如子之言，孔子不作经，而左氏不为传，则《春秋》将焉用之？"是何言也！自有文字以来，凡不经孔氏者，皆息灭矣，虽尧、舜犹赖之，而况衰周之蕞[17]焉！今将家至而日见之也，岂非孔氏之力欤！若夫托孔、孟以驾浮说，倚圣经以售私义，穷思极虑而无当于道，使孔氏之所以教者犹郁而未伸[19]，则余所甚惧也，故于其终复具论之。

[1] 指刘歆《移让太常博士书》。　　[2] 以理揆之：用道理揣测。[3] 简策：在竹片和木板上书写文章，编连成册的书籍。这是我国最早的正式书籍形式，盛行于春秋到东汉末年。　　[4] 策书：古代常用以记录史实的简册。旧义：向来的教义。　　[5] 晋文公践土之役后，欲霸天下，在会诸侯于温之后，打算率诸侯去朝周王。但其威德还不足以服众，怕做不到，所以请周襄王到河阳，他率诸侯在践土朝见襄王。见《春秋·僖公二十八年》。[6] 九月，鲁国大夫侨如领着鲁成公夫人姜氏从齐国回来。参见《左传·成公·成公十四年》。　　[7] 齐豹、北宫喜、褚师圃、公子朝发起叛乱，杀了卫国的公孟挚。见《左传·昭公·昭公二十年》。　　[8] 邾国的黑肱带着滥地逃亡而来。见《左传·昭公·昭公二十年》。　　[9] 郑僖公（？—前566），姬

姓，郑氏，名恽（yùn），一名髡（kūn）顽，春秋诸侯国郑国第十五位第十八任君主，郑成公子。传郑禧公不听从大夫子驷的意见，于是子驷就派人杀害了郑僖公。　　[10]　郏敖，名熊员（左传称之为熊纴），楚康王之子。战国时代楚国竹简《楚居》和《系年》分别称其为嗣子王和孺子王，春秋时期楚国国君，公元前544年至前541年在位，在位4年。传其叔父公子围借入宫问疾之机弑郏敖并杀其子公子慕、公子平夏而自立，是为楚灵王。　　[11]　公元前607年，晋国国君晋灵公被杀，史称"赵盾弑君"。　　[12]　齐庄王私通崔杼妻子，崔杼怒而使计杀了齐庄王。　　[13]　当时陈国发生动乱，文公的儿子佗杀了太子免而取代他。见《左传·桓公·桓公五年》。　　[14]　陈侯病危的时候动乱发生，国内臣民纷纷离散。见《左传·桓公·桓公五年》。　　[15]　廪丘，春秋齐地，在今山东菏泽市郓城县西北水堡。公元前548年齐大夫乌馀以廪丘叛归晋国赵氏，齐与晋国发生廪丘之战。　　[16]　转易之讹：传播中出现的错误。　　[17]　翦（jiǎn）：同"剪"。　　[18]　郁而未伸：掩藏而不能伸张。

◎研读

　　叶适关于《春秋》的这则《总论》，核心是为《左传》作辩护，细述《左传》与《春秋》的关系，指出《左传》的重要性是在于"以其足以质传闻之谬，订转易之讹，循本以知末，因事以明意"。叶适重视史事，因为他强调道理存于事实之中，离开了事实的道理只是虚理，这正是永嘉事功学的根本思想。但是，历史是向前的，为什么记录过往史事及其隐涵价值的六经对后人仍然具有永久性的意义呢？如何对待孔子的工作呢？叶适在此则札记最后指出，华夏文明的发生与创化，如果没有孔子的工作，都湮灭了，孔子使得文明与文化得以传承，这是孔子的贡献。但是，"若夫托孔、孟以驾浮说，倚圣经以售私义，穷思致虑而无当于道，使孔氏之所以教者犹郁而未伸"，则是令人"甚惧"的。

国　语

总　论

以《国语》《左氏》二书参较，《左氏》虽有全用《国语》文字者，然所采次[1]仅十一而已。至《齐语》不复用，《吴越语》则采用绝少，盖徒空文，非事实也。《左氏》合诸国记载成一家之言，工拙烦简自应若此，惜他书不存，无以遍观也。而汉、魏相传，乃以《左氏》《国语》一人所为，《左氏》雅志未尽，故别著外传。余人为此语不足怪，若贾谊、司马迁、刘向不加订正，乃异事尔。

[1] 采次：摘录编次。

◎研读

《左传》与《国语》同是记载春秋史事的重要著作，但汉、魏相传二书的作者是一人，叶适对此提出了自己的分析。

论　语

◎解题

◎解题

《论语》共二十卷，叶适的札记只有其中的十四卷，这正是《习学记言序目》笔记体的特征，即有感而发。

何晏序

何晏《集解序》，语简而文古，数百年讲论之大意赖有以存，经晏说者皆异于诸家。盖后世诣理[1]之学，以晏及王弼为祖，始破经生专门之陋矣。范宁以为"幽沈仁义，罪过桀纣"[2]，若宁亦知其所知而已。

[1] 诣理：探寻义理。　　[2] 范宁认为，王弼、何晏对仁义的埋没，其罪恶比夏桀、商纣还重。参见《资治通鉴·卷一〇一·晋纪二十三》。

◎研读

何晏是魏晋玄学的代表，他的《论语集解》推翻了汉儒的注疏，开宋学先风，即所谓"后世诣理之学，以晏及王弼为祖，始破经生专门之陋"。但东晋经学家范宁对何晏、王弼非常不满，而叶适则不以为然。

学 而

"学而时习之，不亦说乎！有朋自远方来，不亦乐乎！人不知而不愠，不亦君子乎！"前乎孔子，圣贤之所以自修者无所登载，故莫知其止泊处；若孔子成圣之功，在此三语而已，盖终其身而不息也。常疑后人只作初学领会，既无说、乐[1]之实，又迷不愠之趣，正使能好学无倦，死生以之，皆气血所为也。

[1] 说、乐：即学而时习之说、有朋自远方来之乐。

有子虽不为放言[1]，而卑弱如此，孔氏之传失矣。

[1] 不为放言：不谈世事。

古人言仁，不离巧言令色。然则学者之求仁，与仁道之既成，其浅深多寡不同耶？

"君子食无求饱，居无求安，敏于事而慎于言，就有道而正焉"，此功用亦不易致，孔子不以许未成之材也。

观子贡、子夏所以言《诗》，孔子所以许之，其大指可见矣。然虽意在言外，终须理与事协，故惟孔孟之称者得之。如《左氏》记礼，虽子思所称，犹未能畅其义也。

◎研读

《学而》共十六章，叶适只札记了五章，此下各卷亦如此。导读不宜逐章言及，亦仅举例而已。比如，对《学而》首章的三句话，叶适给予高度肯定，"若孔子成圣之功，在此三语而已，盖终其身而不息也"，表明叶适将此三句话视为整个生命的存在形态。叶适将自己的代表著作命名为《习学记言序目》，亦足以表征他对《学而》首章的认同。"有子虽不为放言，而卑弱如此，孔氏之传失矣。"这是针对《学而》第二章有子所言。有子的地位在孔门中很高，孔子逝后，曾一度为接班人，但不被众人服。叶适此评也正点出了有子的优长与短处，有子之优长在规规矩矩，短处在卑弱，可知有子守成有余、开拓不足，不能真正继承与光大孔子儒学。

为 政

"为政以德，譬言北辰，居其所而众星共之。"孔子不得自为政，故其言如此。然为者有尽，言者无穷，使虽有群圣人之政，而无孔子之言，则终莫知所考矣。

"《诗》三百"，孔子举其在者也。后人矜夸[1]，谓孔子自删为三百篇，大妄也。"思无邪"，指示最切。如传者言风人[2] 所为诗，是思有邪也；诗人以无邪之思正其邪者可也。

[1] 矜夸：骄傲自夸。　　[2] 风人：古代采集民歌风俗等以观民风的官员。

耳顺、从心，孔子安得以最后之年自言之？又其所为限节[1]者，非所以为进德之序，疑非孔子之言也。

[1] 限节：节制。

"学而不思""思而不学"，孔子之时，其言必有所指。由后世言之，其祖习训故，浅陋相承者，不思之类也；其穿穴性命[1]，空虚自喜者，不学之类也；士不越此二涂[2]也。

[1] 穿穴性命：用性命之说牵强附会。　　[2] 二涂：两个途径。

古之为学者断绝不继，子张问"十世可知"，自以为远矣。然则百世可知之学，自孔子而始也，后之人岂可忽[1]哉！

　　[1] 忽：忽视。

◎ **研读**

　　叶适是同时代人中非常具有独立思考与批判意识的思想家，同时他的批判意识也不是凭空而发，通常都依据文献对比，或者经验推论。比如，此札中对于孔子六十耳顺、七十从心所欲的质疑，便是例子。又如，关于"学而不思""思而不学"，叶适以为，在孔子，这是具体语境中有所针对的讲话，但在后世读书人，则表现为另外的两种病症：学而不思，表现为"祖习训故，浅陋相承"；思而不学，表现为"穿穴性命，空虚自喜"。

八　佾

　　季氏积三世之柄[1]，既擅其国与民，遂移礼乐于其家。所谓礼乐者，非鲁所得有，周实有之，岂惟僭[2]鲁，盖僭周也。然当时士大夫不以为非，自非孔子明言之，则举世无复知矣。孔子既斥其"是可忍"，又称"奚取于三家"，又以责冉有，又以林放[3]比泰山，其于当时国事，是非明白未有大于此。弟子所记，必以为绝大骇俗之论；若使不待孔子而能知，则亦不至如此详录也。邪正臧否[4]之间，惟孔子为尽之，固非臧文仲、柳下惠所及矣。然三代世臣专上，人君主祭，仅拥虚器[5]，故虽取其实，犹不改其名也。秦汉以后，则并其名挈[6]之而去，士大夫安其习而不知，与畏其祸而不敢，此犹未足病也。其或止以权利小小操窃[7]，未至有名实废兴之异，而恐惧惕息[8]反有甚焉。然则冉有、季路以下，波荡风靡[9]者，何足计也！

　[1] 三世之柄：祖孙三代的权力。　　[2] 僭（jiàn）：超越本分。古时指地位在下的人冒用地位在上的人的名义或礼仪、器物。　　[3] 林放，字子丘（邱），春秋末鲁国人，约与孔子同时代，以知礼著称。　　[4] 邪正臧（zāng）否：邪恶与正直、善与恶。　　[5] 拥虚器：空有帝王的名位而无其实。　　[6] 挈（qiè）：提起。　　[7] 操窃：操纵窃取。　　[8] 惕息：谓心跳气喘，形容极其恐惧。　　[9] 波荡风靡：动荡不安。

　　周、召为政，礼乐征伐自天子出；管仲为政，礼乐征伐自诸侯出；自是至孔子百五十年，天下惟管仲之听，周、召之功泯[1]矣。推孔子之志，将率天下以复周、召之功，其道之顺，时之易，无如管仲。所以不能者，视听言动不由于礼，败挠[2]其力，削损其器，大道之丧，由此其始，孔子之所深恨也。按子贡、子路及孟子所称曾西羞比管仲，其实不知孔子之意。至孟子以"管仲、曾西所不为，安得为我愿之"，而自谓"以齐王犹反手"，则不知孔子之意又甚矣。

　　[1] 泯：丧失。　　[2] 败挠：败坏阻挠。

◎ 研读

　　叶适以治道为儒学的根本内容，故他对孔子思想也着重在阐扬此一方面。《八佾》共二十六章，但叶适仅由首章"孔子谓季氏章"而发论。叶适由三家之僭礼，论及治道的败坏，再联系到管仲的功业，以及孔子对管仲的评价，强调孔子的志向是在于现实政治秩序的建立，"将率天下以复周、召之功"。孔门弟子误解孔子对管仲的评价，孟子则把现实治理看得易如反掌，"以齐王犹反手"，在叶适看来，都偏离了孔子思想的根本。

里 仁

孔子言"择不处仁"[1]为不知,言"君子无终食之间违仁"[2],言"回也其心三月不违仁",是仁之于人,相为依凭,如影随响答。今若体孔子之言,要须有用力处。"克己复礼","为仁由己",其具体也;"出门如宾,使民如祭[3]",其操术[4]也;"己欲立而立人,己欲达而达人",又术之降杀[5]者。常以此用力,而一息一食无不在仁,庶可以言知矣。

[1] 意为选择住处而不择有仁风的地方。《论语·里仁》:"里仁为美。择不处仁,焉得知?" [2] 意为君子即使是在吃顿饭的工夫也不会背离仁德。《论语·里仁》:"君子无终食之间违仁,造次必于是,颠沛必于是。" [3] 意为役使百姓就像去举行重大的祭祀一般。《论语·颜渊》:"出门如见大宾,使民如承大祭;己所不欲,勿施于人;在邦无怨,在家无怨。" [4] 操术:所执持的处世主张或工作方法。出自《荀子·不苟》。 [5] 降杀:递减。《左传·襄公二十六年》:"自上以下,降杀以两,礼也。"

舜言精一[1]而不详,伊尹言一德详矣,至孔子,于道及学始皆言"一以贯之"。夫行之于身,必待施之于人,措之于治,是一将有时而隐,孔子不必待其人与治也。道者,自古以为微渺难见;学者,自古以为纤悉[2]难统。今得其所谓一,贯通上下,应变逢原[3],故不必其人之可化,不必其治之有立,虽极乱大坏绝灭蠹朽[4]之余,而道固常存,学固常明,不以身没而遂隐也。然余尝疑孔子既以一贯语曾子,直唯而止,无所问质,若素知之者;以其告孟敬子者考之,乃有粗细之异,贵贱之别,未知于一贯之指果合否?曾子又自转为忠恕。忠以尽己,恕以及人,虽曰内外合一,而自古圣人经纬天地之妙用固不止于是,疑此语未经孔子是正,恐亦不可便以为准也。子贡虽分截文章、性命,自绝于其大者而不敢近,孔子丁宁告

晓 [5]，使决知此道虽未尝离学，而不在于学，其所以识之者，一以贯之而已；是曾子之易听，反不若子贡之难晓。至于近世之学，但夸大曾子一贯之说，而子贡所闻者殆置而不言，此又余所不能测也。

[1] 精一：道德修养的精粹纯一。《书·大禹谟》："人心惟危，道心惟微，惟精惟一，允执厥中。"　　[2] 纤悉：细微详尽。　　[3] 应变逢原：适应时事变化，左右逢源。　　[4] 蠹朽：亦作"蠧朽"，谓木材被蛀而腐烂。[5] 丁宁告晓：不断叮嘱告知使其清楚。丁宁，即叮咛。

"德不孤，必有邻。"古今为高绝无邻之德众矣，故曰"中庸，民鲜久矣"。

◎研读

孔子思想以"仁"为核心概念，至宋儒都强调在心性上用工夫，而叶适依据《里仁》所记诸条，强调"要须有用力处"。其中，"克己复礼"与"为仁由己"是具体内涵，"出门如宾，使民如祭"是操作形式，"己欲立而立人，己欲达而达人"则为更细碎的工夫。

此札对《子曰参乎章》作了长段论述，因为这涉及叶适思想的关键。宋儒复兴儒学，从韩愈那里接过了道统的观念，以构建自己思想传承的正统性。这一具有正统性的道统自孔子而下，曾子是关键。曾子将孔子"吾道一以贯之"的道解释为忠恕，叶适认为文本并不支持这一解释，这只是曾子的自以为是，故"疑此语未经孔子是正，恐亦不可便以为准也"。至于"一以贯之"的道究竟是什么？叶适以为，从功能上讲，道应该是"行之于身，必待施之于人，措之于治"，但要给予界定，则"道者，自古以为微渺难见；学者，自古以为纤悉难统"。因此，叶适要根柢六经，折衷诸子，证于历史，见于文章，予以阐明，《习学记言序目》的宗旨，也就在于此。

公冶长

"臧文仲居蔡，山节藻棁[1]，何如其知也！"孔子所以过臧文仲者，以其非不知而犹为之，病固有所在，与论管仲同也。然则童子言大夫之箦[2]，固不足以疵[3]曾子。要之，克己复礼乃孔、颜事，日月至者未能也。

[1] 山节藻棁（zhuō）：指古代天子的庙饰，后用以形容居处豪华奢侈，越等僭礼。出自《礼记·明堂位》。 [2] 箦（zé）：床席。《曾子易箦》："华而睆，大夫之箦与？" [3] 疵：指责。

"伯夷、叔齐，不念旧恶，怨是用希[1]"；又曰："求仁而得仁又何怨！"孔子之称夷齐者，其怨与常情同，其能自乐而无所怨，与常情异也。至孟子乃谓"目不视恶色，耳不听恶声，与乡人处，如以朝衣朝冠坐于涂炭"；既自品其为圣之清，又自不与其为隘[2]，嗟乎！岂其未闻孔子之言欤？盖夷齐者，利欲所不能尘垢，世俗畏之，以为去人群而独立也。孟子岂亦以世俗之所畏者而遂加去取于其间乎？定百世之是非，夫岂易哉！

[1] 怨是用希：（因为这个）别人对他们的怨恨很少。 [2] 隘：隘穷。

或人不足以得醯[1]，微生高为之乞[2]，人情之所不免也；然既以直名，则委曲以济民行者，世共禁之矣。

[1] 醯（xī）：本意指醋。 [2] 典出《论语·公冶长》："孰谓微生高直？或乞醯焉，乞诸其邻而与之。"微生高，鲁国人，以守信、爽直闻名于当时。

孔子之志，"老者安之，朋友信之，少者怀之"，少抑于二子[1]矣。夫高其所愿者，终或不能从也。而近世之学者，乃以为如是则与天地同量。且天地虽大也，亦乌能安老而怀少哉？

[1]　二子：指颜渊、季路。

"见其过而内自讼[1]"，足以入德矣，无如世人能见其善而内自誉尔。

[1]　此为孔子提出的自我修养的方法，即对自己的过错进行自我责备。

◎ **研读**

此札中，叶适论及《公冶长》中的五章，这里略讲其中两章。

《伯夷叔齐章》讲伯夷、叔齐不念旧恶，很少抱怨。这个"怨"，可以有己怨与人怨二解。己怨，指伯夷与叔齐兄弟之间不念旧恶，彼此很少怨恨；人怨，指他俩对别人不念旧恶，故别人很少怨恨他俩。人有过错，虽圣人不免；有过错，招人厌恶，也是正常，但能恶其事，不恶其人，便是难得。伯夷、叔齐能够做到，故孔子在此章给予肯定。叶适于此札，对比孔子与孟子，微讽孟子过于高标。这其实也是叶适对孟子有所不满的地方。

《颜渊季路侍章》是一则很有画面感的场景记录，讲孔子与颜渊、子路各言其志。子路的志向是与朋友分享自己的车马与衣裘，虽坏无憾。颜回的志向更精神层面一些——不夸耀自己的善德，不吹嘘自己的劳苦。孔子的志向似乎很平淡，给前辈安宁，给同辈信任，给晚辈关怀，但其实是一个很高的境界。只是，宋代儒学对孔子的这一志向又作了无限的抽象拔高，"与天地同量"，叶适对这样的赞颂不以为然，因为这样反而遮蔽了孔子"安老而怀少"的世俗情怀。

雍 也

"哀公问弟子孰为好学",孔子对曰:"有颜回者好学,不迁怒,不贰过,《易》称迁善[1],《书》云贰公[2]。不幸短命死矣,今也则亡,未闻好学者也。"此亦孔氏品量后进人材大节目[3]也。其称雍[4]仁,求艺,赐达,由不耻缊袍[5],余无见焉。夫孔子聚天下之材,教于一门,最众也,颜子,最寡也;其间多长老,颜子少也;又追痛于已死,不顾其生存也;若是乎好学之难哉!哀公本庸君,不足以知此,岂古人告君者不疑其所不能知;抑当时君臣之智皆可以知,而独以不能行为患也?凡此皆后人所未讲也,乃独以为学者不当移此怒于彼,知不善未尝复行而已。嗟乎!岂以是为颜子之所独能,而凡孔氏之门者,皆轻愠频复[6]之流欤?是孔子诬天下以无人,固余之所不敢从也。按孔子自称,皆损于人之所既与;其称颜子,皆进于人之所未闻,未尝不欲垂世教也。盖置身于喜怒是非之外者,始可以言好学,而一世之人,常区区乎求免于喜怒是非之内而不获,如掬泥而扬其波[7]也。呜呼!必若是则惟颜子尔。

[1] 迁善:去恶为善。 [2] 贰公:辅佐三公,借指朝廷大臣的副职。 [3] 大节目:事物的关键之处或主要部分。 [4] 冉雍(前531—?),字仲弓,春秋末期鲁国(今山东定陶)人,孔子弟子。少昊之裔,周文王之子冉季载数传至其父冉离,世居"菏泽之阳",人称"犁牛氏",受儒教祭祀。 [5] 缊袍:以乱麻为絮的袍子。 [6] 轻愠:轻易动怒。频复:复卦六三爻辞,指频繁回到原点。 [7] 意为随波逐流,不知自洁。掬(gú),掘,搅浑。《楚辞·渔父》:"圣人不凝滞于物,而能与世推移,世人皆浊,何不淈其泥而扬其波。"

"回也其心三月不违仁,其余则日月至焉而已矣。"其余则曷[1]为日月至焉[2]而已矣?利欲之念忽动于中,则与仁有间断也,犹言

"不迁怒，不贰过"也。

[1] 曷（hé）：为什么。　[2] 日月至焉：短时间能做到这点。

由、求与赐，不可以言仁而可以从政，古未有此论也。自皋陶言九德[1]，至周文、武、成、康未尝分别。孔子时益降矣，不存乎仁，则材遂灭德；不取乎政，则与材兼失之矣；故此论与皋陶异而实同。

[1] 九德：《尚书·皋陶谟》："亦行有九德……宽而栗，柔而立，愿而恭，乱而敬，扰而毅，直而温，简而廉，刚而塞，强而义。"

"贤哉回也！一箪食，一瓢饮，在陋巷，人不堪其忧，回也不改其乐，贤哉回也！"不以口腹丧道，虽古圣贤皆然，然自孔子始发之。不发之于余人而独发之于颜子者，以颜子有其实也。

冉求曰："非不说子之道，力不足也。"子曰："力不足者，中道而废，今女画[1]。"以孔子之言考之，则当时之学，不志于道者多矣。

[1] 今女画：现在你是自己给自己划了界限，不想前进。

以子夏之为儒，犹戒其小人也，而况余人乎！夫儒者不考于德而徇以学[1]，则以其学为道之病矣。

[1] 徇以学：追求学问。

出必由户，既知户矣；行不由道，未知道也。道者，所当行之路也，虽乡人，苟知路，未有须臾离者。不然，虽君子，左右顾而迷矣。然则《中庸》所谓不可须臾离者，真未可以名道，而可离者亦未可以名非道也。

"人之生也直"，此一语所关极重，《易》所谓"圣功"也。还观古初[1]以至于今，载籍所传，生其直者甚难，而以幸而免者皆是也。

[1] 古初：太古之时。

宰我问"井有仁焉"，孔子答之，之严如此；而孟子以"乍见孺子[1]将入于井"为足以发其"怵惕恻隐之心"。同是井也，其闭者无自而发也。然则未经孔孟讲论以前，不仁者可胜讳哉！

[1] 孺子：儿童。

"如有博施于民而能济众，何如？可谓仁乎？"人之所以为仁者，心也，非利之也。宰我不能明其心，固无其功；子贡亦未明其心也，而遽[1]欲有其功；是交病仁[2]也。以孔子语考之，子贡之心未离乎众人也，岂其欲之者固将以同其利于人乎？

[1] 遽（jù）：马上。　[2] 病仁：损害仁。

◎ **研读**

《哀公问弟子章》，叶适作了颇有意味的评述。此章记录哀公问孔子门下弟子谁最好学，孔子告知是颜回，而给出的理据是"不迁怒，不贰过"。孔子弟子三千，通六艺者七十二，孔子独誉颜回好学，因此颜回所好何学，便成为一个令人感兴趣的问题。"不迁怒，不贰过"的说明，表征孔子对颜回的"好学"评价显然不在知识，而在践履。颜回早逝，他的知识也许还没有达到博通的程度，但他的践履却进入相当境界，因为怒与过，人所难免，颜回能够不迁、不贰，很难得。不迁怒，说明他克己工夫很强；不贰过，反映他用力工夫很正。但是，叶适以为，仅作此解，还不足以体会孔子称誉颜回的根本。他强调，"盖置身于喜怒是非之外者，始可以言好学，而一世之人，常区区乎求免于喜怒是非之内而不获，如撰泥而扬其波也"。换言之，孔子标举颜回好学而欲垂教于世的，乃是对知识的追求，应当超越个人喜怒的情感与是非的价值判断，不人云亦云。

叶适此札中其余多条也涉及人物评品。

述　而

"述而不作，信而好古[1]"，孔子之道所以载于后世者在此。盖自尧、舜至于周公，有作矣，而未有述也。天下之事变虽无穷，天下之义理固有止，故后世患于不能述而无所为作也。信而好古，所以能述也。虽然学者不述乎孔子而述其所述，不信乎孔子而信其所信，则尧、舜、周、孔之道终以不明，慎之哉！

[1] 信而好古：相信并爱好古旧的知识。

"默而识之，学而不厌，诲人不倦"，孔子自陈尽力处以告后人，如火燎暗冥，舟济不通，可谓至切至近，无微妙不可知之秘。学者但苦听受剿略[1]尔。

[1] 剿略：相互抄袭。此句意指学者们吃尽了相互抄袭而无真知灼见的苦头。

"德之不修，学之不讲，闻义不能徙，不善不能改"，以上三章相属联，似若有意次第者。盖初言功用，中言所以用功，末言功之所以不得成而废；虽未必一时之言，而其言正相发明，学者不待他求也。徙义[1]犹迁怒[2]也，义则必徙以就之，怒则不迁以就之，其机一也。儒者不考于德而徇于学，则以其学为道之病。后世于不迁怒有异指，疑其伦类未通也。

[1] 徙义：意谓使自己的思想行为随从义。出自《论语·颜渊》："主忠信，徙义，崇德也。" [2] 迁怒：愤怒宣泄到不相干的人身上，使一些人无辜受牵连，成为"替罪羊"。

"志于道，据于德，依于仁，游于艺"，孔子之言固已甚明；而后世未能行者，以其莫知孰为道、孰为德、孰为仁故也，士始各以其私于己者讲之。人莫不有志也，特其志之非耳；诚知其非，则所志者道矣。据也，依也，亦莫不然。志者，人之主也，如射之的 [1] 也；据者，其地也；依者，因地而立也。嗟夫！人孰肯自以为泛然旅于斯世 [2] 者？曷不即其所志与其所据依者明辨而详择之哉！使其果能，则《中庸》所谓人十之己千之 [3] 者，不足进矣。

[1] 的：目的。 [2] 意为没有目的地生存这个世界上。泛然，随便，漫不经心貌。 [3] 意为人家学十次能掌握的，我要是学一千次，也肯定会掌握的。《中庸》："人一能之，己百之；人十能之，己千之。"

"不愤不启，不悱不发，举一隅不以三隅反，则不复也。"又曰："自行束修 [1] 以上，吾未尝无诲焉。"又曰："二三子以我为隐乎？吾无隐乎尔，吾无行而不与二三子者，是丘也。"又曰："吾有知乎哉？无知也。有鄙夫 [2] 问于我，空空如也，我叩其两端而竭焉。"孔子教人，浅深次第略具于此数端。今其泛然而诲之，与示以行事而不待于诲，与其人凡鄙而不知所诲者，皆不可见矣。其可见者，孰为一隅，孰为三隅 [3]，理无不贯，而言不可以若是其几也。学者诚有以知之，则百世之后如一日矣。不然，徒寻文索句而已。

[1] 束修：也称"束脩"，古代学生与教师初见面时奉赠的礼物，表示敬意。 [2] 人品鄙陋、见识浅薄的人。 [3] 隅：地方，方面。《论语·述而》："举一隅不以三隅反，则不复也。"

子谓颜渊曰："用之则行，舍之则藏，唯我与尔有是夫！"孔子与颜渊，皆不求用者也，故曰"用之则行"，直不言必隐尔。其答阳虎，必不仕者也，故曰"吾将仕矣"，亦漫诺[1]之尔。古之圣贤，用舍固有定义，虽孔子不得独异也。而后世学者，以为惟孔子能不系吝于用舍之间，而谓颜子亦能之。若是，则沉浮进退，听物所为，不用而犹行，见舍而不藏，而出处之大节丧矣。

[1] 漫诺：随意承诺。

"暴虎冯河[1]，死而无悔者，吾不与也。"言勇至"不惧"而止。子路之勇，可以言无惧矣；然必兼仁与智，故"临事而惧，好谋而成"，虽伊尹、太公不能易。不然，则以独勇为子路之不得其死矣。

[1] 暴虎冯河：比喻有勇无谋，鲁莽冒险。《论语·述而》："暴虎冯河，死而无悔者，吾不与也。"

"富而可求也，虽执鞭之士[1]，吾亦为之。"世亦有可以富而无至于执鞭者矣，而孔子以为不可为。然则"崇高莫大乎富贵"者，乱德之言也。

[1] 执鞭之士：马夫。

冉有、子路谓夫子当为卫君，子贡不能决也，是时颜子已亡矣。义理之是非在目前者常又不能守，而每以利害为去就，盖自古而然；而又有庸人执以为义理之所在非圣人不能择者，亦自古而然；二端，学者不可不谨察也。

子曰："饭疏食，饮水，曲肱而枕之，乐亦在其中矣。不义而富且贵，于我如浮云。"孔子发明此义，《诗》《书》所未有，盖是时道德在上而不在下也。若在下而无以自乐，终日戚戚，何异于《柏舟》！

"加我数年，五十年以学《易》，可以无大过矣！"是时"《周易》"已去上一字，必有所从始，不可得而知，孔子亦因之而已。后人便谓《易》者变易，随时变易以从道，则《连山》《归藏》何以言之？

"叶公问孔子于子路，子路不对。"叶公，诸梁，当时能言者，《左氏》载之，异于以甲兵要功利者。其问子路而孔子之言如此，岂以其亦足以语上乎？虽然，"发愤忘食，乐以忘忧，不知老之将至"，淡乎其无味，至今未有能明之者也。

《记》称"独学而无友则孤陋而寡闻"，诚是。然择友最难，有通国旷世而不获者矣。孔子曰："三人行，必有我师焉，择其善者而从之，其不善者而改之。"故造次颠沛[1]皆道所在，而无难求难得之患，圣人所以能终其身于学而不厌，由此也。

[1] 造次颠沛：流离失所、生活困顿。《论语·里仁》："君子无终食之间违仁，造次必于是，颠沛必于是。"

孔子曰："圣人，吾不得而见之矣，得见君子者斯可矣。"按尧、舜、禹、汤，虽古今所共尊，而仁圣文武之德，犹皆通称杂举。文、武、周、召之后，圣贤不作，孔子考论其故，于是始各有品目，而圣人之名不复滥与，是盖为修德进道者之验也。《洪范》言九畴[1]天所锡[2]，而作圣实本于思，其他哲、谋、肃、乂[3]，随时类而应，则思之所通，诚一身之主宰，非他德可并而云也。然傅说谓"惟学逊志""道积于厥躬[4]"；孔子称"学而不思则罔，思而不学则殆"；是思学兼进者为圣。又称"初筮告，而三渎，渎则不告，渎蒙也，蒙以养正，圣功也"[5]；是则学者圣之所出，未学者圣之所存，而孔子教人以求圣者，其门固在是矣。

[1] 九畴：传说中天帝赐给禹治理天下的九类大法，即《洛书》。泛指治理天下的大法。　[2] 锡：赐给。　[3] 哲：昭晰。谋：善谋。肃：严肃。

乂（yì）：治理。《尚书·洪范》："五事：一曰貌，二曰言，三曰视，四曰听，五曰思。貌曰恭，言曰从，视曰明，听曰聪，思曰睿。恭作肃，从作乂，明作哲，聪作谋，睿作圣。" 　　[4] 厥躬：亲身实践。　　[5] 三渎：接二连三来问就是亵渎和轻侮。渎蒙：亵渎启蒙之道。蒙以养正：启蒙就是培养人的正直品格。出自《易经·蒙·彖》。

子曰："善人，吾不得而见之矣，得见有恒者斯可矣。"善人，天之淑德[1]，不以统纪伦类而自成者也。孔子谓"教民七年亦可以即戎[2]""为邦百年亦可以胜残去杀[3]"，盖指周之先君也。又谓"恒亨无咎，利贞，久于其道"，而其《象》曰："君子以立不易方。"夫得其方而不变，此其所以次于善人也。"亡而为有，虚而为盈，约而为泰"，无德而用智巧以求胜，其穷遂为奸贼矣，是固指世之妄人欤，非也？正谓立功成名如咎犯狐偃[4]之流；又其穷也，为伍员范蠡尔。若闾巷之庸[5]倏成忽败者何述焉！

　　[1] 淑德：美德。《汉书·王莽传中》："昔齐太公以淑德累世，为周氏太师，盖予之所监也。"　　[2] 即戎：用兵，作战。　　[3] 胜残去杀：感化残暴的人使其不再作恶，便可废除死刑，指以德化民，太平至治。出自《论语·子路》。　　[4] 咎犯，狐偃之别称。狐偃（约前715—前629），姬姓，狐氏，字子犯，大戎（今山西交城）人，晋国重臣，狐突之子。　　[5] 闾巷之庸：乡里民间的庸人。

子曰："盖有不知而作之者，我无是也。多闻，择其善者而从之，多见而识之，知之次也。"六经之外，孔子之前，作者于今尚在，其知与不知皆可验也。世方相竞于作，则不知而妄为固亦无怪。自孔子回作为述以开天下，然后尧、舜、三代之事不至泯绝，性命道德有所统纪。如使作而未已，舍旧求新，无复存者，则人道废坏，散为鬼蜮[1]，又如羲、黄之时矣。百圣之归，非心之同者不能会；众言之长，非知之至者不能识；故孔子教人以多闻多见而得之，又著于大畜之《象》曰："多识前言往行，以畜其德。"

　　[1]　鬼蜮（yù）：害人的鬼和怪物，比喻阴险的人。

　　子曰："仁远乎哉，我欲仁，斯仁至矣。"孔子自见此仁，如耳目鼻口百骸四体之在其身，叩之即应，运之即从，其言捷疾，无所疑贰，自颜渊以下皆未明也。学者能以孔子之告诸子者识仁之体状，拟议深熟[1]，然后以孔子之自言者知仁之指归，造诣径直；则颠沛造次可以弗违，不但日月之至而已。

　　[1]　拟议深熟：事先的考虑深刻而详尽。

　　"若圣与仁，则吾岂敢，抑为之不厌，诲人不倦，则可谓云尔已矣。"按孟子言孔子自谓'圣则吾不能，我学不厌而教不倦也'。此两言正相似，则所谓"为之"者，学而已。自学不厌，又以此诲人不倦，岂固以圣仁之名为在已哉？然而即夫世之所名者，则圣仁不外是[1]矣。

　　[1]　圣仁不外是：圣明与仁义不超过这范围。

◎研读

　　《述而》篇中，叶适札记较多，此举前三章而言之。

　　《述而》前三章，《述而不作章》《默而识之章》《德之不修章》，叶适以为"三章相属联，似若有意次第者。盖初言功用，中言所以用功，末言功之所以不得成而废；虽未必一时之言，而其言正相发明，学者不待他求也"。可知叶适对此三章很重视。

　　《述而不作章》中，孔子自比于商朝贤大夫老彭，"述而不作，信而好古"，自谦没有创作什么新东西，只是整理编纂了旧材料。这看似保守，但其实在旧材料的整理中不仅确立起知识系统，而且蕴涵着对人类价值的确认。叶适所谓"初言功用"，即在此意。在叶适关于儒家思想的确认中，他始终以治道，即人类文明的形成与展开，作为儒家精神的根本。因此，尧、舜、周、孔之道贯通一体，而又分为两段："自尧、舜至于周公，有作矣，而未有述也"；孔子虽述而不作，但传承了文明，型塑、确立了知识与价值系统，使得后世有所依据。叶适反复强调，只有明确这一点，才能既充分认识到孔子的地位与意义，又能得孔子儒学之精神，如此才算得上是真正信奉孔子。否则，无论怎么尊崇孔子，也只是"不述乎孔子而述其所述，不信乎孔子而信其所信，则尧、舜、周、孔之道终以不明"。

在接着的《默而识之章》，孔子讲自己"默而识之，学而不厌，诲人不倦"，叶适以为承接上章，这是讲如何用功。孔子这三条，看起来似乎寻常，但作为学者，真正做到，决非易事，常人更难做到。学不见道，虽久也难默识；学非所乐，很难日久不厌；事不关己，哪来不倦的热情与耐心？故叶适称誉孔子"自陈尽力处以告后人，如火燎暗冥，舟济不通，可谓至切至近，无微妙不可知之秘"。

《德之不修章》，孔子讲了自己所忧的四件事："德之不修，学之不讲，闻义不能徙，不善不能改。"这四件事，叶适以为正是"功之所以不得成而废"的原因。修德是目的与手段的合一；德是目的，修是手段；德是道理见之于心，心随事而发，其状态如何，只有自己知道，故需要时时体会、调适，这便是修。修德据于明理，故不能不学，而学问是必须讨论讲习的。明白了道理，践行又是一大考验。有些事，方向虽然正确，但有许多不合理处，一旦认识了，就要调整；有些事，压根就错了，那就要下决心改。每个人遇到的问题有所不同，但这四件事可以作为重要的抓手，引导自己前行。

由此而论，以上三章，从发明孔学根本、知晓孔子如何用功，到揭示孔子的警示，构成了一个完整的闭环。

泰 伯

泰伯"三以天下让"，当时必有其实，世所谓断发文身^[1]，裸以为饰，殆近之矣。然汉人谓文帝能让天下乃过于泰伯，流传之谬而以古人为戏论，则尧、舜、禹、汤之德皆空言也。

[1] 断发文身：古代南越一带的习俗，身刺花纹，截短头发，以为可避水中蛟龙的伤害，泛指当时较落后地区的民俗。

"恭而无礼则劳，慎而无礼则葸^[1]，勇而无礼则乱，直而无礼则绞^[2]。"按舜命夔教胄子^[3]，皋陶以九德观人，必因天质之自然，而能补其所不足，其间节文亦不尽同。今孔子独一之于礼，似与古人稍异者。盖礼教至周而大备，道盛仁熟之士，固已揖让周旋^[4]于中；初德偏善^[5]，亦皆有所依据，外不失人，内不失己；故孔子深惜礼之废而欲其复行也。如恭慎勇直，得于天者非不美，然有礼则以其质成，无礼则以其质坏矣。人非下愚，未有无可成之质，使皆一于礼，则病尽而材全，官人之哲^[6]，虽过尧、舜可也。

[1] 葸（xǐ）：畏惧的样子。　[2] 绞：急切的样子。　[3] 夔（kuí）：虞舜时乐官。胄子：帝王或贵族的长子。《书·舜典》："夔！命汝典乐，教胄子。"　[4] 揖让周旋：古代宾主相见的礼节。　[5] 初德偏善：（礼教制度）制订的本意和局部完善。　[6] 选取任用人才的智慧。《书·皋陶谟》："知人则哲，能官人。"

"曾子有疾，孟敬子问之。"近世以曾子为亲传孔子之道，死复传之于人，在此一章。按曾子没后语不及正于孔子，以为曾子自传其所得之道则可，以为得孔子之道而传之，不可也。自尧、舜、禹、汤、文、武、周公、孔子，所传皆一道，孔子以教其徒，而所受各不同。以为虽不同而皆受之于孔子则可，以为尧、舜、禹、汤、文、武、周公、孔子之所以一者，而曾子独受而传之人，大不可也。孔子尝告曾子"吾道一以贯之"，曾子既唯之而自以为忠恕。按孔子告颜子"一日克己复礼，天下归仁焉"；盖己不必是，人不必非，克己以尽物可也。若动容貌而远暴慢[1]，正颜色而近信，出辞气而远鄙倍[2]，则专以己为是，以人为非，而克与未克，归与未归，皆不可知，但以己形物而已。且其言谓"君子所贵乎道者三"，而"笾豆之事则有司存"，尊其所贵，忽其所贱，又与一贯之指不合，故曰"非得孔子之道而传之"也。夫尧、舜、禹、汤、文、武、周公、孔子之所以一者，非特以身传[3]也；存之于书所以考其德，得之于言所以知其心。故孔子称"天之未丧斯文"为己之责；独颜渊谓"博我以文，约我以礼，欲罢不能，既竭吾才"，余无见焉。夫托孤寄命[4]，虽曰必全其节；任重道远，可惜止于其身。然则继周之损益为难知，六艺之统纪为难识，故曰非得尧、舜、禹、汤、文、武、周公、孔子所以一者受而传之也。传之有无，道之大事也。世以曾子为能传而余以为不能，余岂与曾子辨哉？不本诸古人之源流，而以浅心狭志自为窥测者，学者之患也。

[1] 暴慢：凶暴傲慢。　　[2] 鄙倍：浅陋背理。　　[3] 特以身传：专门言传身受。　　[4] 托孤寄命：临终前，将孤儿及重要事情相托。

"兴于诗，立于礼，成于乐"，三者周之所以教，其盛时成材多矣。孔子当其衰缺，虽有咏歌俯仰于其中者，备故事、饰文为而已，故其言如此，惜三者可以成天下之材而当时未能也。按《皋陶》[1]典称"天叙"，礼称"天秩"，《大雅》"民之秉彝[2]，好是懿德"，孟子言"礼之实节文斯二者，乐之实乐斯二者"，而序《诗》者又以为"诗者志之所之"，皆与此论异。然则三者皆自中出而不由外入。学而不知其统，则随语为说而不足以明道，尚何望其能行[3]！此学之大患也。

[1]《皋陶》：即《尚书·皋陶谟》。　　[2] 秉彝（yí）：持执常道。
[3] 还怎么能看到他去践行这道理！

"民可使由之，不可使知之"，疑与上语若相次第。然由者[1]上之所教令，民不敢不能也；知者其自知，不待教令而能也。如《诗》《礼》《乐》，上所以教，民虽由之而不知；知者孔子而已。后世赖孔子之知，故亦有能知其仿佛者；然则不在乎由，而在乎知也。

[1] 由者：即"民可使由之"，意为按照统治者的意志去做。

"学如不及，犹恐失之。"傅说[1]"终始典于学"，《颂》"学有缉熙[2]于光明"，言学之功用大矣，然未有如此其急；如此其急自孔子始也。时习，节也；如不及，节之峻疾[3]者也；非如不及不足以得之也。

[1] 傅说（yuè）（约前1335—前1246），殷商时期政治家、军事家，辅佐殷商高宗武丁安邦治国，形成了历史上有名的"武丁中兴"辉煌盛世，留有"知之非艰，行之惟艰"的名句，被尊称为"圣人"。　　[2] 缉熙：光明。
[3] 峻疾：严格快速。

"巍巍乎舜、禹之有天下也而不与焉"，至是而舜、禹之事始与学者并言矣。尧则曷为其不并言？尧不以匹夫举，君道其本有也。舜、禹尽人道，天下虽大，而不得与乎其间，孔子揭以教天下曰，"若是可也"。尧尽君道，孔子以天比，不敢示教焉。序《书》者无所差降，此孔子之言也。

◎ **研读**

"曾子有疾孟敬子问之章"是涉及宋代儒学思想正统性辩论的重要文本，这一正统性背后涉及的则是对孔子儒学精神的确认问题。

"曾子有疾孟敬子问之章"记载曾子临终前与孟敬子的答问。曾子以为君子最在乎的道主要是三个方面，即"动容貌，正颜色，出辞气"，而表征礼制与一切政务的笾豆之事，则属于官员职守，非道之所重。这样的遗训将孔子的儒学精神内卷为个人的修身，呈现在诸如体貌、神色、言辞等方面。由于宋代儒学的主流认同孔子、曾子、子思、孟子的思想传衍代表了正统，因此曾子对孔子儒学的内卷化便获得了思想正确。叶适对此是持坚决否定态度的。叶适的否定从两方面讲，一是质疑曾子对孔子的垄断性继承。孔子弟子众多，叶适以为，这些弟子"所受各不同。以为虽不同而皆受之于孔子则可，以为尧、舜、禹、汤、文、武、周公、孔子之所以一者，而曾子独受而传之人，大不可也"。二是质疑曾子对孔子思想的理解。叶适指出，曾子的话并没有得到孔子的认定，因此，"以为曾子自传其所得之道则可，以为得孔子之道而传之，不可也"。叶适进而阐明，孔子告知颜回"一日克己复礼，天下归仁焉"，这表明"己不必是，人不必非，克己以尽物可也"。如仅以曾子所强调的体貌、神色、言辞而言，"则专以己为是，以人为非，而克与未克，归与未归，皆不可知，但以己形物而已"。曾子以修身为贵，视政务为官员的职守，实是"尊其所贵，忽其所贱，又与一贯之指不合，故曰'非得孔子之道而传之'也"。概言之，叶适所认为的孔子儒家之道是内外交相成之道，必是成己成物之道，而不只是内卷于一己之身的修养。

子 罕

达巷党人[1]曰："大哉孔子！博学而无所成名。"达巷之所与，而孔子谦抑[2]不敢当，然则固时之闻人[3]欤？乡、遂、州、党之制，自周而遍于诸侯，虽其衰微亦不异也。夷陋[4]如秦楚吴越者，王制不能行，始各以其国自为尔。后世读《周官》，直谓是其盛时，不知自东迁至于灭亡，何尝不如此？不然，安得传数百年乎！

  [1] 达巷党人：一说指七岁而为孔子师的项橐。 [2] 谦抑：谦逊。
[3] 闻人：有名望的人。 [4] 夷陋：偏远鄙陋。

  "麻冕[1]，礼也，今也纯，俭，吾从众；拜下，礼也，今拜乎上，泰[2]也，虽违众，吾从下。"孔子言古今异同，有所损益从违于其间，一本乎理而已。若记礼及他书之言，不能判其是非而但以变古为贬者，非也。

  [1] 麻冕：古代用缁布做的一种礼冠。 [2] 泰：安泰。

  "子路使门人为臣"，以是观之，世俗之荣，人情所同，颜、闵而下不能免也。孔子亦非辞而不居者，但言无臣不当为有臣尔，此又何足以不居乎！然则子路、子贡之流，其心志大略可见矣。

  "沽[1]之哉，沽之哉，我待贾者也。"孔子此言，其不求用审矣。非尧、舜安能用孔子？辩士诸子妄言孔子"历聘七十余君无所钩用[2]"，而儒者因之以为"东西南北之人"，盖孔子特不为隐尔。

  [1] 沽：卖。 [2] 钩用：听取采用。

  "自卫反鲁，然后乐正，雅、颂各得其所"，盖其所涉历多矣，殆成于乐者欤？非谓能正其当时所用之乐；然苟有以求正于孔子，亦不拒也。

  "语之而不惰[1]"，孔子所称，唯颜子而已，不以及曾子也。

  [1] 意为听我说话而能始终不懈怠。《论语·子罕》："语之而不惰者，其回也与！"

◎研读

　　孔子倡言复礼，尝被识为极端的保守者，《麻冕礼也章》很能表征孔子的真精神。在这章中，孔子举了两个例子，一个是选用什么质料的冠冕，一个是如何行拜礼。在他的时代，这些服饰与仪式都是变化之中，孔子深明这种变化的必然性，但他却有自己的取舍。在选用冠冕的事上，他缘俗而化，接受改变，因为改变的背后是更为俭省。在行拜礼的事上，孔子不接受改变，固守传统，是因为礼仪改变的背后是对人的尊重的丧失。叶适对孔子的真精神具有高度的理解与认同，指出"孔子言古今异同，有所损益从违于其间，一本乎理而已。若记礼及他书之言，不能判其是非而但以变古为贬者，非也"，孔子并不是一个保守主义者，他的复礼，他对传统的取舍损益，依据的是合理性。

先　进

　　"先进于礼乐，野人[1]也。"孔子别语专称，当以礼乐治者甚多，然周道既衰，上下驰骋于兵刑功利之末，故先进于礼乐，世所谓野人；先之以兵刑功利而后进之以礼乐，世所谓君子也。虽然，犹有礼乐，则犹可言也，若秦、晋、吴、楚、夷、越之人遂无礼乐，而见称于当时以为君子，不特当时称以为君子，而后世亦称以为君子者，不可言也。

　　[1]　野人：没有爵禄的士人。

　　"从我于陈蔡者，皆不及门也。"从孔子者，皆去父母兄弟妻子，周旋于天下而不得安于其家，陈蔡之难[1]则又甚焉。盖其仓猝奔迫，不相收主，无所栖宿，欲自比于寻常怀土力田之人[2]而不可得也。惟其至是而不变，故德行有颜渊、闵子骞、冉伯牛、仲弓，言语有宰我、子贡，政事有冉有、季路，文学有子游、子夏，卓然成材，没世而名立也。禹目言："予创若时，娶于涂山[3]，辛壬癸甲，启呱呱而泣，予弗子，惟荒度土功[4]。"此圣贤出处之要也。

[1] 原指孔子及其弟子从陈国到蔡国的途中被围困，断绝粮食的事。后比喻旅途中遇到食宿上的囧难。　　[2] 怀土力田之人：指耕种的农民。[3] 涂山：涂山氏是中国上古时期神话传说中大禹的妻子的氏族。　　[4] 土功：治水、筑城、建造宫殿等工程。全句见《尚书·皋陶谟》。

"小子鸣鼓而攻之可也。"孔子晚而归鲁，虽不能用，而弟子实任季氏之事，言行计从矣，而孔子之论严如此，得非以田赋之类乎？又言"由与求可谓具臣"，季氏以为"从之"，孔子曰"弑父与君亦不从也"，逆折乱臣之萌[1]。士之法孔子者，不此之法，而妄言当与天地同量、万物一体耶？

[1] 乱臣之萌：叛乱臣子的发端。

孔子之所以为天下后世师者，道进而心退，其设语以验诸子者，非在乎材之所宜也。曾晰[1]虽未闻道，而其心庶几焉，故孔子喟然与之。且浴沂风雩[2]，咏歌而归，通国皆然，但不狎邪，何以至道？而后世之论，纷纷不已，无实而妄意，可哀也！

[1] 曾晰，亦作曾皙，名点，字晰（皙），曾子的父亲。　　[2] 典出《论语·先进》："莫春者，春服既成，冠者五六人，童子六七人，浴乎沂，风乎舞雩，咏而归。"

◎ 研读

《先进》篇凡二十五章，叶适札记仅四章，出处进退是其中一个主要论点。在《从我于陈蔡章》中，叶适指出，那些早年追随孔子周游列国、受困蒙难的弟子，都是远离了父母、兄弟、妻子，周旋于天下而不得安宁，其困顿的境遇有时"欲自比于寻常怀土力田之人而不可得"，但正是这样的坚持，才"卓然成材，没世而名立也"，"此圣贤出处之要也"。

叶适年轻起就怀抱经世济民之志，故他并不欣赏消极的人生观，但是他的进取与否决不是在于个人的利益，而在于能否有功于国家与社会，他在开禧北伐上的态度、担当与退隐，就是最显著的表征。《子路曾晰冉有公西华侍坐章》因孔子有"吾与点也"的评断，令后人对孔子精神作飘然洒脱的解释。叶适在此章的札记中指出，"孔子之所以为天下后世师者，道进而心退"，他对曾点（曾晰）的肯定，是在于"其心庶几焉"，即曾点的"浴沂风雩，咏歌而归"的心志比较接近于"道进而心退"的境界。如果仅就"浴沂风雩，咏歌而归"而言，"通国皆然"，又有什么值得肯定的？故叶适一生抱持着积极的人生观，并不以自己的个人利益而进取或消沉，唯如此，在他晚年退出政坛，息影于家乡以后，才能够勤勉于学，著成极有思想针对性、充满现实关怀的《习学记言序目》。

颜　渊

"克己复礼为仁"，举全体[1]以告颜渊也。孔子固未尝以全体示人，非吝[2]之也，未有能受之者也。颜子曷为能受之？得全体而能问其目故也。全体因目而后明[3]，凡孔子之言仁，凡弟子之问仁，未有的切明白广大周遍如此者。世谓孔子语曾子一贯，曾子唯之，不复重问，以为心悟神领，不在口耳。呜呼！岂有是哉！一贯之指，因子贡而粗明，因曾子而大迷。

[1] 全体：全部事项。　　[2] 吝：吝啬。　　[3] 意为有条目之后才显

露明白。语出《论语·颜渊》。

　　有若对哀公以"盍彻[1]"，岂谓履亩[2]而彻乎？哀公折以"二犹不足"，岂亦谓履亩而二乎？盖自宣公已税亩[3]，故有子欲因亩计彻[4]为公私便，且正哀公之失。不然，对饥而论，古彻非救时之宜也。然哀公为此语，可谓"生于深宫之中，长于妇人之手"，与晋君怪不食肉糜[5]差不甚异，治道何由而兴也！

　　［1］意为为什么不实行十分抽一的田税制度。彻，十分抽一的田税制度。　［2］履亩：实地观察，丈量田亩。　［3］税亩：古代按土地面积向田主征税的赋税制度。　［4］因亩计彻：根据土地面积进行十分抽一的田税制度。　［5］指对事物没有全面认知。典出《晋书·惠帝纪》："帝尝在华林园，闻虾蟆声，谓左右曰：'此鸣者为官乎，私乎？'或对曰：'在官地为官，在私地为私。'及天下荒乱，百姓饿死，帝曰：'何不食肉糜？'其蒙蔽皆此类也。"

　　"居之无倦"，尽己也，"行之以忠"，尽人也。
　　按子张学干禄，问行，问达，问崇德，修慝[1]、辨惑，皆以徇外为是，而孔子约之于内[2]。子张虽有浮浅之病，而为后世学者立法，其功甚大，所谓"他山之石可以攻玉"也。

　　［1］修慝（tè）：改正错误，纠正过错。　［2］约之于内：在内里约束自己。

◎ **研读**

　　叶适对孔子答颜回的"克己复礼为仁"非常看重，反复强调这是孔子仁学的精神。在此札中，他更揭明这是"举全体以告颜渊"；这一"全体"又"因目而后明"。所谓的"目"，就是视听言动，即生活的具体展开。叶适否定曾子以忠恕为孔子精神，就在于曾子将孔子之仁从生活的全体大用内卷为修身。

子　路

"善人为邦百年"，不教者也，故"亦可以胜残去杀"；教则七年"亦可以即戎"；皆周之先君已行者也。

"其事也。如有政[1]，虽不吾以，吾其与闻之。"孔子非欲必闻其政也，有废有兴，当为后世法，为此欲闻之也。

[1] 政：政务。

◎研读

孔子的弟子冉有担任鲁国季氏的家宰，《子路》篇中的《冉子退朝章》记录，某日冉有退朝颇晚，孔子问原因，冉有答"有政"，孔子便回应了"其事也。如有政，虽不吾以，吾其与闻之"这句极富深义的话。叶适指出，这个深义是在于揭明废兴，为后世法。为什么呢？因为季氏专权，冉有与季氏讨论的只是季氏的家事，并非国家的政务，否则孔子虽已不见用，但他尝为大夫，按制度对政务是应当有所听闻的。孔子着意于政务与家事的区分，亦即公与私的分别，便揭明了废兴所在。

季　氏

"见善如不及，见不善如探汤，吾见其人矣，吾闻其语矣；隐居以求其志，行义以达其道，吾闻其语矣，未见其人也。齐景公有马千驷[1]，死之日民无得而称焉，伯夷、叔齐饿于首阳之下，民到于今称之，其斯之谓欤！"文义贯联，无不可通者。自程氏以来乃谓错简[2]，宜在"亦祇以异[3]"之下。按"诚不以富，亦祇以异"，甚言"爱之欲其生、恶之欲其死"为惑，亦非错简也。朱氏又言"后十篇多错简"。按《先进》以后诸篇，言厉而义峻，皆成德以上之事，当时门人不能尽识，谓之错简，非也。

[1] 千驷：四千匹马，言马多。　[2] 错简：古书以竹简按次串联编成，竹简前后次序错乱谓"错简"。后用以指古书中文字次序错乱。　[3] 亦祇以异：只是令人奇怪。语出《诗经·小雅·我行其野》。

◎ 研读

现在通行的《论语》共二十篇，但仔细看，前十篇似乎构成了一个较完整的单位。这十篇中，前九篇记录了孔子应答学生与时人的话，以及学生相互记录的孔子教诲，或个别弟子的话，总之是语录，这正是《论语》的基本风格；最后一篇《乡党》不是语录，而主要记录了孔子日常生活中的行为。言与行，似已呈现了孔子的完整形象。《论语》后十篇像是前十篇的续编，不仅略有重复，而且编到第十九篇时似乎已基本完成了，最后的第二十篇只有三章，仿佛是凑数。总之，《论语》后十篇与前十篇是存在一定差异的，这也就是程朱以为存有"错简"的原因。但是，叶适否定这样的怀疑。他强调："《先进》以后诸篇，言厉而义峻，皆成德以上之事，当时门人不能尽识，谓之错简，非也。"叶适的思想根柢六经，同时他对《论语》非常重视，认为后者是对前者的发明。

微 子

"我则异于是，无可，无不可。"可则有降有辱[1]，不可则无降无辱，贞则失人[2]，裕则失己[3]，故孔子不为，非欲以无可、无不可为圣人也。圣人，尧、舜、文王也，何可、不可之间哉！

〔1〕辱：屈身受辱，出自《论语·微子》："不降其忘，不辱其身。"
〔2〕贞则失人：贞固则失去朋友。　　〔3〕裕则失己：放松则失去自我。

◎ 研读

　　《微子》篇的《逸民章》，记录了七位隐逸者，孔子按持志、身份认同、言行取舍，将七人分成三类，予以评价，从而说明虽同为隐逸，但立心与造行大不同。只是，只要是隐逸者，即便是率性放言，舍弃自己，也大抵是坚守大道之权变的。换言之，虽为隐逸者，也不至于全然放倒。孔子自认为自己与此七人有根本的不同，即表现在"无可无不可"。叶适对"可"与"不可"作了解释，但同时强调，孔子之"无可无不可"只是表示"不为"，并非"以无可、无不可为圣人也"。无可无不可，在孔子并不是失其持守，而是"从心所欲不逾矩"，正如尧、舜、文王，无所谓可与不可。

孟 子

《孟子》一书自唐代起逐渐受到士人重视，至宋代叶适之时，已与《论语》《大学》《中庸》一起合为四书，构成儒学的新经典系统。叶适对曾子、子思、孟子的传承序列不认同，以为这一传统将孔子所传述的尧舜三代之道内卷为狭隘的心性之说，故他对《孟子》的评论多围绕此而发。《孟子》共七篇，叶适的札记涉及六篇，最后的《尽心》篇没有涉论，恐亦与他对孟子的格心之功不以为然有关。

梁惠王

梁惠王问"何以利吾国"，对"王何必曰利"；问"贤者亦乐此乎"，对"贤者而后乐此"；言"寡人之民不加多"，对"王好战，请以战喻"；言"寡人愿安承教"，对"杀人以梃[1]与刃，与政无异"；齐宣王问"若寡人者可以王"，对"不忍杀牛之心足以王"；又言"恩足及禽兽而功不至于百姓"；又言"与百姓同乐则王"；又言"文王之囿[2]，民犹以为小"；又言"王请无好小勇"；又言雪宫之乐[3]"不得而非其上与为上而不与民同乐者"皆非；又言"公刘好货[4]"，"大王好色"。孟子出而说齐梁之君，几得政于齐，具见此十余章，大抵逆来顺往，无问其所从，必得吾之所以言而后止。故孟子自谓"人不足与适，政不足与间，惟大人为能格君心之非，君仁莫不仁，君义莫不义，君正莫不正，一正君而国定"。夫指心术之公私于一二语之近，而能判王霸之是非于千百世之远，迷复得路，焕然昭苏，宜若不待尧、舜、禹、汤而可以致唐虞三代之治矣。当是时，去孔子殁虽才百余年，然齐、韩、赵、魏皆已改物，鲁、卫旧俗沦坏不反，天下尽变，不啻[5]如夷狄，孟子亦不暇顾，但言"以齐王由反手也"。若宣王果因孟子显示，暂得警发，一隙之明，岂能破长夜之幽昏哉？盖舜、禹克艰，伊尹一德，周公无逸，圣贤常道，怵惕兢畏[6]，不若是之易言也。自孟子一新机括[7]，后之儒者无不益加讨论，而格心之功既终不验，反手之治亦复难兴，可为永叹矣！

[1] 梃（tǐng）：棍棒。　[2] 囿（yòu）：中国古代供帝王贵族进行狩猎、游乐的园林形式。　[3] 雪宫之乐：齐宣王于自己的行宫即雪宫接见孟子并询问贤人之乐。参见《孟子·梁惠王下》："齐宣王见孟子于雪宫，王曰：'贤者亦有此乐乎？'"　[4] 公刘好货：相传公刘喜欢钱财。公刘，周人创业的始祖，后稷的曾孙。参见《孟子·梁惠王下》。　[5] 不啻（chì）：无异于。啻，仅。　[6] 兢畏：敬重又害怕。　[7] 一新机括：全部更新治事的关键。

◎ 研读

在《梁惠王》的札记中，叶适先摘引梁惠王与孟子的问答，然后指出，孟子以为"格君心之非"乃国家治理的关键，因为"君仁莫不仁，君义莫不义，君正莫不正，一正君而国定"；而心术之公私的判明，又可以在切近的事情中一二语指出，这便将国家治理的复杂艰难看得易如反掌，太轻巧了。叶适强调，"舜禹克艰，伊尹一德，周公无逸，圣贤常道，怵惕兢畏，不若是之易言也"。况且，孟子的时代，"去孔子殁虽才百余年，然齐韩赵魏皆已改物，鲁卫旧俗沦坏不反，天下尽变，不啻如夷狄"，单凭梁惠王因为孟子的显示与警发，"岂能破长夜之幽昏"？因此，叶适最后指出，"自孟子一新机括，后之儒者无不益加讨论，而格心之功既终不验，反手之治亦复难兴，可为永叹矣"！

公孙丑

按《孔丛子》载孟子车尚幼，见子思，子思以其言称尧、舜，性乐仁义，甚说其志，命子上侍坐，礼敬甚崇。其见梁惠，王命以叟[1]。而孟子自言"四十不动心"，于是年过五十矣。盖乐其道而忘人之势，不以壮老易其守。当士人波荡纵横[2]之时，独不见诸侯，然而无环堵隐约之陋[3]，非布衣藜藿之微[4]，宜其豪杰自命，于颜、闵以下曰"姑舍是"，而虽伯夷、伊尹犹非所愿学也。"加齐之卿相，得行道焉，虽由此霸王不异矣"，公孙丑特以世俗之意观孟子，故其告以不动心，谓当自反守约又及于养浩然之气，谓"集义所生，非义袭而取之"，皆家户所有日用常行；非如曾子惴惴至死，子路唯恐有闻，冉有恨力不足者也。不然，孟子何以从容于进退之间，始终生死，由一道弘益开阐，继尧、舜而有余哉？近世之学，以不动心、养气为圣贤之难事，孟子之极功，诘论往反，析理精粗，有白首终老而不定者，何敢言四十乎！至其出处得丧，倒行错施，固无以庶几古人之一二矣。按孔子曰："君子有三戒：少之时，血气未定，戒之在色；及其壮也，血气方刚，戒之在斗；及其老也，血气既衰，戒之在得。"夫始终专以血气为言，虽曰与中人立法，然义理本要调和一身，使蹶趋[5]者能为浩然，耘锄者不为助长。若孟子化血气从义理，其易如彼。而学者不察，方握义理就血气[6]，其难如此，盛衰顿异，勇怯绝殊，乃君子所甚畏也。故必尊孔子之言，致验于一身之血气，始戒之，终戒之，戒于此者切，进于彼者深，则虽不待四十而可以无动矣。

［1］ 意为梁惠王称呼孟子为老先生。《孟子·梁惠王上》："叟！不远千里而来，亦将有以利吾国乎？"　　［2］ 波荡纵横：在动荡之中来去奔走无阻。　　［3］ 环堵隐约之陋：四处受困、怀才不遇的困扰。环堵，屋四周的土墙。　　［4］ 布衣藜藿（lí huò）之微：身份低微所产生的自卑。藜藿，藜和藿，指粗劣的饭菜。　　［5］ 蹴趋：局促，不自然。　　［6］ 意为强行拔高义理来接近血气。

"人皆有不忍人之心；先王有不忍人之心，斯有不忍人之政矣。"孟子以战国之人失其本心，无能不忍人者，故著此论。然先王之政，则不止为不忍人而发。盖以圣人之道言之，既为之君，则有君职，舜、禹未尝不勤心苦力以奉其民，非为民赐也，惧失职耳。孟子虽欲陈善闭邪[1]，为可晓之语，然后此亦未有能以不忍人而为政者；就其有之，固不能推也。若夫平居讲明，临事背戾[2]，自谓为不忍人之学而不免于行忍人之政者，吾不知其所底止矣。

［1］ 陈善闭邪：臣下对君主陈述善法美政，借以堵塞君主的邪心妄念。《孟子·离娄上》："责难于君谓之恭，陈善闭邪谓之敬，吾君不能谓之贼。"［2］ 意为平日的时候讲述明白，遇到事情的时候就背离这话语。

以孟子答景丑语详味之，本仁义而同民乐，齐王盖已有动瘳之益[1]，故为言受教不召之礼；若又加尊信，则君臣之遇自此始矣。然齐王待之以宾，位之以卿，其礼异于他儒生，欲无废议论而已，故孟子终不仕齐。王犹欲授馆赋禄以矜式[2]其国人，孟子以为不行其道而徒赖其廪[3]，是利之也，故终不留。按鲁定公受女乐[4]，三日不朝，孔子释大夫出奔[5]，齐景公曰："吾老矣，不能用也"，孔子行；卫灵公忽问陈，仰视飞鸿，孔子遂行，有在陈之厄[6]。孔子之速者，去国常礼也。齐王非不用孟子，孟子以其非所用，自决去之尔，故其行迟迟，而尹士、淳于髡皆有讥病也。

［1］ 动瘳之益：进一步被打动而醒悟，此处"益"指程度加深。　　［2］ 矜

式：示范。　　[3] 徒赖其廪(lǐn)：白白浪费齐王的粮食。廪，粮仓，引申为粮食。　　[4] 女乐：美女和歌舞。　　[5] 出奔：出逃。　　[6] 在陈之厄：指饥贫等困境。《论语·卫灵公》："在陈绝粮，从者病，莫能兴。子路愠，见曰：'君子亦有穷乎？'子曰：'君子固穷，小人穷斯滥矣。'"

◎ 研读

　　此札议论孟子大致在三点。其一是引孟子的"四十不动心"，以批评"近世之学"，即以程朱为代表的理学。叶适以为，孟子"四十不动心"，能够"乐其道而忘人之势，不以壮老易其守"的原因，是在于"集义所生，非义袭而取之"。他进一步引孔子"君子有三戒"之语，强调人的生命自始至终基于血气，无血气则无生命，"集义所生"就是"化血气从义理"，"义理本要调和一身，使蹶趋者能为浩然，耘锄者不为助长"。如"近世之学"，则反其道而行之，"摧义理就血气"，"以不动心、养气为圣贤之难事，孟子之极功，诘论往反，析理精粗"，结果到老也未能有成，更谈不上"四十不动心"，一遇到出处进退等具体事情，鬲古人远甚。

　　其二是分析孟子的以不忍人之心行不忍人之政。叶适指出，孟子的这个观点是针对"战国之人失其本心，无能不忍人者，故著此论"；至于现实的政治治理，则"先王之政，则不止为不忍人而发"。叶适强调，"舜、禹未尝不勤心苦力以奉其民，非为民赐也，惧失职耳"。后世因孟子之语，作偏狭之论，将儒家之道内卷为格心之功，这正是叶适所反复争辩的问题。

　　其三主要是比较孔子与孟子面临出处进退时的果断与迟缓，微讽孟子。

滕文公

“孟子道性善，言必称尧、舜。”按子思独演尧、舜之道，颜、曾以下为善有艺极[1]者所不能也，故自孟子少时，则固已授之矣。尧、舜，君道也，孔子难言之；其推以与天下共而以行之疾徐先后喻之，明非不可为者，自孟子始也。

[1] 艺极：准则。

与梁、齐、滕文公论治，最孟子要切处，惜无他书可以参看。大抵民不能皆有田而尽力于农，学校废缺而上无教，乃当时之大患，故谆谆言之。诸侯赋税法，独鲁屡变，已见于《春秋》，不知他国如何。晏子为叔向言齐为季世[1]，及对景公，皆病其专山泽之利；故孟子举文王治岐[2]，语略相应，而齐王自以为好货而不能行其言。请野九一，国中十一。惟鲁哀公谓“二吾犹不足”。不知他国所以敛民者分数果如何。然戴盈之言“什一去关市之征[3]，今兹未能，请轻之，以待来年然后已”。孟子又言当“法而不廛[4]，讥而不征[5]，助而不税”。然则是时王政不行，诸侯往往通用什二，“今之诸侯取之民犹御”，恐不止什二。而关市、山泽、廛屋皆自征之矣，但轻重各不同耳。其因滕侯问井地，方论经界及治乡治野之法，虽与《周官》同，此当时传儒道者所共知。然《周官》所言在建国之初，而滕有国已数百余年之后，孟子乃使之如初建国时耶？然劝其力行“以新子之国”，则当时所谓因循苟且者，诚欲其尽去不用，而滕侯为善果决，亦足以任此也。至为梁、齐言，则又不然，直欲其“五亩之宅，树之以桑”，“百亩之田可以无饥”，“谨庠序之教，申孝弟之义”，岂梁、齐大国，井田学校固自有存者，不必尽创为也？如此类，皆无他书参考，不能知孟子欲施置与其时合废省之详，甚可惜也。虽然，经界井牧[6]，有司之小事，《周官》固不备载；后世以孟子尝言，故争论不已。又汉法什五税一，甚至三十税一，地大用寡，取之轻，正合事宜。学者以孟子有"大貉小貉[7]"之论，讳避弗称。至于今世，无所不取，又倍战国，乃茫然无以救此，徒讲经界井地，何益治乱哉！

[1] 季世：一个历史时代的末段。　[2] 文王治岐：周文王治理岐周的事迹。周文王（名昌）继季历为君，继续治理岐山下的周族根据地。岐周下的周族经过文王的治理，终于发展得十分强大，这就为武王灭商准备了充分的条件。　[3] 关市之征：亦称"关市之赋"。指对经过关卡的行商或市廛坐商课税，是工商税征收之始。　[4] 法而不廛：连货仓税也不征收。廛：古代城市平民的房地，古同"缠"，束。　[5] 讥而不征：在关卡、市场等处只稽查而不征税。　[6] 经界井牧：土地、井田、牧场。　[7] 大貉小貉：亦作"大貊小貊"。儒家以为尧舜之道为十税一，少于十税一为行貉之道，十四五税一为大貉，十二三税一为小貉。《孟子·告子下》："欲轻之于尧舜之道者，大貉小貉也；欲重之于尧舜之道者，大桀小桀也。"

孟子辟许行、神农之学，其言"贤者与民并耕而食，饔飧而治[1]"，虽非中道，比于刻薄之政不有间乎？孟子力陈尧、舜、禹、稷所以经营天下，至谓其"南蛮鸠舌之人，非先王之道"，词气峻截，不可婴拂[2]。使见《老子》"至治之极，民各甘其食，美其服，邻国相望，鸡狗之音相闻，至老死不相往来"之语，又当如何？余尝疑孔安国称"伏羲、神农、黄帝之书，谓之《三坟》，言大道"；楚灵王指倚相"能读《三坟》《五典》《八索》《九丘》"；明他人不能读。意汉初尚有遗文，而后世乃无所见，然他书亦未尝援引，惟医药、卜筮、种树皆藉其名。然则许行之言，或者《三坟》之旧欤？

[1] 饔飧而治：自己做饭，又自己治理。　[2] 婴拂：触犯违背。婴，触犯。

"不见诸侯"，大议论也。或疑孟子因见梁、齐之君，故惠王以为"不远千里而来"，尹士谓"识其不可然且至，则是干泽[1]"。按《史》载梁败于楚、秦，恐惧，招聘名士，齐亦开稷下馆以延诸儒，孟子以此时往。所谓"迎之致敬以有礼"。聘礼之轻重虽不可知，要为非招不至，非徒步干说[2]，冒[3]甘憔悴于先而逆几荣宠于后也，此诚不足辨。又，彭更言"后车数十乘，从者数百人，以传食[4]于诸侯"，或谓孟子不见其君而厚糜其粟[5]，非所谓饥饿免死而已者。按彭更通论当时，非专指孟子，孟子以"通功易事"之义并晓之尔。不然，孟子道既不行，非斯人之徒而谁与，转侧于世可也，而犹欲明"通功易事"之义，则不亦微且劳矣？然"不见诸侯"，如孟子所言自有未精者：按尧时用人皆素定[6]，特招者独舜，四岳同荐，具载于《书》，尧试以二女，观厥刑[7]，然后大任，无"往见舜"之文；孟子谓"亦飨舜，迭为宾主"，未知何所本，未精一也。汤时用人亦素定，特招者独伊尹，《书》称"聿求[8]元圣，与之戮力"，又"惟尹躬暨汤[9]咸有一德，克享天心，受天明命"，详其君臣交相重如此，则往见伊尹或不可知。孟子虽言其"学而后臣"，又称其"嚣嚣然曰何以汤之聘币为"，至三聘而后幡然就汤，说之以伐夏救民，恐此亦辨士之余说，未可据，未精二也。文王时用人亦素定，特招者独太公，《诗》称"我有嘉宾，鼓瑟吹笙，吹笙鼓簧，承筐是将，人之好我，示我周行"；又曰"德音孔昭，示民不恌[10]，君子是则是效"。夫文王之用太公，杂书多异说，而《鹿鸣》所咏，盖百世君臣相与之法。孟子言伯夷、太公皆避纣居海滨，闻文王作，兴曰"盍归乎来"，"是天下之父归之"，疑此亦无明据，未精三也。至于孔子，"凤鸟不至，河不出图"，招聘礼绝，自知不用，未尝有求；然其曲尽君臣之际，为后世伦纪，故曰"事君尽礼，人以为谄"；"拜下，礼也，今拜乎上，泰也，虽违众，吾从下"；"君命召，不俟驾行矣"。然孟子谓"孔子当仕有官职，而以其官召之"，未知何官。齐景鲁哀皆不当仕而有问答，岂必就见？又若孔子未尝不仕，而孟子焉得独不然。疑亦未精，四也。盖"不见诸侯"，本于子思，子思本于曾子。"彼以其富，我以吾仁，彼以其爵，我以吾义"；"以德则子事我者也，奚可以与我友"；"摽[11]使者出诸大门之外"：疑皆执德之偏。而孟子又称"孔子以微罪行，不欲为苟去"，疑亦杂举，不纯一理也。然则"不见诸侯"，于当时既未精，而后世又为孤义，恐更当别论。

[1] 干泽：乞求恩泽。 [2] 干说：进说。 [3] 冒：不顾。 [4] 传食：辗转受人供养。 [5] 厚糜其粟：非常浪费自己的食物。 [6] 素定：预先确定。 [7] 观厥刑：考察德行。 [8] 聿（yù）求：寻求。聿，书写用的笔，后假借为助词，用在句首或句中。 [9] 尹躬暨汤：伊尹自身和成汤。参见《尚书·商书·咸有一德》。 [10] 不恌（tiāo）：不苟且轻薄。 [11] 摽（biāo）：挥之使去。

◎ 研读

叶适对孟子思想难得有肯定的议论，此札中算是有两点肯定。一是论"孟子道性善，言必称尧、舜"，肯定孟子对政治的自觉担当。叶适讲："尧、舜，君道也，孔子难言之；其推以与天下共而以行之疾徐先后喻之，明非不可为者，自孟子始也。"宋代士人有与君共治天下的高度自觉，叶适年轻起就以天下为己任，雅意经济自负，他把士人的这种政治自觉归于孟子，无疑是对孟子的一个极大肯定。二是以为孟子"与梁、齐、滕文公论治，最孟子要切处"。孟子的时代，"大抵民不能皆有田而尽力于农，学校废缺而上无教，乃当时之大患，故谆谆言之"；同时，赋税问题是国家治理的根本，故孟子亦多论之。这说明，孟子对于国家治理的认识并非全是在格心之功，经世济民的举措同样是认真考量的。叶适指出，诸如田地、学校、赋税这些现实问题，需要根据具体时代而论，后人因为孟子有所议论，或"争论不已"，或"违避弗称"，结果对于现实问题"乃茫然无以救此"，无益于治道。

离　娄

　　"子产惠而不知为政。"按"道之以政"，孔子不以为是，自管仲以下，为政者多矣。惟子产在春秋时，政道独异于人，故孔子称其"养民惠，使民义"，又特谓之"惠人"，又谓其"古之遗爱"，又言"人谓子产不仁，吾不信也"。然末世偏术，视子产之所为皆谓之王政，而不知其政固已多矣，盖犹存古人之遗而已。"犹众人之母，能食不能教"，此固俗儒之妄，而孟子何为亦有此言？且"以乘舆济人于溱洧[1]"，不知何所因？"十一月徒杠[2]成，十二月舆梁成，民未病涉"，此为治桥梁常法言之。虽下于子产者亦知行辟人[3]也。或雨暴至，桥梁骤失，仓猝而执政以已乘舆济人，则当时能如子产者少矣，故为百姓所思，传诵不忘。而反欲举常法以病之，恐此理亦未精也。

　　[1] 溱洧（wěi）：溱水和洧水。参见《郑风·溱洧》。　　[2] 徒杠：可供徒步行走的小桥。　　[3] 行辟人：外出时执鞭开道。《孟子·离娄下》："君子平其政，行辟人可也。"

　　"仲尼不为已甚者"，恐此语未当记；孔子曰："好勇疾贫，乱也；人而不仁，疾之已甚，乱也"，此语当记。所言禹、汤、文、武之道，至"周公思兼三王，以施四事"；按《尧曰篇》所称，皆当时实语，此语未知何所本。无所本而以测知者言之，恐所举之要不能尽所行之详也。

　　"《诗》亡然后《春秋》作"，按古《春秋》先于《诗》，非《诗》亡而作也。若谓孔子《春秋》在《诗》亡后，恐亦当论。《诗》虽不亡，其可无《春秋》乎？若谓歌咏之泽[1]绝而后贬损之法[2]行，则是孔子以道之降者治后世，终不能复先王之盛矣。"其文则史，孔子曰：其义则丘窃取之矣。"按旧史自有义，孔子因之，不能废也。

[1] 歌咏之泽：谓以诗歌颂扬的恩惠。　　[2] 贬损之法：贬低损毁的方法。

"是亦羿有罪焉"，子濯孺子可以取友言[1]，羿不可以取友言。公明仪曰："宜若无罪焉"，岂古之所谓贤者而不精于论耶？

[1] 取友言：子濯孺子相信尹公子择友的能力，此处代指子濯孺子相信朋友所说的言论。出自《孟子·离娄下》。

"禹、稷、颜回同道。"按禹、稷所忧，以任不以道；孔子所贤，以道不以任。禹、稷虽忧，而忧其所乐；孔、颜虽乐，而乐其所忧。

◎ 研读

此篇的数则札记，都是针对《孟子》书中的一些议论而发。叶适重批判意识，好作质疑性评论。有些颇多启发，也自有依据，有些则近乎硬挑毛病。见仁见智，不必一概而论。

万　章

以万章所问舜、象、禹、益、伊尹、百里奚事考之，知昔人固多汩[1]于所闻而不订之理义。岂惟昔人，而后人亦莫不然。然后人之谬妄，则不如昔之甚者，以后之史详而昔之史略也。然订之理义，亦必以史而后不为空言。若孟子之论理义至矣，以其无史而空言，或有史不及见而遽言，故其论虽至，而亦人之所未安也。如孔子事，耳目最近，然苟非载籍，则襄地不殊[2]而见闻各异者多矣。然谓卫卿为有命，疑非孔子语；辨主痈疽瘠环[3]之无义无命，疑此语孟子亦未当发也。

[1] 汩：多音字，此应读 gǔ，湮没迷惑，沉迷。　[2] 壤地不殊：田地差不多。　[3] 痈疽（yōng jū）：人名，卫灵公所宠信的宦官。瘠环：人名。《孟子·万章上》："或谓孔子于卫主痈疽，于齐主侍人瘠环，有诸乎？"

孔子但言伯夷"求仁而得仁"，"饿于首阳之下"；而孟子乃言其"不可与乡人处"，则无故而迫切已甚。伊尹果自任以天下之重而无乱亡之择，则曷为不度其君？按《书》，伊尹去亳适夏[1]，既丑有夏[2]，复归于亳，武王观政之比，而传者以为五就而说之。孔子言柳下惠止于"不枉道""不去父母之邦"；而孟子遂以为"与乡人处不忍去"，则无故而诎辱[3]已甚。若夫孔子自言"无可无不可"而已，孟子乃以为"可以速而速，可以久而久，可以处而处，可以仕而仕"。然则因人而可耶，自我而可耶？若是者，果谓之集大成耶？又有始终条理之异，智圣巧力之殊，亦果然耶？按《中庸》称"仲尼祖述尧、舜，宪章文、武"，其说广大闳深[4]，无所不备；而孟子之言又卓异诡绝如此，学者果何所用力耶？夫孟子之称伊尹不几与所谓狂，伯夷不几于所谓狷，而柳下惠疑若乡愿[5]然者，岂三人以此成德？而学者必求所以入德之门，疑亦未精也。

[1] 事见《尚书·汝鸠汝方第七》："伊尹去亳适夏，既丑有夏，复归于亳。入自北门，乃遇汝鸠、汝方。作《汝鸠》《汝方》。"　[2] 既丑有夏：不久就厌恶了夏桀。丑，厌恶。　[3] 诎辱：委屈和耻辱。　[4] 闳深：博大精深。　[5] 乡愿：乡中貌似谨厚而实与流俗合污的伪善者。

◎研读

叶适论学，经史并重，经为理义，史为事实，而理义须见诸事实。在叶适看来，六经不完全是空言义理，其本身即是古史的记录。"六经皆史"的正式提出虽然晚至清代章学诚，但其思想意识实早已有之，叶适大致也持这样的意识。对于孟子，叶适讲："孟子之论理义至矣，以其无史而空言，或有史不及见而遽言，故其论虽至，而亦人之所未安也。"即孟子所议论，在叶适看来，常常缺乏历史依据，而孔子不是这样的。

告 子

周衰而天下之风俗渐坏，齐、晋以盟会相统率；及田氏六卿吞灭，非复成周之旧，遂大坏而不可收，戎夷之横猾不是过也。当时往往以为人性自应如此，告子谓"性犹杞柳[1]，义犹桮棬[2]"，犹是言其可以矫揉而善，尚不为恶性者。而孟子并非之，直言人性无不善，不幸失其所养使至于此，牧民者之罪，民非有罪也，以此接尧、舜、禹、汤之统。虽论者乖离，或以为有善有不善，或以为无善无不善，或直以为恶，而人性之至善未尝不隐然见于搏噬[3]、袗夺[4]之中，此孟子之功所以能使帝王之道几绝复续，不以毫厘秒忽之未备为限断也。余尝疑汤"若有恒性"，伊尹"习与性成"，孔子"性近习远"，乃言性之正，非止善字所能弘通。而后世学者，既不亲履孟子之时，莫得其所以言之要，小则无见善之效，大则无作圣之功，则所谓性者，姑以备论习之一焉而已。

[1] 杞（qǐ）柳：落叶灌木，生在水边，枝条可用来编器物。 [2] 桮棬（bēi quān）：亦作"杯圈""桮圈"，一种木质的饮器。 [3] 搏噬：搏击吞噬，喻打击陷害或侵略吞并。 [4] 袗（zhěn）夺：争夺华美的衣服。袗，衣服华美。

"耳目之官，不思而蔽于物，物交物，则引之而已矣；心之官则思，思则得之，不思则不得也。此天之所以与我者，先立乎其大者则小者弗能夺也，此为大人而已矣。"按《洪范》，耳目之官不思而为聪明，自外入以成其内也；思曰睿，自内出以成其外也。故聪入作哲，明入作谋，睿出作圣，貌言亦自内出而成于外。古人未有不内外交相成而至于圣贤，故尧、舜皆备诸德，而以聪明为首。孔子告颜渊"非礼勿视，非礼勿听"，学者事也，然亦不言思；故曰"学而不思则罔，思而不学则殆"；又曰"吾尝终日不食，终夜不寝以思，无益，不如学也"；季文子三思而后行，子闻之曰："再斯可矣。"又，物之是非邪正终非有定。《诗》云"有物有则"，子思称"不诚无物"，而孟子亦自言"万物皆备于我矣"。夫古人之耳目，安得不官[1]而蔽于物？而思有是非邪正，心有人道危微，后人安能常官而得之？舍四从一[2]，是谓不知天之所与，而非天之与此而禁彼也。盖以心为官，出孔子之后，以性为善，自孟子始；然后学者尽废古人入德之条目，而专以心性为宗主，致虚意多，实力少，测知广，凝聚狭，而尧、舜以来内外交相成之道废矣。

[1] 官：感官。 [2] 舍四从一：舍弃眼、耳、口、鼻四个器官而只跟从心这一器官。

"五霸者三王之罪人也。"按古自有五霸[1]，齐国佐所指是也，孟子言"五霸桓公为盛"，疑即春秋以来五伯[2]也。如昆吾为夏伯，大彭、豕韦为商伯，天子衰不主令，而诸侯之强大者专之，不特周为然，未知其德何如也。汤既改物固不论，若文王不改物，始终一道而已，故孔子言"三分天下有其二，以服事殷[3]，周之德其可谓至德也已矣"，此最论王伯之准的也。学必守统纪，不随世推迁，后学既讹伯而为霸，而其道亦因以离。孟子虽言"五霸三王之罪人"，而但谓其"搂诸侯以伐诸侯"[4]，此犹未足以为罪；至谓"久假不归乌知其非有"，"霸者之民欢虞"，则轻进其君于道，而"管仲曾西所不为"，又重绝其臣于利，而统纪疏矣。

[1] 五霸：一般指春秋时的齐桓公、晋文公、宋襄公、秦穆公、楚庄王。他们在诸侯中势力强大，称霸一时。 [2] 五伯：指春秋时五个诸侯霸主，

即夏昆吾、殷大彭、豕韦、齐桓公、晋文公。 ［3］ 以服事殷：以臣服的姿态事奉着殷朝。 ［4］ 意为拉拢、挟持一部分诸侯国去打其他的诸侯国。

◎ 研读

性善是孟子的核子思想，叶适对此是唯唯否否。一方面肯定提出性善的意义。他认为孟子的时代，政治已极度败坏，人们以为人性本是如此，或如告子所讲，可以进行纠正。孟子提出人性本善，其不善是因为政治的败坏，"牧民者之罪，民非有罪也"。因此，孟子的主张直指现实政治的问题，"以此接尧、舜、禹、汤之统"。另一方面质疑性善论的不准确。叶适引汤、伊尹、孔子之言性，以为"乃言性之正，非止善字所能弘通"。

孟子在《告子》篇中提出的另一个重要思想，就是将心与耳目对立起来，强调心的功能。认为心是"天之所以与我者，先立乎其大者则小者弗能夺也，此为大人而已矣"。叶适对此很不以为然。他引《洪范》强调，耳目感宫与心之思不可偏废，而须相得益彰，唯有如此，才可能"内外交相成"。内外交相成是叶适最重要与最基本的思想，他认为人的一切知识与能力都由此而成，进而发展与完善，"古人未有不内外交相成而至于圣贤"。孟子独标心的重要，"舍四从一，是谓不知天之所与"。对此，叶适的批评是非常严厉的，他讲："盖以心为官，出孔子之后；以性为善，自孟子始；然后学者尽废古人入德之条目，而专以心性为宗主，致虚意多，实力少，测知广，凝聚狭，而尧、舜以来内外交相成之道废矣。"

老　子

◎解题

　　叶适对于司马迁《史记》中关于老子的史述，以及庄子所述，皆持怀疑态度，以为"二说皆涂引巷授，非有明据"；所谓孔子学礼于老子，叹其犹龙，则是"黄老学者借孔子以重其师之辞也"。至于老子的思想，叶适的基本看法是："盖老子之学，乃昔人之常，至其能尽去谬悠不根之谈，而精于事物之情伪，执其机要以御时变，则他人之为书固莫能及也。"《老子》八十一章，叶适的札记或论单章，或合几章而论之，但也并非各章皆论。此下的导读也择而言之，以为例举。

　　言老子所自出，莫著于《孔子家语》《世家》《曾子问》《老子列传》。盖二戴记"孔子从老聃祭于巷党"云云，史佚"子死下殇有墓"，礼家儒者所传也。司马迁记孔子见老聃，叹其犹龙，遁周藏史[1]至关，关令尹喜强之著书，乃著上下篇言道德之意，非礼家儒者所传也。以庄周言考之，谓"关尹、老聃，古之博大真人"，亦言孔子赞其为龙，则是为黄老学者借孔子以重其师之辞也。二说皆涂引巷授[2]，非有明据。然迁谓"世之学老子则绌儒学，儒学亦绌老子"。称指必类，乃好恶之实情，乌得举其所诎，而亦谓孔子闻之哉？且使聃果为周藏史，尝教孔子以故记，虽心所不然，而欲自明其说，则今所著者，岂无绪言一二辨析于其间？而故为岩居川游、素隐特出之语，何耶？然则教孔子者必非著书之老子，而为此书者必非礼家所谓老聃，妄人[3]诡而合之[4]尔。自伏羲以来，渐有文字，《三坟》《五典》今不传于世，大抵多言变化傥恍[5]，非世教所用，非人心所安，故尧、舜、禹、皋陶以至周公、孔子，损削弗称。管子尚权谋，子华子言仁义，其人与老子并时，或相先后，亦皆与道德之意相首尾。盖老子之学，乃昔人之常，至其能尽去谬悠不根[6]之谈，而精于事物之情伪，执其机要以御时变，则他人之为书固莫能及也。然迁既以为不知所终，又以为寿百有六十岁，又其居自有乡里，又以为有子为魏将，传至汉；而所谓教孔子之老聃，著书之老子，乃不能辨其本亭而徒详于末流，则非余所知也。

[1] 《史记》传老聃为周收藏史，相当于今国家图书馆馆长，后西出函谷关遁世离去。　　[2] 涂引巷授：路途上听来，小巷里传授。形容来历不明。　　[3] 妄人：无知妄为的人。　　[4] 诡而合之：用欺骗的手法把它们合到一块去。　　[5] 傥恍：惊疑貌。　　[6] 谬悠不根：荒谬，没有根据。

　　"道可道，非常道，名可名，非常名；无名天地之始，有名万物之母；常无欲以观其妙，常有欲以观其徼[1]。此两者同出而异名，同谓之玄，玄之又玄，众妙之门。"昔之治方术者，无不上推天地之初，下极人物之化，其言下俚夷貊[2]，如太始[3]、太素[4]、青宁[5]、程、马[6]，自列御寇、庄周皆然。独老子为不然，止于常非常、有无徼妙而已。玄亦众方所常论，今以徼妙同谓之玄[7]，于此求之，则下于旧论数十等也。盖老子虽为虚无之宗，而皆有定理可验，远不过有无之变，近不过好恶之情，而其术备矣。然则其徒祖述之者，于其指归终不能识，而以浮言澜漫[8]于世，自为区域，上则渎天，下则欺人；然后知道术之难言，而老子思虑之所未及也。

[1] 徼（jiào）：边际、边界。　　[2] 下俚（lǐ）夷貊：指说法太过低级。下俚，乡下。夷貊，各少数民族。　　[3] 太始：代表有形无质，非感官可见，开天辟地前的原始宇宙状态。　　[4] 太素：古代谓最原始的物质。

［5］青宁：虫名，生于老竹根部。《庄子·至乐》："羊奚比乎不笋，久竹生青宁。"　　［6］马：代指万物的实质。语出《庄子·齐物论》："万物一马也。"　　［7］意为把"徼""妙"这两个词都称作"玄妙深远"。　　［8］澜漫：形容色彩浓厚鲜明。

道曰可道，则必有不可道者；名曰可名，则必有不可名者。可道者非常道，则不可道者常道也；可名者非常名，则不可名者常名也。有名，即天地之始也；无名，即万物之母也。常无之，欲以观其妙，妙不在于他，在于能无而已；常有之，欲以观其徼，天下之物虽日陈于吾前，皆其粗者也。玄与妙，方术家之所常言也，而言之者辄浩渺不可属。老子之所谓玄者，即有无同异之间也；有而复无，无而复有，有无相转而不已，即所谓"玄之又玄"，而众妙之所由开阖出入也。盖指人之所共知共见者，示之以道之所在，未尝以难知难见者诬谰[1]之也。（一章）

［1］诬谰：污蔑。

◎ 研读

叶适以为，老子虽被后世奉为虚无之宗，但所言都是可以加以验证的道理，所论范围从事物的有无之变，到人间的好恶之情，启示人把握其中的机理，从而应对之。如果将老子的思想理解为虚幻不定的东西，那么对老子的思想宗旨就不能把握，只能以浮言澜漫于世。换言之，叶适秉持他对知识的经验主义精神，对老子思想持理性的认识。

人之所美而以为恶，人之所善而以为不善。贤可尚，惧其争也，难得之货可贵，惧其盗也，心有可欲，惧其乱也。凡人心实而腹虚，骨弱而志强，其有欲于物者势也，能使反之，则其无欲于物者亦势也。圣人知天下之所欲，而顺道节文[1]之使至于治；而老氏以为抑遏泯绝之，使不至于乱；此有为无为之别也。孔子曰："无为而治者，其舜也欤！夫何为哉？恭己正南面而已。"盖美美善善，尚贤贵货，见其可欲，舜之有为，而老氏之所病也。然则孔子之言如此，岂非舜虽有为而实未尝为乎？恐老氏未能知也。（二至三章）

[1] 顺道节文：顺从大道制定礼仪，使行之有度。

"道冲而用之或不盈，渊兮似万物之宗。挫其锐，解其纷，和其光，同其尘，湛兮[1]似若存。吾不知其谁之子，象帝之先[2]。"此老子指其道以示人最亲切处也。人无智愚高下，其于用也必泰而溢，盖己之情、物之变相激而然尔，故能冲而不盈者即道也。锐与光，物之精华也；纷与尘，物之滓浊也。人皆求其精华而忘其滓浊，因精华以致滓浊，其终以自败而不能反也；故曰"挫其锐，解其纷，和其光，同其尘"，使相均等不偏胜也。冲而不盈，渊者似为宗，光锐尘纷无以相绝，湛者似或存矣；然而人所以不能行者，恶其为子也。老子曰："非子也，象帝也，非独帝也，象帝之先也"，所以深言其道之可贵也。（四章）

[1] 湛兮：虚无渺茫。　　[2] 象帝之先：在一切事物未形成之前就存在，即"道"。

◎研读

叶适以为四章所言是老子论道而示人最亲切处，其要义是在冲而不盈。人的所为，都会因舒泰而过分，结果引发事物与自己关系的变化，而道的要义在于冲而不盈，故人应该知道谦退。

余固谓老子之言有定理可验，至于私其道以自喜，而于言天地则多失之。其曰"天地不仁，以万物为刍狗"；曰"天地之间，其犹橐籥[1]乎，虚而不屈，动而愈出"；曰"玄牝之门[2]，是谓天地根"；曰"天长地久，天地所以能长且久者，以其不自生，故能长生"；曰"天乃道"；曰"飘风不终朝，骤雨不终日，孰为此者天地，天地尚不能久而况于人乎"；曰"有物混成，先天地生"；曰"地法天，天法道"；曰"天得一以清，地得一以宁"；曰"天之道不争而善胜，不言而善应，不召而自来，绰[3]然而善谋，天网恢恢，疏而不失"；曰"天之道，其犹张弓与，高者抑之，下者举之，有余者损之，不足者补之，天之道，损有余而补不足"。按古人言天地之道，莫详于《易》，即其运行交接之著明者，自画而推，逆顺取之，其察至于能见天地之心，而其粗亦能通吉凶之变，后世共由，不可改也。今老子徒以孤意妄为窥测，而其说辄屡变不同。夫天地以大用付于阴阳，阴阳之气运而成四时，杀此生彼，岂天地有不仁哉？《易》称"乾，元亨利贞"，孔子赞曰"万物资始，乃统天，云行雨施，品物流形，大明终始，六位时成，时乘六龙以御天；乾道变化，各正性命，保合太和，乃利贞"；而其象以为"天行健"。然则虚与动何足以尽之，而谓为橐籥之比耶？天道虽归于静顺，而静顺非所以言天地，故言天德为首则不可，而以玄牝为天地，则是不以乾统天，而天之行非健也。且天长地久，自古而然，未有知其所由来者，岂以其不自生而后能长生哉？世之方士，用老子言而求长生，而其术未有不出于自生者，又乌知天地之所以能长生非其自生乎？飘风骤雨，非天地之意也；若其陵肆[4]发达，起于二气之争，至于过甚，亦有天地所不能止者矣。然君子象之为"振民育德"，"赦过宥罪"，而区区血气之斗，何敢拟于其间？盖老子以人事言天，而其不伦如此。夫有天地与人而道行焉，未知其孰先后也。老子私其道以自喜，故曰"先天地生"，又曰"天法道"，又曰"天得一以清"。且道果混成而在天地之先乎？道法天乎？天法道乎？一得天乎？天得一乎？山林之学，不稽于古圣贤，以道言天，而其慢侮如此；及其以天道言人事，则又忘之，故曰"不争而善胜，不言而善应，不召而自来"；又曰"天道其犹张弓"；则是为天者常以机示物，而未尝法道之虚一无为也。然则从古圣贤者畏天敬天；而从老氏者疑天慢天，妄窥而屡变，玩狎而不忌，其不可也必矣。（五至七章）

[1] 橐籥（tuó yuè）：古代冶炼用的鼓风器具。 [2] 玄牝之门：微妙的母性之门。 [3] 绰（chǎn）：宽绰，舒缓。 [4] 陵肆：自高自大，任意妄为。

◎ **研读**

叶适把老子思想放置于经验的层面上作理解，反对作超经验的论说，他认为：如果作超经验的论说，其实只是一己的主观臆断，无法获得自然的验证。此札开门见山就点明这一点，即"余固谓老子之言有定理可验，至于私其道以自喜，而于言天地则多失之"。此下，叶适杂引《老子》五至七章中所论天地言语，指出"古人言天地之道，莫详于《易》"，而"老子徒以孤意妄为窥测，而其说辄屡变不同"。最后，叶适断言："从古圣贤者畏天敬天；而从老氏者疑天慢天，妄窥而屡变，玩狎而不忌，其不可也必矣。"

"上善若水，水善利万物而不争，处众人之所恶，故几于道。"按诸子论水多异说，子产谓"水弱，民狎而玩之，故多死焉"，以象宽难；邹衍则又不足称。盖《易》言"习坎[1]有孚[2]，维心亨[3]，行有尚"；孔子赞之，以为"流而不盈，行险而不失其信，维心亨，乃以刚中也；行有尚，往有功也"；而老氏之言差合矣。（八章）

[1] 习坎：即坎卦，因有重险和练习二意而称"习坎"。 [2] 有孚：

用诚信之心（去维系心灵）。孚，诚信。　　[3] 心亨：心气亨通。

　　"载营魄[1]"，谓有此身也，下言"抱一"，"专气致柔"，"涤除玄览"，"爱民治国"，"天门开阖"，"明白四达"，皆有此身而治之也。人以此身载营魄而行，血气无殊，而智愚绝异。按刘子言"民受天地之中以生，所谓命也；故有动作礼义威仪之则，以定命也。能者养之以福，不能者败以取祸"。刘子不为无知者，所谓载营魄而行，其言治之之道如此。岂惟刘子？自尧、舜、禹、汤以来无不如此，故谓之人道。而老子乃云当如婴儿无为无知，推之天下国家皆用此术。夫各由其方，各致其极，不相为谋，亦无怪矣。然后之儒者，智不足以达，反尊奉之曰："彼道也，此礼也；彼天也，此人也；彼妙也，此微也"；不兼明而两蔽者也。（十章）

　　[1] 营魄：魂魄。

　　"三十辐，共一毂[1]，当其无，有车之用；埏埴[2]以为器，当其无，有器之用；凿户牖以为室，当其无，有室之用。"老子之为是言也，所以明无也，然适见其无者而已。天下之物，当其有而用者皆是也，何未之思乎？然则有无不足以相明，而道之所不在也；盖老子之所操者虽微而狭矣。（十一章）

　　[1] 毂（gǔ）：车轮中心有圆孔的圆木，其中插轴。　　[2] 埏埴（shān zhí）：和泥制作陶器。

　　"视之不见，名曰夷；听之不闻，名曰希；搏之不得，名曰微；此三者不可致诘[1]，故复混而为一。其上不曒[2]，其下不昧[3]，绳绳[4]兮不可名，复归于无物。是谓无状之状，无物之象，是谓惚恍，迎之不见其首，随之不见其后。执古之道以御今之有，能知古始，是谓道纪。"视之不见，非远也；听之不闻，非寂也；搏之不得，非空也。其说以为可见、可闻、可得者皆物也，不见、不闻、不得者非物也。虽然，既已在见闻搏执[5]之内矣，虽不可致诘，而既已受诘矣，此其所以复混而为一。一者，道之别名也，老氏谓"道生一"。一者，道之子也。其上虽不皦，其下亦不昧，散在万物，而复归于无物也，故曰"无状之状，无物之象，是谓惚恍"。惚恍者，有而不有，无而不无也。必有以迎，然而莫为首；必有以随，然而莫为后。有者非道而御有者道，自古而然也。老子极思研精，模写夫道，其劳若此。按舜命禹"道心惟微"，《周官》"儒以道得民"，孔子"何莫由斯道"，皆前无本根，后无枝叶，老子未之闻尔。（十四章）

[1] 致诘：究问，推究。　[2] 皦（jiǎo）：分明。　[3] 昧：昏暗。　[4] 绳绳：接连不断。　[5] 见闻搏执：见到、听到和握持的。

"古之善为士者，微妙玄通，深不可识，夫唯不可识，故强为之容。豫兮若冬涉川，犹兮若畏四邻，俨兮其若客，涣兮若冰将释，敦兮其若朴，旷兮其若谷，浑兮其若浊。孰能浊以静之徐清？孰能安以动之徐生？保此道者不欲盈，夫唯不盈，故能敝不新成[1]。"老子取于人情物理，以为体道之验，可谓巧矣。冬之涉川，无敢骤犯者；四邻虽不吾禁，吾之所为恐其闻而见也；主为政而客不为政，严以待而已；冰之将释，融浃而不流也；朴者，不制割[2]也；谷者，虚而深也；若浊者，非浊非清也。此皆人情物理之自然，不待智者而知；至于取以为体道之验，则虽智者不知不能也。老子之于道，岂不察而近乎？浊之徐清，安之徐生，此亦人情物理之自然，而非智者不能待也；然其大旨，则欲冲不欲盈，欲能敝不新成尔。嗟夫！老子之道偏矣，其行之劳矣，然而可以寡怨远罪也。按《易》"劳谦君子有终"，其象以为"万民服"，盖以功与人而已不居焉；老子自为而已，其于人也无功，则虽劳而固以逸为利也。（十五章）

[1] 此处应为"蔽而新成"，意敝旧却能新生。参见饶尚宽译注《老子》

（中华书局2016年版）。　　［2］　制割：裁剪切割。

　　"万物并作，吾以观其复。夫物芸芸，各复归其根。归根曰静，是谓复命。"按《易》，物作而剥[1]，剥极而复[2]，复则还作矣；故孔子以为见天地心者，取其作也。若老氏之归根，则以剥为复，复则不作，非余所知。（十六章）

　　［1］　物作而剥：万物兴起就要开始剥落。　　［2］　剥极而复：剥落到穷尽，就会重生。

　　"六亲不和有孝慈，国家昏乱有忠臣。"和则不待孝，治则不待忠，其道或然矣。然其所以不和不治，岂为忠孝者致之哉？若舜之父母，箕子之君，并以不和不治者集于其身，又将奚咎？老子谓因废道德有仁义，因智慧有大伪，而谓家国之乱亦由忠孝者致之，故欲绝焉，噫！未有不察事而可以知道者，是恣其私说[1]而以乱益乱，非亡灭不止，悲夫！（十八章）

　　［1］　恣其私说：放纵一家之见。

　　"众人熙熙，如享太牢[1]，如登春台，我独怕兮其未兆，如婴儿之未孩"；"众人皆有余，而我独若遗"；"众人皆有以，而我独顽似鄙"：此虽非道，然欲己远身，道亦凝焉。若学者但以为资质所安，而无闻悟之获，则缓纵于瞬息之微，而所遁逸者不啻千里之外矣。（二十章）

　　［1］　太牢：古代帝王祭祀社稷时，牛、羊、豕（shǐ，猪）三牲全备为"太牢"。

　　"圣人终日行，不离辎重[1]。"物有辎重，道亦有辎重。人皆知致物之辎重以行其身，而不知致道之辎重以行其身也；使诚知之，

则千钧在已而毫芒在物矣。惜乎老子为一方之说而不足以教学者也！（二十六章）

[1] 辎重：古代泛指人们外出时携带的包裹箱笼，后指军队携运的物资。

老子论道犹可也，何必及兵！益赞禹以"至诚[1]感神"，自知其可以胜有苗而不用，而苗亦知之，故班师振旅而苗自至，兵之上也，出律不足以拟之矣。若老子论兵不可以胜敌，而欲以哀先之，则左次[2]舆尸[3]而已。佐人主者，固无以兵强之道；至于兵受弱而道亦亡，则谓之"以道佐人主"不可也。为国者不审观而信处士之虚言，乱曷已乎！（三十章至三十一章）

[1] 诚（xián）：诚。　[2] 左次：驻扎在高险之地。参见《易经·师》六四。　[3] 舆尸：以车运尸。参见《易经·师》六三。

"上礼为之而莫之应，则攘臂而仍之[1]。""夫礼者，忠信之薄而乱之首。"世之陋儒谓失礼则入刑，则老子宜有此论矣，攘臂而仍之，入刑之谓也。老氏已先见，自其时言之，谓之救弊，若通行于后，则有德其可以无礼乎？道德之于礼，譬人身之有耳目手足也，非是则无以为人。故孔子曰："安上治民，莫善于礼"；"道之以礼，有耻且格"；正谓不攘臂而仍之也。老子所讲不详，而轻言治道，误后世莫大于此。（三十八章）

[1] 攘臂而仍之：挽起袖子伸出胳膊去强拽别人。

"大道甚夷，而民好径[1]。朝甚除[2]，田甚芜，仓甚虚，服文采，带利剑，厌饮食，货财有余，是谓盗夸，非道也哉！"老子与尧、舜、三代之圣人辨道于分厘秒忽之微，而以衰末亡国之事并言之，不知使彼出而为治，又将何以处此！（五十三章）

　　[1]　意为大道是如此平坦，但人们却偏爱走小路。　　[2]　除：腐败。

　　盖老子之微言才数十章，其有见于道者，以盈为冲，以有为无，以柔为刚，以弱为强而已。然而谓尧、舜、三代之圣皆不知出此也，遂欲尽废之而以其说行天下。呜呼！使其为藏史之老聃欤？则执异学以乱王道，罪不胜诛矣；使其非藏室之老聃，而处士山人乘王道衰阙之际，妄作而不可述，奇言而无所考，学者放而绝之可也，奈何俛首[1]以听，而或者又助之持矛焉！然则学而不尽其统，与不学同，于是以自有之聪明而陷于人之聋瞽者，百世之通患也。

　　[1]　俛首：低头，表示服从。

◎ **研读**

　　最后这则札记紧接着五十三章而来，对老子论道作一总的论断。叶适指出，老子之论道，"以盈为冲，以有为无，以柔为刚，以弱为强而已"，这些智慧与修养，尧、舜三代之圣不可能不知晓，或不具备。但是，尧、舜三代文明的历史发展过程所表征的儒家之道要远比老子的道丰富而艰难。因此，《老子》的作者决不可能是周代史官老聃，而只可能是王道衰阙之际的处士山人；《老子》所言，实是"妄作而不可述，奇言而无所考，学者放而绝之可也"。

子华子

◎解题

《子华子》旧题周朝程本撰。程本之名见于《孔子家语》，子华子则见于《列子》。程本与子华子是否是同一个人，学界尚无定论。《子华子》一书汉代已亡，南宋始流布，但被疑为伪托。

总　论

余虽以《诗》《书》《春秋》《易》《周官》《左氏》为正文，推见孔氏之学，而患无书可以互考。晚始得刘向所校《子华子》，辑次为二十余章。盖程子与孔氏同时，相从一倾盖[1]之间，所敬惟夫子，其书甚古，而文与今人相近。然怪孟、荀以来，陈良、子弓皆得称数，汉、唐博学之士，掎摭[2]前闻，义理非一，皆未尝及此书，而余所从先生大儒亦无道之者。夫以孔安国序《尚书》，本末明具，或者犹谓非西汉之文，况程子所论，太古混茫，医药五行，类道家方伎之流，故望而弃之，以为异端伪说者耶？

[1] 倾盖：形容一见如故或偶然的接触。　　[2] 掎摭（zhí）：指摘。

◎研读

叶适似乎并不在乎《子华子》的真伪，而更在乎程本以及此书的论述，即所谓"盖程子与孔子同时，相从一倾盖之间，所敬惟夫子，其书甚古，而文与今人相近"。事实上，《子华子》也多被认为是颇具理致文彩的子书，故叶适颇多采录而论之。这里仅选录这则《总论》，可以了解叶适对于知识的理性态度。

孔子家语

◎解题

《孔子家语》是一部记录孔子及其弟子思想言行的著作，汉代曾失传，至东汉末王肃自称得之于孔子后人并为之作注后，此书得以广泛流传，但唐代起始疑为伪书，清代以后更成为定论。晚近的考古出土文献表明并不能简单将《孔子家语》视为伪书。

总　论

按《家语》历世存之，终不能明其于孔氏之言为正伪。余既颇采次，而怪孔子周旋当世五六十年，所从之众，问对之多，宜不特《论语》一书而止，则其别为记集以辅世教，如《家语》之类几是也。箕子曰："会其有极[1]，归其有极。"《论语》，问对之极也；《论语》所同，《家语》所异，极不会乎？《论语》所有，《家语》所无，极不归乎？孔安国以《论语》为正实，《家语》其虚乎？以《论语》为切事，《家语》其泛乎？夫地产百物，工技艺能，则有美恶大小之异，精粗工拙之辨，圣人之言岂若是乎？余固叹《论语》《左氏》之外，疑皆非孔子之言，其沦没而不传者，殆不可为限量；而安国所谓实夫子本旨者，滋孔氏之道所由以不明也。呜呼！岂独安国而已，孟轲盖自谓舍颜、闵、游、夏[2]，谢伊尹[3]、伯夷[4]，舍宰我、子贡、有若之余论，以孔子为生民所未有而愿学之者，然其

162

于《论语》《左氏》及《家语》之正伪亦未能有别也。然则何以知之？尧、舜、禹、汤、文、武、周公至于孔子，一道也。三子有高下之殊者，狂也；迷于昔而眩于今，非其中之实有也。轲喜于自异而乐称之，岂孔子之所敢安哉？不敢安，则所学者皆意之而非真，而孔氏之道远矣。

[1] 极：准则。　　[2] 颜、闵、游、夏：颜渊、闵子骞、子游、子夏，与下文宰我、子贡皆为孔子弟子。　　[3] 伊尹：商朝开国元勋。　　[4] 伯夷：商朝末年孤竹国君的儿子。他和弟弟叔齐，在周武王灭商以后，不愿吃周朝的粮食，一同饿死在首阳山。

◎ 研读

叶适对《孔子家语》比较重视。虽然"终不能明其于孔子之言为正伪"，但他仍作了较多的摘录并作了札记。这里选录这则《总论》，可以看到叶适的基本观点。他认为，《家语》虽然比不上《论语》的"问对之极"，不如《论语》"正实"与"切事"，但"孔子周旋当世五六十年，所从之众，问对之多，宜不特《论语》一书而止，则其别为记集以辅世教，如《家语》之类几是也"。这里，叶适还提出了一个重要的思想方法问题，即他表示，他也怀疑《论语》《左传》之外所记录的孔子言行，但并不持简单粗暴的排斥态度；相反，孟子自视甚高，推倒众人，"以孔子为生民所未有而愿学之者，然其于《论语》《左氏》及《家语》之正伪亦未能有别也"。

孔丛子

◎ 解题

《孔丛子》二十一篇，内容近似于孔子家学案，记述了从战国到东汉中期十几位孔子后代子孙的言语行事，旧题孔子八世孙孔鲋（子鱼）撰。书末另附孔臧写的赋和书，故又别称《连丛》。《孔丛子》的编纂与成书年代，一直就有争论，至今没有定论。

独 治

子思之后，子高、子顺、子鱼 [1] 皆守家法，学者祖之。叔孙通本学于子鱼，子鱼使仕始皇。陈余，儒者，与子鱼善。陈胜首事 [2]，余荐子鱼，余轻韩信以取败亡，鲋死陈下 [3]，儒学几绝；独通遗种仅存，卒赖以有立。司马迁、班固曾不能言其所自来，乃为《儒林传》自武帝始。楚汉间辨士说客多妄言，迁、固一切信之，反以陆贾为优于叔孙通。余同深叹汉、隋、唐末之祸，他书尽亡，无以质正，而惟迁、固之信，使学者不复识孔氏本末，然则何止秦火为害也！

[1] 子高、子顺、子鱼：皆为孔子后代。　[2] 陈胜首事：陈胜、吴广起义，反对秦朝的统治。　[3] 鲋死陈下：孔鲋五十七岁的时候，担任陈胜的博士，死在陈城底下。

◎ 研读

　　叶适针对此书中的《嘉言》《居卫》《独治》《连丛书》撰有四条札记，从中可以看到，叶适对此书评价不高，认为其不仅对孔子的思想认识有偏差，而且对孔子后代的记载也不可考。但是，叶适并不完全否认此书的学术价值，在《独治》的札记中，试以子鱼与叔孙通的师生关系，说明秦汉之际的儒学传承。

战国策

◎解题

　　《战国策》三十三篇，作者不详，书名原亦多种，西汉末年刘向对它进行校订、整理，取名《战国策》。《战国策》体例与《国语》相同，按国编排，但内容主要是战国时游说之士的策谋与言论的汇编。因此，此书不能完全作为史书看，只可以作为战国纵横家的材料。但它反映是《春秋》之后的时代，始于东周贞定王十六年（前453）韩、赵、魏三家灭智氏，终于秦二世元年（前209），故又的确是战国的重要史书。叶适《习学记言序目》研读史书部分，便由此书始。

刘向序

　　春秋以后，接秦之兴，无本书[1]可考。虽有司马迁《史记》，然皆杂取诸书及野语流传会聚之所成也。故战国一节，不敢使与《左传》同，便为成书，辄加据定；而《战国策》本迁所凭依，粗有诸国事，读者以岁月验其先后，因之以知得失，或庶几焉。刘向叙此书，上止文武，最后谓诈伪不能比王德，大意虽不差，尚浅而未究。盖道德、礼义、学校，自有天地圣人以来共之，非文、武之所独为也，及圣人不作，积以废坏，极于亡秦，而诈伪之弊遂不可复反。向岂谓汉兴亦能稍变秦俗乎？且其设权立计，有系当时利害之大者，学者将以观事变，固不宜略，然十才二三耳，其余纤碎反覆，徒竞锥刀之细，市井小人之所羞称，所谓不足以挂牙颊[2]者也，又乌在乎"亦可喜、皆可观"哉？夫习于儇陋[3]浅妄之夸说，使与道德礼义相乱，其为学者心术之巨蠹[4]矣，可不畏甚乎！

[1] 本书：即《战国策》原本。　[2] 挂牙颊：为人所称道。　[3] 儇（xuān）陋：轻浮鄙陋。　[4] 巨蠹（dù）：大蛀虫，比喻大奸或大害。

◎ 研读

叶适以为刘向序文中关于战国史的论述，"大意虽不差，尚浅而未究"。他认为，时势的变化是一个过程，"道德、礼义、学校，自有天地圣人以来共之，非文、武之所独为也，及圣人不作，积以废坏，极于亡秦，而诈伪之弊遂不可复反"，战国之行诈作伪不完全是战国本身的问题。

总　论

《战国策》国别必列苏、张从横[1]，且载代、厉[2]始末，意其宗苏氏学者所次辑也。又韩、赵、魏皆载智伯求地为首，而燕终之以高渐离刺始皇。使刘向未校以前已如此，则此书蚤经厘正[3]矣，非残缺也。

[1] 从横：即纵横，奔驰无阻。　[2] 代、厉：代王、厉王。　[3] 厘正：整理订正。

司马迁《史记》，有取于《国语》《战国策》及他先秦书，皆一切用旧文，无窜定[1]，是则述之而已，无作也。不知刘向、扬雄所谓"善叙事理，辨而不华，质而不俚"者安在？其指楚汉事言之乎？

[1] 窜定：删改订正。

论世有三道，皆以人心为本：三代以上，道德仁义，人心之所止也；春秋以来，人心渐失，然犹有义礼之余焉；至于战国，人心无复存矣，先物而流，造势为倾，绵蕝[1]以出智巧，架漏[2]以成事机[3]，皆背心离性而行者也，故其祸至于使天下尽亡而后已。自汉及今，学者欲求复于人心之所止，则固有道矣。然其质者不能论世观变，则常患于不知；其浮者不能顺德轨行，则挠而从之[4]众矣。故有以《战国策》为奇书者，学之大禁也。

[1] 绵蕝（jué）：亦作"绵蕞（zuì）"，制订、整顿朝仪典章。 [2] 架漏：架漏牵补，房屋有破漏，用支架牵引藤蔓来补漏。比喻时局艰危，勉强支撑。 [3] 事机：行事的时机。 [4] 挠而从之：使人屈从。

◎ 研读

在这则《总论》中，叶适根据"《战国策》国别必列苏、张从横，且载代、厉始末"，推测"其宗苏（秦）氏学者所次辑也"。此外，叶适提出"论世有三道，皆以人心为本"的论断，而人心由止于道德仁义，渐失而最终背心离性，则是一个世变的过程。人类的知识追求应当是"复于人心之所止"，但从历史中需要把握的根本是认识其世变，而不是流于表象；如果津津乐道于《战国策》中的策谋，则更不应该，当为学之大禁。

史　记

◎解题

　　司马迁《史记》是第一部纪传体通史，在史著中具有崇高的地位。叶适对《史记》自然也很重视，分别摘录本纪、表、书、世家、列传等，最后是《太史公自序》，并进行评论。

本纪（三则）

　　羲、黄为文字之始，圣智之先，不独学者言之，孔子盖言之矣。至于简弃鸿荒[1]，断自尧、舜，则何必孔子，自舜、禹以来固然也。何以知之？方禹、益、皋陶共明治道，祖述旧闻，其时去黄帝、颛顼不远，所称道德广大，皆独曰尧、舜，未有上及其先者。推群圣贤之心，岂夸祢[2]而轻祖哉？故余以为神灵不常，非人道之始，缺而不论，非掩之也。如迁所见《五帝德》《帝系姓》，虽曰起自黄帝，若夫稽古而陈之，君止尧、舜，臣止禹、皋陶，而羲、农、后、牧之伦不预焉。迁未造古人之深旨，特于百家杂乱之中取其雅驯者而著之，然则《典》《谟》大训徒雅而已乎？况黄帝、尧、舜之后既数千年，长老所言不可信，审矣。不择义而务广意，亦为学之患也。孔子谓颜渊"行夏之时，乘殷之辂[3]，服周之冕"，盖为邦之要略，汉儒之智未足以及此也。而迁纪夏、商言"孔子正夏时"，又曰"殷路车为善[4]"，近是矣；至"文王三分天下有其二以服事殷，周之

169

德其可谓至德也已矣"，则迁不能知，故曰"受命称王，改法度，制正朔"。当以孔子为正也。（《五帝》）

[1] 简弃鸿荒：捡除混沌初开之世。 [2] 夸祢：夸耀奉祀亡父的宗庙。 [3] 辂（lù）：古代一种大车。 [4] 指殷人善于造车。

古书之于圣贤，皆因事以著其人，未尝以人载事。项籍虽盗夺，然文字以来，以人著事，最信而详，实始于此。如"初起时二十四"，"少学书不成，去学剑又不成"，"书足记姓名，剑一人敌不足学，学万人敌"，"乃教籍兵法，不肯竟学"，楚、汉间颇用此例推观。不知古人之材与后世之材何以教，何以成就。上世教法尽废，而亡命草野之人出为雄强。迁欲以此接周、孔之统纪，恐未可也。（《项羽》）

述高祖神怪相术，太颂而妄，岂以起闾巷为天子必当有异耶？契、稷、仲衍，皆上古事，不可考，阙之而已。班彪遂谓"体貌多奇异"，语尤陋矣。《书》曰："慎徽五典，五典克从，纳于百揆，百揆时叙[1]"；《诗》曰："惠于宗公，神罔时怨，神罔时恫。[2]"若舍其德而以异震愚俗，则民之受患者众矣，惜乎史笔之未精也！（《高祖》）

[1] 意为（尧）叫舜谨慎地推行父义、母慈、兄友、弟恭、子孝五种伦常礼教，舜施行得很顺利，臣民都能听从这种教导而不违背，然后又让舜总理政务百官，百官都能服从命令，使百事振兴，无一荒废。见《尚书·尧典》。 [2] 文王孝敬祖先，祖先神灵无所怨恨，祖先神灵无所悲痛。见《诗经·大雅·思齐》。

◎研读

叶适的札记重在批评，提出问题，而不是表彰。比如上述所录，第一则是以《五帝本纪》批评司马迁"不择义而务广意"。虽然叶适颇具史识，认为古史断自尧、舜是取文明开化为标准，即所谓"简弃鸿荒"，而不是因为其为孔子所讲，但他对司马迁"未造古人之深旨，特于百家杂乱之中取其雅驯者而著之"的批评则未免苛责，上古史料缺乏，司马迁穷其可能而述之，其实正是他的贡献。

又如上录第二则论《项羽本纪》，叶适指出"古书之于圣贤，皆因事以著其人，未尝以人载事"，而项羽是"盗夺"，《史记》却为他立本纪。《项羽本纪》详细记载了项羽的成学经历，足以让后人了解"古人之材与后世之材何以教，何以成就"，但叶适以为，"上世教法尽废，而亡命草野之人出为雄强。（司马）迁欲以此接周、孔之统纪，恐未可也"，则多少反映出他的历史观的偏狭。

再如上录第三则《高祖本纪》"述高祖神怪相术，太烦而妄"，叶适极不以为然，认为是"史笔之未精也"。传统史籍中的帝皇传记，乃至重要人物的传记，大多有诸如此类的神异化记载，叶适强调，"若舍其德而以异震愚俗，则民之受患者众矣"，他的批评显然是理性而光辉的。

表（二则）

先儒所谓法后王，犹后人言知典故及今事也。后王可以言知，而不可言法。"俗变相类，议卑易行"，此论尤不可。作丘甲[1]，用田赋，初税亩；及秦之变法乱政，岂可谓后王已行者便为法乎？明于道者，有是非而无今古。至学之则不然，不深于古，无以见后；不监于后，无以明前；古今并策，道可复兴，圣人之志也。卓然谓王政可行者，孟子也；晓然见后世可为者，荀卿也。然言之易者行之难，不可不审也。（《六国年表》）

[1]　作丘甲：春秋时鲁国实行按丘征发军赋即按丘出车马兵甲的制度。

迁于《十二诸侯表》，言"齐、晋、秦、楚、在成周微甚"，《汉诸侯表》又言"太公于齐兼五侯地"。按齐比三国，并吞最少；秦尽得宗周旧地；晋始封亦不微，后乃滋暴；楚本无封国，浸起[1]蛮夷之雄耳。武王初意不在封子弟，余固论之。大要有德则兴，无德则衰而亡，初不以形势强弱；而周以宗室同姓多为诸侯，虽卑不忍倍[2]，而强大者因相挟未敢取，故犹寄号名数百年，而周之实已亡矣。世儒以此论封建郡县得失，盖疏于事；而汉置诸侯王，于夹辅[3]何取，徒使其谋臣策士忘食而忧，势必尽缈削之而后已耳。（《汉兴以来诸侯王年表》）

[1] 浸起：逐渐崛起。浸：渐渐。　[2] 意为虽然地位卑下，但不会一味忍让，屈从于比自己强大的诸侯国。　[3] 夹辅：辅佐。

◎研读

叶适高度重视历史经验的习得，但他并不简单地在古今之间作取舍。他以为，历史中的所有举措，都是据于时势所作出的，后人研习历史，重在由中知其是非得失，了解变化的由来。他讲："明于道者，有是非而无今古。至学之则不然，不深于古，无以见后；不监于后，无以明前；古今并策，道可复兴，圣人之志也。"但他同时指出，对此，"言之易者行之难"。

书（四则）

八书体[1]既立，后有国者礼乐政刑皆聚此书，虽载事各从其时，而论治不可不一。《礼》《乐》《律书》皆已亡，大意犹可见，往往飘忽草略，使后有愿治之主无所据依。孔子曰："行夏之时，乘殷之辂，服周之冕，乐则韶舞，放郑声，远佞人"，此教颜渊以为邦之目也。迁于《夏殷本纪》言正夏时，善殷辂，固已得之；至论礼乐，则不能本孔氏，空泛然华说而已。自春秋以来，儒者论礼乐何可胜数；虽无谬于道，而实知其意可以措之于治者绝少。孔子曰："安上治民，莫善于礼，移风易俗，莫善于乐"；又曰："道之以德，齐之以礼"；又曰："其或继周者，虽百世可知也。"夫民不可以一日无其上，而亦不能一日以安其上[2]；后世为上之不能安也，摇手动足[3]，皆归之于刑。夫民相依以生，而不相依以刑也，刑之而后安，非善治也。故安上治民，齐之以礼，孔子以是为善治，继周之后，虽远而犹可知者，此意是也，不独以其文也。若夫淫鄙暴慢，化导迁改，和亲安乐，久而成性，则虽汤、武功成之乐，孔子犹以为有憾于其间，而况于郑声乎！此礼乐之实意，致治之精说，不可以他求也。迁乃谓秦"尊君抑臣，朝廷济济"，方以太初之礼为典常[4]，而"郑卫之音所从来久矣，人情所感，远俗则怀"，何其杂于道而易于言乎！（《礼书》《乐书》）

[1] 八书体：即《史记》八书——礼、乐、律历、天、官、封禅、河渠、平准，记述制度发展，涉及礼乐制度、天文兵律、社会经济、河渠地理等诸方面内容。　[2] 意为百姓不可以一天没有君王，也不可能让君王有一天安闲。　[3] 摇手动足：意指百姓的行为。　[4] 典常：常道。

"璇玑[1]玉衡以齐七政"；"为政以德，譬如北辰，居其所而众星拱之"；凡二十八星[2]之常，五星[3]之变，皆古羲和[4]所司，圣人所祗畏也。至其他星文，占验家所存，方术所眩，晏子、子产之所不道也。（《天官书》）

[1] 璇玑：北斗。　[2] 二十八星：二十八星宿，是我国古代天文学家为观测日、月、五星运行而划分的二十八个星区，由东方青龙、南方朱雀、西方白虎、北方玄武各七宿组成。　[3] 五星：水星、金星、火星、木星、土星五星，古人将其与五行相配。《史记·天官书》："天有五星，地有五行。"[4] 羲和：中国上古神话中的太阳女神，亦是制定时历的女神。

封禅最无据。舜"二月东巡狩,至于岱宗,柴",礼其所尊也,"望秩于山川",无不遍也,至于西南北犹是礼也,乌有所谓封禅者乎?周成王盖未有言封禅者,迁殆诬之。《管子·封禅篇》,游士所为,谓其谏止齐桓,固妄矣。至秦始封禅,而汉武因之,皆用方士之说,虚引黄帝而推于神仙变诈,是以淫祀黩天也。迁亦知其非,不能论正,反傅会[1]之,虽微见其意,而所徇已多矣,安能救乎!(《封禅书》)

[1] 傅会:同"附会"。

《平准书》直叙汉事,明载聚敛之罪,比诸书最简直。然观迁意,终以为安宁变故,质文不同,山海轻重,有国之利。按《书》"懋迁[1]有无化居",周讯而不征,春秋通商惠工,皆以国家之力扶持商贾,流通货币,故子产拒韩宣子一环不与,今其词尚存也。汉高祖始行困辱商人之策,至武帝乃有算船告缗[2]之令,盐铁榷酤[3]之入,极于平准,取天下百货自居之。夫四民交致其用而后治化兴,抑末厚本,非正论也。使其果出于厚本而抑末,虽偏,尚有义。若后世但夺之以自利,则何名为抑?恐此意迁亦未知也。(《平准书》)

[1] 懋(mào)迁:贸易。 [2] 告缗:汉代向商人及高利贷者征税的法令。 [3] 榷酤(què gū):汉以后历代政府所实行的酒专卖制度,也泛指一切管制酒业取得酒利的措施。

世家(三则)

周人崇尚报应,迁所称唐虞之际有功德臣十一人,舜后为陈,田常建国,皆旧语也。然武王封先代,盖褒有德。臧文仲叹皋陶不祀[1],谓德义之后不应绝尔。若陈氏篡盗亦曰舜所致,则是不复论天德，但以利责报[2]也。至孔子始改此论，曰"巍巍乎舜、禹之有天下也而不与焉"！夫以天下为不与，则虽势位销歇而道德自存，义理常尊而利欲退听矣，此迁所未知也。（《陈祀》）

[1] 皋陶不祀：皋陶没有被立庙祭祀。　　[2] 以利责报：用利益求回报。

齐宣王为稷下之学而孟子至，自齐君视之，无异瞽之于日月，聋之于雷霆也，而道卒赖以传。悲夫，亦未可忽也！（《魏》）

陈完之占[1]，前代此类甚多，孔子以为不足以训，故独赞《易》以黜之；凡《左氏》所载，皆孔子所黜也。当其时亦有知象数筮占为非道者，但其智不能尽古今之变，故闵黜终堕于卜师尔。而迁乃谓"孔子晚而喜《易》，《易》幽明远矣，非通人达材孰能注意"，反以陈完之占为孔氏所尽心者，是迁未尝知有孔氏之《易》。所识如此，盖难语上也。（《田敬仲完》）

[1] 陈完之占：典出《史记·田敬仲完世家第十六》："完生，周太史过陈，陈厉公使卜完，卦得观之否。"

列传（四则）

迁本意取高让不受利禄者为列传首，是也。然许由、卞随、务光，空寓言，无事实，学者所共知，迁为是故以六艺正百家之妄，正于其所不必正，一也。按冉有问于子贡曰："夫子为卫君乎？"子贡曰："诺，吾将问之。"入曰："伯夷、叔齐何人也？"曰："古之贤人也。"曰："怨乎？"曰："求仁而得仁，又何怨！"出曰："夫子不为也。"子曰："见善如不及，见不善如探汤[1]，吾见其人矣，吾闻其语矣；隐居以求其志，行义以达其道，吾闻其语矣，未见其人也。齐景公有马千驷，死之日民无得而称焉，伯夷、叔齐饿于首阳之下，民到于今称之，其斯之谓欤！"论夷、齐之事，无大于此者矣。以子臧、季札考之，未尝有所怨，则夷、齐何怨焉？谓夷、齐为怨者，传远而说讹[2]尔。迁虽以孔子之言谓伯夷之非怨，而又以妄人之诗疑伯夷之不能不怨，既正于其所不必正，复以所不必正者害其所正，二也。且负刍、吴光皆弑君窃国，子臧、季札尚不耻立于其朝，盖其待之如糠秕外物，不置是非于心，乃让国之常节；况武王、周公以至仁大义灭商，夷、齐奚为恶之？此特浮浅之词而迁信之，何哉？孔子谓"饿于首阳"者，言其甘于贫贱而难之也，迁遂以为不食死，怼[3]而不知命，岂仁人之意乎？三也。盗跖不轨[4]之人，何足与夷、齐、颜子较贤否？圣贤之所自为者，天之所不能为，迁虽称轻重清浊各有所在，而实理盖未之知，四也。又迁所谓名者，颜子因孔子而彰，则固信矣。若夷、齐则在孔子之前五六百年，孔子所敬而畏者，故曰"民到于今称之"，是不待孔子而后彰也。稽古道[5]，续先民，圣人之职当然也，岂以是为轩轾[6]于其间哉！迁虽定一尊于孔氏，而其陋若此者，非所以为尊，五也。余观孟子论伯夷最为精义，然犹推恶恶之心[7]，有近隘之行，非所谓得仁求志也，必以孔子为正。（《伯夷》）

[1] 探汤：试探沸水，形容戒惧。　[2] 说讹：言论错误。　[3] 怼：心里抵触，对抗。引申为怨恨。　[4] 不轨：越出常轨，不合法度。[5] 稽古道：考察古时候的道理。　[6] 轩轾：车前高后低为"轩"，车前低后高为"轾"，喻指高低轻重。　[7] 指把这种厌恶坏人坏事的心情推广开来。参见《孟子·公孙丑上》。

序老子颇似鬼物，隐见不常，而其子孙乃有名数至汉可考，何也？其所著书具在，虽不合于圣人，要皆有指归可见，所谓"虚无因应、变化无为""称微妙难识"者，亦未然也。（《老子韩非》）

商鞅变法，大事也，迁不加疏别，浅深无次，而学者亦考之不详。所谓"令民为什伍[1]而相收司[2]连坐"者，此变法之本意也。古者为比[3]、闾[4]、族、党，使民相保相受相和亲，有罪奇邪相及，是亦连坐，而非厉民者不相收司也。孟子教治滕，则曰"死徙无出乡，乡田同井，出入相友，守望相助，疾病相扶持"；盖治小国，合散民，以亲睦为先，虽有罪奇邪亦未暇相及也。先王以公天下之法使民私其私，商鞅以私一国之法使民公其公，此其所以异也。"不告奸者腰斩，告奸者与斩敌首同赏，匿奸者与降敌同罚"，此因事积习致然，盖有受是赏罚者；若遽立为一成之法以齐秦俗，则民之叛秦不待胜广矣。不分异者，渐以倍赋法逼夺之。先王之法虽防民情，如成讼勿仇避仇，令民情有所出入。叶公曰："吾党有直躬者，其父攘羊[5]而子证之。"孔子曰："吾党之直者异于是，父为子隐，子为父隐，直在其中矣。"今鞅使民一切不得私斗相蔽隐，直情径达以奉公上。又"事末利及怠而贫者"，先王虽有里布屋粟[6]之罚，而民间转移，执事不举而收孥[7]之也。其设法抑民，轻重曲折，事不一端。迁之所载，谓直若酒之鸩毒[8]，药之乌喙[9]，疾之寒热，匕首之濡缕[10]立死者，亦未然也。至如集小乡为县，开井邑为阡陌之类，则固可遽行矣。盖其禁民巧，察民专，沈鸷[11]果敢，一施于上下而私其便于国，故虽杀其身，卒不能废其法，数百年而禁制成，秦已亡而犹不可变。凡行于后世者，增损厚薄微有不同，大抵皆鞅之遗术也，何独彼之非乎！（《商君》）

[1] 什伍：商鞅之法，令十家为什，五家为伍，什有什长，伍有伍长。什长、伍长负责闾里治安，一旦发现形迹可疑者要及时上报。　　[2] 收司：纠发监察。　　[3] 比：古代户籍编制基本单位，五家为比，使之相保。[4] 间：古代户籍编制基本单位，五比为间，使之相受。　　[5] 攘羊：偷羊。典出《论语·子路》："吾党有直躬者，其父攘羊而子证之。"后以"攘羊"谓扬亲之过。　　[6] 里布屋粟：里布、屋粟皆为古代税名。　　[7] 收孥(nú)：一人犯法，妻子连坐，没为官奴婢。　　[8] 鸩(zhèn)毒：毒酒，毒药。　　[9] 乌喙：中药附子的别称，以其块茎形似得名，有毒。　　[10] 濡缕：沾湿一缕。《史记·刺客列传》："得赵人徐夫人匕首，取之百金，使工以药焠之，以试人，血濡缕，人无不立死者。"　　[11] 沈鸷：亦作"沉鸷"。深沉勇猛。

以孟子、荀卿冠之诸子，虽于大体不差，而有可憾者，知不言利之为是，而未知所以不言之意，且于骈衍分数终为多耳。又言武王仁义，伯夷不食周粟。天下惟一理，武王果仁义，则伯夷何名死之？盖传者妄也。后世谓孔孟绝学，秦汉以后无人可到，亦非虚尔。（《孟子荀卿》）

自　序

太史公言《春秋》之义，本于《公羊》董仲舒，粗浅妄意，非其实也。然后世多以为按据，虽自命精深者犹堕其说。余于《春秋》及《左氏传》既颇著见之，今以迁所闻略疏其下：

"余闻董生曰：周道衰废，孔子为鲁司寇，诸侯害之，大夫壅[1]之。孔子知言之不用，道之不行也，是非二百四十二年之中，以为天下仪表，贬天子，退诸侯，讨大夫，以达王事而已矣。子曰：'我欲载之空言，不如见之于行事之深切著明也。'"

[1] 壅（yōng）：阻挠。

孔子曰："吾自卫反鲁[1]，然后乐正，雅颂各得其所。"又曰："加我数年，五十以学《易》。"又曰："小子何莫学夫《诗》？"又曰："夏礼吾能言之。"又彐："文王既没，文不在兹乎！"孔子之于六艺，盖乐而学之，谓斯文之在也。其所以修《春秋》者，史法未正，义理未一，旧章可续，近事当明，所以遗后世者大矣。若夫诸侯害，大夫壅，言不用，道不行，而以是达王事者，是欲大孔子而反小之也。

[1] 自卫反鲁：公元前434年（鲁哀公十一年）冬，孔子从卫国返回鲁国，结束了十四年游历不定的生活。

　　"夫《春秋》，上明三王之道，下辨人事之纪，别嫌疑，明是非，定犹豫，善善恶恶，贤贤贱不肖，存亡国，继绝世，补敝起废，王道之大者也。"

　　若《春秋》如是而为王道之大，则《诗》《书》《礼》《易》岂其不如是而为王道之小？此汉儒专门之说，而后世学者信之，以为孔子自珍最后之书，此其道不深也。

　　"《易》著天地阴阳四时五行，故长于变；《礼》经纪人伦，故长于行；《书》记先王之事，故长于政；《诗》记山川溪谷，禽兽草木，牝牡[1]雌雄，故长于风[2]；《乐》乐所以立，故长于和；《春秋》辨是非，故长于治人。是故《礼》以节人，《乐》以发和，《书》以道事，《诗》以达意，《易》以道化，《春秋》以道义。"

　　[1] 牝牡：阴阳，泛指与阴阳有关的概念，如雌雄、男女等。《荀子·非相》：夫禽兽有父子而无父子之亲，有牝牡而无男女之别。　　[2] 风：讽喻。

　　六经岂自为分别，而各擅其长乎？汉人之陋，往往而是，其中亦有迁自出意者，不特董生语也。夫专门者既视他经为无有，而能尽知六经者又止于如此，道何从而明哉？

　　"拨乱世反之正，莫近于《春秋》。"

　　若《书》之《仲虺》《汤诰》《武成》，《论语》"尧曰咨尔舜"至于"举逸民"，所谓拨乱世反之正矣。《春秋》因事以明义，虽其大指归于拨乱反正，然天子诸侯大夫之间，节目甚多，未易言也。公羊区区执藩篱之见，开苛扰[1]之门，已则不正，而何以反乱世于正乎？

　　[1] 苛扰：苛待，骚扰。

　　"《春秋》文成数万，其指数千，万物之散聚皆在《春秋》。《春秋》之中，弑君三十六，亡国五十二，诸侯奔走不得保其社稷者，不可胜数，察其所以，皆失其本已。"

汤、武以仁义拯桀、纣之暴戾，保诸侯之国家，一本而已，非各有本而失之也。如公羊、董生之说，铢寸[1]以度之，则安能免此祸哉？

[1] 铢寸：一铢一寸，比喻微小。

"故有国者不可以不知《春秋》，前有谗而弗见[1]，后有贼而不知。"

[1] 谗而弗见：有馋言却看不见。

按周公作《鸱鸮》之诗以遗成王，而成王执《金縢》之书以泣，其君臣之际，变而复正，不以能知《春秋》为正也。

"为人臣者不可以不知《春秋》，守经事[1]而不知其宜，遭变事而不知其权。"

[1] 经事：经典规定的常道。

孔子曰"未可与权"。可与权矣，则不论经事、变事，惟其是而已，故孔子自谓"无可无不可"也。然经事、变事，上世固莫之分，虽《春秋》亦莫之分也。春秋之时，事之变故不可胜道。若以权合变，则道将愈散，何以反本？若居末世，不能反本而犹变之合，则奚取于圣人？《春秋》之学盖不然也。

"其实皆以为善，为之不知其义，被之空言而不敢辞。"

古无被人以空言而为义者。春秋之时，家异意，人异说，而义有随以异者，如赵盾、许止及其他赴告[1]书法，多一时立义；《春秋》不能尽正而有因之者，非以是为当然也。

[1] 赴告：奔告。

180

“法之所为用者易见，而礼之所为禁者难知。”

此尤非《春秋》本义，以法对礼，乃汉儒语也。

学者必学乎孔孟，孔子之言约而尽其义，孟子之言详而义不遗。今董生说《春秋》至数千百言，前后章义俱不尽，杂然漫载；迁之言亦然。学者以为是与孔孟同，挠而从之，斯大患矣。

古者《世系》《训》《典》《故志》[1]《春秋》《诗》《礼》《乐》，各自为书也，皆史官职之，举以教人，则各为设官，盖皆可以惩劝也。孔子之于诸书，择义精矣，可以为世教者则用之，如《世系》之类，于教粗矣，不用也。至左氏为《春秋》作传，尽其巧思，包括诸国，参错万端，精粹研极，不可复加矣。迁欲出其上，别立新意而成此书，然无异故，尽取诸书而合之耳，如刻偶人，形质具而神明不存矣。书完而义鲜，道德性命益以散微，学者无所统纪，其势不得不从事于无用之空文，然则人材何由而可成？呜呼！孔子称“天之未丧斯文”者，岂谓是耶！

[1]　《世系》《训》《典》《故志》：相传为上古记录世系、政训、典章、事件的书。

◎研读

《太史公自序》是司马迁自述撰写《史记》的理论依据的重要文章，但叶适以为司马迁依据董仲舒的《公羊》春秋学，存有许多问题，故此札详疏而论之，反映了叶适对汉代儒学的评断。其大意强调，《春秋》只是六经之一，不可舍它经而专奉《春秋》，而且六经是一整体，不可自为分别，否则对儒家之道就缺乏系统、整体的把握。“学者必学乎孔孟，孔子之言约而尽其义，孟子之言详而义不遗”，董仲舒的《公羊》春秋学，“前后章义俱不尽，杂然漫载；迁之言亦然”。

汉　书

　　叶适指出，自司马迁《史记》起，上古时期的历史记载方式发生了根本性的改变，班固《汉书》以下不得不别自为法，这便是包举一代的断代史体例。在作为断代史的《汉书》中，班固所撰从汉高祖元年（前206）到王莽地皇四年（23），共229年。

　　上世载籍之法，至《太史公记》而绝，班氏《汉书》以下，学者不得不别自为法。盖后人用世之学，专指汉以来为准的，于唐、虞、三代姑泛焉而已。古人以德为言，以义为事，言与事至简，而犹不胜德义之多，此《诗》《书》诸经所以虽约而能该贯[1]二千年也。若夫世次日月，地名年号，文字工拙，本末纤悉，皆古人所略，而为后世所详。如李翱之徒，亦号高世之材，所求尚不过如此，然则后之人材日以沦溺，其势必然。因是推之，使古人逆为后世虑，以上世载籍而已用后世之法，则学者终不敢置于诞谩荒忽之地，其所成就当亦稍殊矣，良使人抚遗编而浩叹也！

　　[1]　该贯：广博而贯通。

◎研读

　　叶适对《汉书》《后汉书》都比较重视，分别有三卷札记。在这则《汉书》的开篇札记中，叶适承认了班固的"别自为法"，并为"汉以来为准的"，但又指出因此而使得"唐、虞三代姑泛焉而已"。叶适比较了作为史书的六经与后世的史书，指出："古人以德为言，以义为事，言与事至简，而犹不胜德义之多，此《诗》《书》诸经所以虽约而能该贯二千年也。"换言之，班固以下的史书详于言与事，即所谓"世次日月，地名年号，文字工拙，本末纤悉，皆古人所略，而为后世所详"，至于德与义，则反而淹没了。对人类的历史而言，真正的意义在于"德与义"所表征的人类价值系统的确立与发展，"言与事"只不过是历史的陈迹而已。

《汉书》的编纂体例，大体根据《史记》而小有改变，其中最突显的是改"书"为"志"。《汉书》的"志"不仅比《史记》的"书"更为系统，而且内容也远为扩大，有些完全是独创，如食货、刑法、地理、艺文等志。故以下选读，主要是"志"，兼及"列传"数条。

志（十八则）

王莽时通知钟律者皆聚，所言声数、度量、权衡，无不傅合于《易》，其说甚浅，似后世义疏之为，何取于知物也！其传伶伦[1]取解谷[2]之竹以定律本，而物皆由律起，斯又妄矣。自司马迁言"王者物度轨则[3]一本于六律，六律为万事根本"，汉人之论，盖因之矣。《书》言"同律、度、量、衡"，又曰"予欲闻六律、五声、八音，在治忽[4]，以出纳五言"。然则古人以度与律数同为一物，未尝言皆由律起；而孔子赞《易》，无以八卦合度、量、权衡之文。夫准平规矩，世用所须，粲然陈列，虽在夷狄荒远，无不毕具，生民以来共之，但其精粗疏密不同耳。学者将求通乎物变，未明其本而先胶其末，有终身不得而至者，又从而为说以徇之，多此类也。（《律历》）

[1] 伶伦：中国古代传说中的音乐人物，亦作泠伦。相传为黄帝时代的乐官，是发明律吕并据以制乐的始祖。　　[2] 解谷：即嶰（xiè）谷，昆仑山北谷名，传说黄帝使伶伦取嶰谷之竹以制乐器。　　[3] 物度轨则：制定事则，建立法度，确定万物的度数和准则。　　[4] 治忽：治理与忽怠。

《书》称"命羲和历象日月星辰"，而其法不可见，所可见者，四时昏旦之正而已。至司马迁造新历，始以律之龠[1]起，而刘歆又推《春秋》与《易》参合为历书。按尧、舜时《易》道未备，三代以前未有《春秋》，然则古历法盖不起于律，《易》《春秋》亦不兼历数，此迁所谓律为万事根本者，而歆自谓有得于《左氏》，亦不过施之于历耳。学者立乎百世之末，而律、历皆难知之技，不以古文圣人为正而眩后世一家之私说，以今逆古，以后准前，则穷年终老而学之者，皆无用之虚词，其去道德义理远矣。（又）

[1] 龠（yuè）：古代一种乐器。

春秋以来，论礼乐数十家，未有能实知其意可以措之于治者，余固言之矣。观班固取昔人已论，杂合为意，缀织成词，盛推贾谊、董仲舒、王吉、刘向而叹其不得用，虽无大戾[1]，然愈不可据矣。八珍，美膳也，必有烹调之方；文锦，奇服也，要识裁制之实；不然，则委而弃之，不如布褐、粝粱[2]为口体之适也。自有生民，而君之教治之道不一端，惟羲、农、尧、舜圣人相承，能摩以德化而使之兴于仁义，习以礼乐而使之远于刑戮。文、武、周公既没，圣人不作，异君殊国各以私智为治。至孔子时，政刑诈力[3]，日趋于下，既不可返，而其言曰："安上治民，莫善于礼，移风易俗，莫善于乐"；又曰："道之以政，齐之以刑，民免而无耻。"夫孔子之所以善于礼乐而不善于政刑者，岂徒言之而已哉？必有为之之道也。为之之道，岂汗漫[4]迟久而难成哉？必统理敏速而易效也。春秋之人材如管仲者，虽不知以礼乐善俗，犹未至以政刑劫民；若子产则以政刑劫民矣。子产自以政刑为已至，刊而垂之[5]；而叔向以为不足以靖民[6]，故直曰"议事以制，不为刑辟[7]"。夫不为刑辟而后礼乐可为，未有礼乐刑辟兼而为之者也。而《乐记》乃曰"礼乐刑政四达而不悖，则王道备矣"，岂古人之本旨乎！若贾谊以权势法制为人主斤斧，而乃服上黄，数用五；董仲舒明《公羊春秋》，深绳臣子不得容足，而乃设庠序，兴太学；以至王吉、刘向，皆欲于末世政刑刻急之内，暂兴治古礼乐之虚文，以养人之毫发而胜杀人之丘山；求王道之行，不可得也。夫舍泥涂者趋几席，恶辛螫[8]者服甘饴。诚使后世君臣有能深知政刑之不足以善世，明见道德教化之意，笃信安上易俗之实，择其忠厚至诚力行之士，布在州县，废其所以为鞭棰[9]、刑戮[10]、监临[11]、防制[12]者，而一以父兄师友之道经纪其民，然则礼乐之效，不待岁月而变矣。卓茂曰："今我以礼治汝，汝必无怨恶；以律治汝，汝何所措其手足？一门之内，小者可论，大者可杀也。"呜呼！后世虽无三代之材，若茂者亦岂乏少乎？然而茂可以治一邑而不能推之于国，则亦未知其方耳。（《礼乐》）

[1] 大戾：大的罪过。　[2] 粝（lì）粱：糙米。　[3] 诈力：欺诈与暴力。　[4] 汗漫：不着边际。　[5] 刊而垂之：刊行并流传下来。[6] 靖民：治理人民。　[7] 刑辟：刑法。　[8] 辛螫（shì）：毒虫刺螫人，比喻荼毒，虐害。　[9] 鞭棰（chuí）：鞭打。　[10] 刑戮：刑罚或处死。　[11] 监临：监督。　[12] 防制：防备和控制。

　　《诗》《书》古文，人主皆以有德王，无德亡；至驺衍妄造五德胜克，孔孟之徒未尝言也。而秦汉以来号为有识者，辨论不已。刘向父子乃言"帝出于震，包羲为木德而汉得火"，是何等见识！妄傅经义，希世媚上，昔之巫觋犹羞之，班固方依违而不敢明，盖桓谭、郑兴之余烈。悲夫！君臣之道降，一至是乎！（《郊祀》）

　　"阴阳之精，本在地而上发于天"，后世天文术家固未有能言此者。然圣人敬天而不责，畏天而不求，天自有天道，人自有人道，历象[1]璇玑，顺天行以授人，使不异而已。若不尽人道而求备于天以齐之，必如"景之象形，响之应声"，求天甚详，责天[2]愈急，而人道尽废矣。（《天文》）

[1] 历象：日、月、星辰运行的天象。　[2] 责天：要求天。

按经星之传，远自尧舜，而位置州分[1]侯国始详于周衰。然则唐虞时诸侯尤多，而星吉凶所不主，占验家固无其文也。《春秋》记星异，《左氏》颇载祸福，其后始争以意推之。至秦汉一变，诸侯权轻，专地[2]久，星官祖故书述旧事。今班氏所志，有其变而无其应者众矣，况后世乎！天文、地理、人道，本皆人之所以自命，其是非得失，吉凶祸福，要当反之于身。若夫星文之多，气候之杂，天不以命于人，而人皆以自命求天，曰天有是命则人有是事，此亦古圣贤之所不道，而学为君子者之所当阙也。顾乃学之以为博，言之以为奇，以疏而意密，则学者之所慎也。（又）

[1] 位置州分：空间分布，各州划分。　[2] 专地：割据。

按刘向为王氏考灾异，著《五行传》，归于切劘[1]当世；而汉儒之言阴阳者，其学亦各有所主。然《洪范》之说由此堕裂，世乱不能救，其祸尚小；道坏不能复，其害尤大也。今略举《洪范》本义以证《五行志》：（《五行》）

[1] 切劘（mó）：切磋柤正。

箕子为武王陈《洪范》，曰天之所以锡禹也，今寻《虞夏书》，不载被锡之由。若舜、禹不自言其所得于先，而箕子乃独明其所传于后，以是为唐、虞、三代之秘文，此后世学者之虚论也。《大禹谟》曰："帝念哉！德惟善政，政在养民。水火金木土谷惟修，正德、利用、厚生惟和，九功惟叙，九叙惟歌，戒之用休，董之用威[1]，劝之以九歌，俾勿坏[2]。"帝曰："俞[3]！地平天成，六府、三事允治，万世永赖，时乃功。"详上文，则舜固尽以当时之治命禹，禹极心力以成天下之治，其功以水为主而其效非独水也。水火金木土谷，则五行也；正德、利用、厚生，则庶政群事也；戒之董之[4]，则福极之分也；总而命之，六府、三事为九功，则与洪范九畴名异而实同也。禹之言略，箕子之言详，然则天之所锡，非有甚异而不可知者，盖事易惑而道难明，以情为悖者多，以理为顺者少耳。箕子劝武王修禹旧法，疏别条叙，粲然如指掌。学者失其指，方以为奇计秘传，流转迷妄，沦于下俚，而非圣贤之所尝言，使私智臆测开凿于后，既相与串习，而别于其间自为中庸，此大道之所为隐而非有隐之者也。（又）

[1] 董之用威：以天命之威督正四方官员。　　[2] 俾（bǐ）勿坏：使德政不被毁坏。俾，使。　　[3] 俞：文言叹词，表示允许。　　[4] 戒：戒慎。董：监督。

五行无所不在，其功用所以成五味，味者，养人之本，政理之至精者也。古之圣人，必先知此，故禹修六府，又并言谷；《益稷》曰："烝民乃粒[1]"；然则禹、稷以前，民盖未尽粒食矣。周人起家，于农功最著，武王非不知；然箕子所以首告者，欲其顺天行而万物并育，不欲其私人力而一家独利耳。今汉儒乃枚指人主一身之失德，致五行不得其性，又人主虽有德而智与力不具，则亦无以致五行之功，尧之浲水[2]是也。若夫仅救一身之阙以冀五行之顺已，而不能顺五行之理以修养民之常政，兴利而害辄随，除弊而利复壅，则汉儒之所以匡其君也末，而禹、箕子之道沦坠矣。（又）

[1] 烝民乃粒：意指百姓安定下来。　　[2] 浲（jiàng）水：洪水。

按古人于德，未有枝叶，故《书》称尧、舜，止于"聪明文思""恭让明哲"，而皋陶以言为《谟》；禹、汤之后，衍德渐广，又后则不胜其繁矣。五事者，人君迪德[1]之根源，生人之所同，自尧、舜以来所由成圣者也。以吾一身视听言貌之正否而验之于外物，则雨、旸[2]、寒、燠[3]皆为之应，任人之责而当天之心，出治之要无大于此矣。汉儒不识箕子之指，方以五事配合五行，牵引周衰春秋已事往证，分剔附着，而使《洪范》经世之成法，降为灾异阴阳之说，至今千余年，终未有明者，殆可为痛哭耳！（又）

[1] 迪德：引导道德。　[2] 旸（yáng）：晴天。　[3] 燠（yù）：热。

"皇建其有极"者，本无底止而为之底止；五福者，人之所同欲也，六极者，人之所同恶也，向者福之，威者极之，古人之治止于是矣。人君有极，则能敛福以锡民，民亦能锡君以保极；人君不极，则与民同受六极之罚；此《洪范》之正义也。学者必学于古圣贤。亳有祥桑、穀共生于朝，伊陟赞于巫咸，作《咸义》[1]四篇，太戊赞于伊陟，作《伊陟》[2]《原命》[3]，今不得见其词矣；高宗祭成汤，有飞雉升鼎耳而雊[4]，作《高宗肜日》[5]，祖己曰："惟先格王正厥事"，而其训曰："王司敬民，罔非天胤[6]，典祀无丰于昵[7]"；是古人因异以相警惧，先格王而以事正之，推之于《咸义》《原命》之书，犹是理也。若夫《洪范》，初不为灾异而作，庶徵所指，明有效验；而学者乃以五行五事联附为一，春秋以来凡有变兆，离析剥解，门类而户分之，以是为格王正事，则委巷小夫[8]巫瞽之说夫岂不然？而谓以笃学好古自名如仲舒、向、歆者亦当尔欤！（又）

[1] 即《尚书·咸义》。义（yì）：治理。　[2] 即《尚书·伊陟》。伊陟（zhì）：伊尹。　[3] 即《尚书·原命》。　[4] 雊（gòu）：雄性野鸡叫。　[5] 即《尚书·高宗肜日》。肜（róng）：古代祭名，指正祭之后第二

天又进行的祭祀。　　[6] 天胤：天之后嗣。　　[7] 无丰于昵：不要过于丰厚。　　[8] 委巷小夫：指僻陋小巷的平民百姓。

六经大指，文字源流，后世所据依者，皆出刘向父子，虽未必是，然其时去先秦止二百余岁，古人遗说，往往尚有流传，可以考见；由今视之，愈于凿空不问户庭而妄谓入阃室[1]者也。虽然，其言当时学者所习经义次第，则或不远；若诸书先后，圣人所以经纪事变者，固非向歆所能知，今略具之：（《艺文》）

[1] 阃（kǔn）室：内宅。

按虞夏史官稽古而有尧、舜、禹、皋陶，则《典》《谟》者，经籍之祖也。世愈远，言愈近，书弥古，道弥切，虽幽阻卑贱，皆可对语，后世学者未知此也。周衰道失，异端妄自为说，而《书》最先废，虽孔子之力不能尽存，汉人乃谓皆秦之罪。且秦烧书财六年而汉已兴，《易》《诗》《春秋》尚具在，脱残[1]无几，何独于《书》以焚故简脱至甚耶？然则伏生所教于民间者仅有此数，以孔氏壁藏[2]校之，亦复不完，盖《书》之散亡久矣，非秦能烧之也。自后世文学并兴，独于《书》多所不究，春秋战国之游士，无禄利，轻蔑朴学，使之微缺几绝固宜尔。（又）

[1] 脱残：残缺脱漏。　　[2] 孔氏壁藏：孔府墙壁所藏的书。《汉书·艺文志》："秦燔书禁学，济南伏生独壁藏之。"

《诗》有诸国事而岁月不详，是《诗》为《书》之次，而《春秋》又次之，孔氏之统纪毕矣。（又）

先王以礼乐施于上下，自朝廷至乡党日用之物也，王政不作，则礼乐因以不举，浸衰浸息[1]而遂亡。孔子以身习礼且正乐，考论虽多，然文字不可得而具，而亦非文字所能具，故《诗》《书》《春

秋》可传而礼乐不可传者，治之兴废在人故也。然而因孔子之论，使后世知礼乐为治在政刑之上，有王者起，必从之矣。（又）

[1] 浸衰浸息：渐渐衰亡，渐渐淹没。

宓牺画卦造字，虽古有其说，然考详于《书》，圣人之道，非待画卦而后明者也；经国之用，尧、舜、禹、汤之所以勤劳其心力者，非因卦之次序而后立也。近自文王，《易》道始著，孔子尽心焉，凡《三易》怪异之说，象数浅末之义，黜而正之，而后始得为成书。而刘歆乃谓"五常之道相须而备，而《易》为之原"，又谓"古者三年通一艺"，其浮妄不经如此，学者欲援是以至道，难矣哉！（又）

《春秋》甫脱藁[1]，遽为陋儒迷执不置，孔子既死，又驾说以诬之，虽孟子不能辨也。故汉兴最先行，而董仲舒自任以推明孔氏，尊奉一经，尽抹诸书，故学者习用最深，而其道蒙蔽最甚；若无《左氏》，则终沈没矣。（又）

[1] 脱藁（gǎo）：即脱稿。

司马迁父子论六家，班固以为"谬于圣人"，固与刘歆乃谓"合其要归，亦六经之支与流裔"。孔子告子贡"非多学以识之，予一以贯之"。既无以贯之，未知观此九家之言何以通万方之略，其长孰美，其短曷尤[1]，则道愈驳而人材愈坏，尚何股肱[2]之有，哀哉！（又）

[1] 尤：突出。　　[2] 股肱（gōng）：腿和胳膊，意辅弼。

列传（二十则）

武帝《策贤良诏》称唐、虞、成、康，上参尧、舜，下配三王，全指说在虚浮处。《诗》《书》所谓稽古先先民者，皆恭俭敬畏，力行不息，去民之疾，成其利，致其义，而不以身参之。孔子言"仁

者己欲立而立人，己欲达而达人，能近取譬"。盖不特人主见道不实，当时言道者自不实也。（《董仲舒》）

董仲舒首推明孔氏，观刘向一家之论，其为儒者重轻可知矣。后世学者指意亦多本之仲舒。故略为分别精粗离合之际，归于统一，毋由绝潢[1]而自谓宗海也。（又）

　　[1]　绝潢：与水流隔绝的水池。

诏策"欲闻大道之要，至论之极"，此虽常语，然大道必有要，至论必有极。详观尧、舜、禹、汤、文、武，由其身始以善天下，岂非要道？皋陶、益、伊尹、傅说、周、召谋议规劝警，语近事切，常在目前，岂非极论？仲舒不能知，所能知者，《春秋》灾异而已；此类者，非要非极也。当武帝世有二语：申公曰："治道不在多言，顾力行如何尔"，一也；汲黯曰："陛下内多欲而外施仁义，奈何欲效唐虞之治乎！"二也。申公可以耻躬不逮[1]矣，而不能中武帝之病；帝所好者文也，申公之言，必使有文者不得过，而或庶几于行矣，不然则未也。汲黯虽中武帝之病，然不能治武帝之病；有以治之而不能受，罪在病者可也，无以治之而徒中之，所谓戆[2]矣。仲舒负能言之智，任治病之责，今也前以灾异禁之，后以勉强开之，所禁者为难信无用之迂说，所开者为可喜还至之立效。然则尧、舜、禹、汤之所为兢惕畏慎者终于不存，而唐、虞之所以歆羡矜侈[3]者四面而至矣。是于武帝之病方将豢[4]而深之，岂能治哉！（又）

　　[1]　躬不逮：说了而做不到。　[2]　戆（gàng）：笨。　[3]　矜侈：骄矜奢侈。　[4]　豢：养。

武帝论治以《韶勺》为断，彼亦以其盛者推言之尔，论治如此可也。若求治而以乐为先，则失之矣；钟鼓管弦之存，何救于德之败乎？五百年之间，其臣虽有欲则其法，其君固未有能象其德者，是以推之于大衰而后息。而仲舒亦以乐为先，则局于弥文[1]，困于虚论，而躬行之实废矣；又终于祥瑞，此尤躬行者之讳也。（又）

[1] 弥文：弥加文饰，多指礼制。

三代受命，见于《诗》《书》甚详。白鱼、流火[1]，怪妄之说，古人未之言也。灾异之起，其变虽殊，人君必引而归之于身，益自改焉为销去之，盖惟治止而后能，非待其衰微而后有也。性命之情，或夭或寿，或仁或鄙，《洪范》所谓阴骘下民[2]，五福、六极，皆君所为也。如孝武动民于干戈，习俗于奸诈，去寿而夭，去仁而鄙，仲舒虽能泛然讽导其外，固不能戚然救止其内也。（又）

[1] 白鱼、流火：相传周武王伐纣，渡孟津，有白鱼入王舟，有火覆盖武王帷幕，变为赤乌飞去。后以"流火"为王朝勃兴之典。见《史记·周本纪》。 [2] 阴骘（zhì）下民：默默安定百姓。骘，定。

路温舒言"秦有十失，其一尚存"，此意虽狭，然宣帝入其语，择吏轻刑，助成安民之治。仲舒劝武帝以更化，张而大之，武帝之所欲也，然其酷反甚于秦也。（又）

舜未尝逸，劳者王道也；周未尝奢，俭者王制也；殷未尝严，宽者王政也。耕藉[1]劝学，使者四出，苟非实有为民之意，实任为民之臣，民犹受其害也，安得阴阳和而百姓安乎？（又）

[1] 耕藉：古时每年春耕前，天子、诸侯举行仪式，亲耕藉田，种植供祭祀用的谷物，以示劝农。

居君子位，为庶人行，诚后世通患。然师友议论以此自责则可，以此教人主责士大夫则不可。盖人主当化小人以有耻，不当疑君子以无耻也；疑君子以无耻，则人才扫地，不可振矣。仲舒比晁错、公孙弘虽无刻薄从谀之失，然不见武帝受病处，不能统一圣人之道

以切其身。武帝非不能受尽言者，亦非有人臣至论而不足以识之者，惜其四顾无所听受，而卒以自用耳。（又）

"仁人正谊不谋利，明道不计功"，此语初看极好，细看全疏阔。古人以利与人而不自居其功，故道义光明。后世儒者行仲舒之论，既无功利，则道义者乃无用之虚语尔；然举者不能胜，行者不能至，而反以为诟于天下矣。（又）

◎研读

"正其谊不谋其利，明其道不计其功。"这是董仲舒的著名论述。此语强调人的行为动机与理据，不以行为的结果为虑，此属义务论的立场。但将人的行为完全脱离了行为的结果而论，则所谓动机与理据终亦难以成立。叶适是事功学派的集大成者，他自然不认同董仲舒的论断，以为"此语初看极好，细看全疏阔"。他强调，"古人以利与人而不自居其功，故道义光明"，行为的结果是行为的重要依据，只是人不完全以此结果为一己所有，此为根本。事实上，董仲舒此语，思想也近于此，他所谓的利与功，也是针对一己而言，只是话一旦成为一种标签，便往往被滥用而失其本义。

凡正言之理无不具，而隐显上下交相明者，古人所以为经也；旁言之必酌于理，使是非得失有所考者，后人所以为文也。若夫穷虑殚思，以无为有，自处于妄而后反之正，此违于经而谬于文者也，《上林》《大人赋》是也。司马迁之言，殆不可解，岂相如以文自溺，其自许傥或在是乎？（《司马相如》）

贡禹、匡衡郊庙议，其礼可言，而其时不可言。何也？事天与奉先，有进而无退，故先王之礼严于初，既定则敬守而不敢易。秦汉以来，其始大抵草创苟且，出于一时之意，及后世文物议论既盛，方据礼以抑俗，损其已隆，而欲反之于古，无怪其难也。至刘歆阿徇人情，多设疑虑，依违其说，破坏礼经以弥缝时好[1]，盖犹在禹、衡之下，而班氏父子乃以为博而笃，学者所当详考也。(《王贡两龚鲍》)

[1] 弥缝时好：设法遮掩以免暴露世俗的爱好。

汉世以术数操纵为吏有声绩者，韩延寿、张敞、尹翁归之流，而赵广汉尤独为民所称思。然强家巨姓，盗夺纵横，自古皆有，必待有以胜之而后能使小民得职，则周公之教康叔，成王之命君陈，皆无用矣。若后世吏术不明，妄以廉明自许，但欲其下重足一迹[1]而善恶颠倒者，又广汉之徒所不为，论政者宜审详也。(《赵尹韩张两王》)

[1] 重足一迹：叠足而立，不敢迈步，形容非常恐惧。《汉书·佞幸传·石显》："自是公聊以下畏显，重足一迹。"

王嘉有云："慎己之所向，察众人之所共疑"，可谓名言。(《何武王嘉师丹》)

扬雄自序："默而好深沈之思。"庸人之思，病乎浮浅，故雄有此论。然古人论理，至思而止，理之所不至者，非思也，更不计深浅。今于思上更有沈深工用，即是思之所不止者而后为理。如《太玄》乃理之过，学者所不当法也。(《扬雄》)

又言："不修廉隅以徼名当世。"雄清静恬淡，不汩没[1]于欲利，则世俗淫夸垢污之贱，岂复有之，固不待修饰矣。然士之厉志操，明好恶，言必信，行必果，皦然以自号于世而为户庭者，此其所谓廉隅而可以取名者也。虽然，止于是而已矣，故子贡曰："譬之宫墙，赐之墙也及肩。"雄自以为不止于是，故其言如此。然学者或不解，因雄之言，而以为小廉小行皆不足修，淫夸垢污无害于道也，则其误大矣。(又)

[1] 汩没：埋没。

文词之变，始于屈原，衍于相如，文士之所慕效也。至扬雄辟而广之，将一变至道，故为《反离骚》。然原之本指，雄或未达也，余既数言之矣。自立于浅而不足以知人之深，固学者之大患；自处于深而不知人之未易以浅量也，则其患盖有甚矣。（又）

王莽以文章制作成篡，雄居其间，既不为用，复不见忌，优游散职，终老其身，著书立言，名垂于后。然世之论雄者多异说，孔子不作，而贤不肖莫知所定，此岂足为雄重轻哉！如其浮云富贵，敝屣废兴，以莽贤为虚舟，视尤歆如土梗，伯夷之不降志，柳下惠之不去，蘧伯玉之愚，颜渊之乐，兼有之矣。（又）

"政平讼理"四字，是孝宣一生受用为治处。三代以还人主，有意于此不过十数，而效成功立者一人而已，民生其间，岂不艰哉！然是时已罢盐铁榷酤，利门不开，故择吏安民，政平讼理，即受其赐；虽不足以兴礼乐，行道化，至于富而教之，则庶几矣。后世所以终不能望孝宣者，以求利既密，人无为生之地，虽轻刑息争，而劫假苟活，仅救沟壑，愿为天子之齐民不可得也。（《循吏》）

周衰之后，秦人虽灭圣法，长苛刻，然犹是情性之流失者，譬如染习缁玄[1]，盖自素来也。至王莽变天下以诪伪，所谓加苏合于粪丸，好恶向背失本质矣。如符命[2]、图谶[3]之类，人心皆转易而不自觉；虽东汉有节义之俗，然内而朝廷，外而邑里，千载相师，莽习故在，不复能自还，可哀也！至于文章，亦是张竦余笔，"珠珥在耳，首饰犹存"，岂复汉语？魏晋齐梁之体已见矣。（《王莽》）

[1] 缁（zōu）玄：薰染而成的深色。 [2] 符命：上天预示帝王受命的符兆。《汉书·扬雄传赞》："莽既以符命自立，即位之后欲绝其原以神前事。" [3] 图谶（chèn）：本义为将来能应验的预言、预兆。此指古代宣扬迷信的预言、预兆的书籍。

自《诗》《书》之作皆有叙，所以系事纪变，明取去也。司马迁变古法，惟序己意，既已失之；然包括上古，收拾遗散，操纵在心，犹时有高远之意，常人所不能测之者。及班固效之，而浅近复重，往往不过常人之识之所能及，至其后史官则又甚矣。是迁之法一传而坏，曾不足以行远，非复古史法不可也。（《叙传》）

后汉书

　　《后汉书》是纪传体东汉史，南朝宋范晔撰。司马迁、班固撰《史记》与《汉书》时，虽无史官，但作者与时代相接，采撰有所便利。范晔生活的时代距东汉亡国已有二百多年，因此见闻传说难以获得，却有前人所撰史书可以采录。尤其是后汉开始有史官，有官修史书《东观汉记》，加之其他各种私人所撰《后汉书》，为范晔撰《后汉书》提供了极大的便利。对此书，叶适的总体论断是"类次齐整，用律精深，但见识有限，体致局弱"；此外，范晔在《后汉书》各卷中，多数有论或序，颇多议论，反映了宋、齐以来的文字风格。

志（一则）

　　"知之者欲教而无从，心达者体知而无师"，张光论律准，盖数术家语也。岂惟数术，而道何不然？心悟独见，与庸众异耳。且既得者无传，未得者无教，古人所以叹绝学之难继，微言之难识也。然而精不极不为思，物不验不为理。三代以前，用力于是道者多矣。观周、孔所以教，不可言无传；颜、曾所以学，不可言无师；秦汉虽残灭，士犹欲思而不得，欲求而不至也。其后益下，怠而不思，弃而不求，其道废绝，故有此论。自是以后，偶然得者夸而无传，泛然迷者傲而无师，则此论乃为障道之面墙，而心悟独见者至理之

蟊贼也，学者可以惧矣。（《律历》）

列传（十一则）

樊准述建武、永平事，言"经术见优，布在廊庙"，"论难衎衎[1]，共求政化，详览群言，响如振玉，朝者进而思政，罢者退而备问"，与申屠刚、钟离意谏言，何其殊绝！按光武、明帝，非苟以儒学饰吏事，心诚好之，要为本质克治不尽而然。其一时臣佐，材有所止，未能迪德，过不专在人主也。准又言今"儒者竞论浮丽"，"文吏则去法律而学诋欺[2]"，此语诚然。俗之坏，虽法吏用法亦不得其正，所谓三尺安出也。（《樊宏》）

[1] 衎衎（kàn）：刚直从容。　　[2] 诋欺：毁谤丑化。

每念尧、舜、三代间文字，须不待训义解说而自明，方为得之。然自周以来，必设学而教，而孔氏亦以教门人子弟，故有起予、兴、观、群、怨之论，则所谓训义解说，殆不可已也。若《左氏》所载，固已蔓延，远于正道，而《公》《谷》尤甚。及汉初各守一师，因师为门，其说不胜其异，后世乃以为遭秦而然，误矣。盖训义解说出于俗儒，势自当然尔。郑玄虽曰"括囊大典，网罗众家，删裁繁芜，刊改漏失"，然不过能折衷众俗儒之是非尔，何曾望见圣贤藩墙耶！况更数千年，无不如此，就有高下，何所损益！盖其不待训义解说者，固粲如日星，学者不以自明而辄以自蔽，是真可叹也！（《郑玄》）

◎ 研读

宋儒推倒汉唐经学，这是大势，其背后的理据便是以为训义解说不足以把握尧、舜三代之道。只是，训义解说虽然可能构成一种认识上的间隔，但人终究难以摆脱语言本身，就此而言，叶适也不得不承认孔子言教的必要性与必然性。但在叶适的思想中，孔子之言教，仍是面向生活世界本身的，而郑玄的训义解说，"不过能折衷众俗儒之是非尔，何曾望见圣贤藩墙耶！"

钟离意《疏》，"百姓可以德胜，难以力服"；"《鹿鸣》之诗必言宴乐者，以人神之心洽，然后天气和"；有味哉其言之也！推其所以，措之三代不难矣。两世虽不尽用，然未尝不知敬也。（《钟离意》）

杜安罢宛令家居，因章帝过颍川，上书得御史，迁巴郡守，与乐恢书；恢不答而告吏口谢，且诮之曰："为宛令不合志，病去可也；干人主以窥觎，非也；违平生操，故不报。""窥觎"二字，孟子所谓龙断[1]、穿窬[2]，以利心希世而不以正进退者也。自孟子以后至西汉，未有达此理者，汉末节士始渐知之。王良之友所谓"往来屑屑不惮烦"，所以成东汉之俗，有贞退之风，三代以还不能及也。（《乐恢》）

[1] 龙断：垄断。龙，通"垄"，本指独立的高地，引申为独占其利。
[2] 穿窬（yú）：挖墙洞和爬墙头，指偷窃行为。

班超以三十六人开西域，不费汉兵，积三十年，事成功立，古所未有也。古之人材，必在分限之内，上自禹、稷，下至方、召，勤智虑，糜岁月[1]，至于能成天地不及之功，然未有逾分越限者，虽春秋时尚然。及苏、张资揣摩之学，韩、彭起飘扬之思，张骞、陈汤凿空外国[2]，而后世乃有分外人材。刘向云："千里之镐，犹以为远，况万里之外，其勤至矣。"然不知千里之镐为分限之内，而欲与陈汤、甘延寿较其短长，向之论盖失正矣。其后愈降，分内者枯竭不继，如济水之绝；分外者诞漫不酬[3]，如幻人之奏；二俱无

用，名实堕损，未知所戾止[4]。（《班超》）

[1] 糜岁月：花费大量时间。 [2] 意为张骞出使西域，使双方都互有了解，打开了双方交流之路。空，同孔，凿空，即凿孔。《史记》："于是西北国始通于汉矣。然张骞凿空，其后使往者皆称博望侯，以为质与国外，外国由此信之。" [3] 诞漫不酬：荒诞不实，没有根据。 [4] 戾止：穷尽。

仲长统二诗，放弃规俭以适己情，视汉末拘士曲儒[1]以夫琐琐自缚者有异矣。然自是风雅大坏，而建安、黄初之体出，曹氏父子为之倡，文士相与效之，而韦孟、张衡之作荡为灰尘，不可复求也。（《仲长统》）

[1] 拘士曲儒：固执不知变通、浅陋迂腐的儒生。

崔寔《政论》绝无义，汉人以为能言，莫晓其故。其大意不过病季世宽弛，欲以威刑肃之；不知乱亡之证元不在此，正坐[1]易置之耳。盖威刑未尝不加于君子，宽弛未尝不行于小人。是时李固、杜乔已死，梁冀主断，更无救法，寔立此论，欲以何施？天下本无治世，亦无坏俗。寔谓"孝文重刑非轻刑，以严致平非以宽致平"，是何等见识！又谓"刑罚者乱世之药石；德教者兴平之粱肉"。不知乱世何尝有不可食粱肉之理？寔以此论误当时，其祸犹小；遂误后世，其祸大也。（《崔骃》）

[1] 正坐：正身而坐，此处暗喻政权。

◎ **研读**

叶适在政治上是主张宽政的，故对崔寔欲以威刑整肃治理的政论颇为不满。他认为，崔寔所论，针对末世而发，其祸犹小，但这样的政论一旦成立，对后世而言，其祸甚大。

黄叔度为后世颜子，其论已成不可改。东汉人材本有程品[1]，绳墨在身，如影答形，污洁判然。至宪能不逾矩，而融明深厚，无异人之操，此其所以能伏一世，而陈蕃、郭泰之流自以为不及也。然观孔子所以许颜子者，皆言其学，不专以质；曾子亦曰："以能问于不能，以多问于寡，有若无，实若虚，犯而不校，昔者吾友尝从事于斯矣。"汉人不知学，而叔度以质为道，遂使老庄之说与孔颜并行，后世学者方步趋以求之，重道而轻学，未见其德所从也。（《黄宪》）

[1] 程品：法式、规范。

◎ **研读**

叶适认同对黄宪的肯定，但他着意指出，"观孔子所以许颜子者，皆言其学，不专以质"，即他对"学"肯定，以为这是"德"的由来。如果只是以质为道，那么就会使老庄之说与孔颜并行。

王畅疾恶，有发屋、伐树、堙井[1]、夷灶[2]之事，其功曹张敞，"以为恳恳用刑，不如行恩，孳孳[3]求奸，未若礼贤"。畅从之，"更崇宽政，教化遂行"。东汉中世以后，名士之患，大率如此，又不知当时所谓豪强者如何。而疾之已甚，若以今世所见，则极有可议。盖以善刑恶，自是义理中偏侧之累，故孟子亦谓"以善养人然后能服天下"。孔、孟在春秋战国，其乱岂不愈于顺桓之世，然善既不可屈于恶，又不能胜恶，其道只得出此。而东汉儒者，欲以不平之意加于敝法之上，求以胜天下之不肖，宜其屡发而屡挫也，悲夫！（《王龚》）

[1] 堙井：堵塞古井。 [2] 夷灶：平毁炉灶。 [3] 孳（zī）：通

"孜"，一心一意或用心力的样子。

　　吴祐、延笃，进不求名，自行其志。凡人于应物之材，自当无不周遍，至若所愿于世者能淡薄而以厚自处，则寡怨而远罪矣。如祐与笃，未尝不正其言行而卒免于乱世，率是道也。恃伐[1]而求多，计施而望报，其全鲜矣。《传》载笃《止李文德书》，自当时传诵，盖士之为人者常多而为己者常少故也，与马援所称马少游又不同。学者能不以有用求必用，庶几云尔。（《吴佑延笃》）

　　[1]　恃伐：依赖武力讨伐。

　　党锢[1]之祸，虽曰宦竖暴横，桓、灵昏虐，然所以致此，实由太学，盖是时诸生三万余人矣。唐、虞、三代之为学，其君皆圣贤，以身所行与士相长，取材任官又与相治。后世不然，但立表置舍以存其名，如贾谊、董仲舒之流，尚不知人主当自化，而徒欲立学以化人。如武、宣固不足预此。独明帝始终能以学为重，然褊察[2]无弘裕[3]之益，其意谓不迁怒、不贰过，惟用之诸生而已，此自汉以来知劝学而不知明义之过也。况翟酺、左雄，止要盖千百间好屋，使四方游士自来自去，于人主好尚，国家教养，了无交涉。师门徒者踵陋习，希辟召[4]者养虚声，贤否相蒙，名实相冒，激成大难，皆太学为之。及灵帝末年，更为鸿都学，以词赋小技掩盖经术，不逞趋利者争从之，士心益蠹而汉亡矣。后世不深考，归咎于士大夫；不知群聚天下学者使之极盛，而人主庸骏[5]，视为赘疣[6]身外之物，其势固必至此。《齐语》谓"令士群萃而州处，故士之子恒为士"；《诗》曰"攸介攸止，烝我髦士"；人材何常，而必欲群萃州处之？故余以为非管仲语。若人主不自为学，徒设学以教人，欣厌不同，忿心欻起[7]，小则为然明[8]之毁，大必为东汉之禁矣。（《党锢》）

[1] 党锢：古代限制某些政治上的朋党活动的现象。　[2] 褊察：褊狭苛察。　[3] 弘裕：犹宽宏，宏大。　[4] 辟召：征召。　[5] 庸骏（ái）：庸下愚蠢。　[6] 赘疣：皮肤上长的肉瘤，比喻多余无用的东西。[7] 欻（xū）起：快速发起。　[8] 然明：鬷（zōng）氏，名蔑，字然明，又称鬷明。春秋时期郑国大夫，智者。

总　论

前汉虽有太史公司马迁，以为百年之间遗文古事，靡不毕集，绅[1]石室金匮，自成一家，然朝廷之上，本无史官可考；班固亦不过缀缉所闻为书，赖其时天下一家，风俗稍质，流传不至甚谬。要之，两书之不可尽信者亦多矣。至后汉始有史官，东观著纪，前后相承，范晔所以能述史于二百年之后，由有诸家旧书也。然东汉虽有著纪，而当时风俗之质则不如前汉，而所载多溢词。又，胡广、蔡邕父子竟不能成书，故一代典章，终以放矢。范晔类次齐整，用律精深，但见识有限，体致局弱，为可恨耳。其序论欲于班固之上增华积靡，缕贴绮绣以就篇帙，而自谓"笔势纵放，实天下之奇作"；盖宋、齐以来文字，自应如此，不足怪也。

[1] 绅（chōu）：抽引，理出丝缕的头绪。

三国志

◎解题

《三国志》六十五卷，包括《魏志》三十卷，《蜀志》十五卷，《吴志》二十卷，晋陈寿撰，南朝宋裴松之注。《三国志》有纪、传，无志、表，素以文笔精简而记事翔实著称。

魏志（三则）

彭城王据《玺书》："《书》云：'惟圣罔念作狂，惟狂克念作圣'，古人垂诰[1]乃至于此。""常虑所以累德者而去之，则德明矣；开心所以为塞者而通之，则心夷矣；慎行所以为尤者而修之，则行全矣。"此作诏者非能解释义理，而言与理合，笺传家不能及也。人不能常虑所以累德而去之，开心所以为塞而通之，何取于知学乎！（《彭城王据》）

[1] 垂诰：垂示告诫。

◎研读

叶适非常主张人的成长，即德性的培养，是依靠学习，而学习是一个过程。学习的根本是除去那些拖累德性成长的积习，以及对蒙蔽之心的持续启悟，以求通透，即"常虑所以累德而去之，开心所以为塞而通之"。

和洽贫至卖田宅，而言"古之大教在通人情"，所谓不以格物者也。又言"勉而行之，必有疲悴"。"疲悴"二字，深得其要；故古人以利和义，不以义抑利。世道虽降，其行未尝不过中，孰谓曹操建国能使大吏自挈壶餐[1]乎？（《和洽》）

[1] 自挈壶餐：自己拿着食物而不吃，比喻忠诚。《韩非子·外储说左下》："晋文公出亡，箕郑挈壶餐而从，迷而失道，与公相失，饥而道泣，寝饿而不敢食。"

◎ **研读**

义与利的关系是论学者的重要议题之一，而好虚名者又容易高标义，以至"以义抑利"。作为事功学的思想家，叶适取"以利和义"的主张，即义与利相协和，他认为离开了利的义只是空言，"勉而行之，必有疲悴"。

杨阜论袁、曹胜败曰："袁公宽而不断，好谋而少决"；"曹公决机无疑，法一而兵精，能用度外之人，所任各尽其力"。昔商鞅教秦孝公，申不害相韩昭侯，行果敢睚眦[1]之术，彼世有国而自用之，干进[2]者固应然。而秦、汉以后，皆施之于贾竖，盗贼崛起，然亦未尝不验，岂古人丛驱网漏之道遂已亡灭耶？未世所谓度内者，皆愚儒也；所谓度外者，皆群不逞[3]也；安得度内而非愚，度外而非不逞者，谓操能用度外之人，此自阜辈所见尔。（《杨阜》）

[1] 果敢睚眦（yá zì）之术：此处指法家之术，即赏罚等制度。　　[2] 干进：谋求仕进。　　[3] 不逞：失意，不得志。

◎ **研读**

论治道，制度与人才是两个要素，而说到底，制度由人制订，人是根本。一世自有一世的人才，而主事者往往以为没有人才，究其实，多是制度设计成为障碍。结果，进入体制内的，因循守旧，"皆愚儒也"；未能进入体制内的，又为不逞之徒。叶适以为，只有做到"度内而非愚，度外而非不逞"，才足以真正谈得上人尽其才。

吴志（一则）

孙权论魏明帝选用忠良，宽刑罚，布恩惠，薄赋省役，以为是衰证，非兴隆之渐。由今观之，正坐不能如陆逊所言尔。权以此为不足以致兴隆，未知权所谓兴隆者竟何在。享国久近，在其人之心量广狭。权有地数千里，立国数十年，以力战为强，以独任为能，残民以逞[1]，终无毫发爱利之意，身死而其后不复振，操术使之然也。（《张顾诸葛步》）

[1] 残民以逞：残害人民来实现某种愿望，使自己称心如意。《左传·宣公二年》："《诗》所谓'人之无良'者，其羊斟之谓乎！残民以逞。"

◎ **研读**

此札引孙权论魏明帝事，比较魏明帝与孙权的治理，对孙权的统治予以彻底的否定，由中可知叶适的政治思想。叶适指出"（孙）权有地数千里，立国数十年，以力战为强，以独任为能，残民以逞，终无毫发爱利之意，身死而其后不复振"，吴国的败亡正缘于孙权的统治。

蜀志（二则）

司马德操谓"儒生俗士，岂识时务，识时务者，在乎俊杰"。方公孙衍、张仪开阖动摇，天下听命，而孟子以为妾妇之道，则极一世之智计而不足以当儒者之隐约。东汉士贵风操，家尚经学，亦既知义矣；然而劲勇林起，豪侠云萃，而先生大人不足以镇之，散乱驰突，斗成末世之祸；于是揣时变者负算略，语世事者极纵横，而儒生稽古以俗士废焉。德操所谓俊杰，幸有亮在，然犹未免于纵横。若他人不足以语亮者，法正[1]之流勿数可也。（《诸葛亮》）

[1] 法正：东汉末年刘备帐下谋士。

刘备言"每与曹操反，事乃可成"，此未必当时真语。然以诈取刘璋者，备之所不安也。备周旋陈元方、郑康成，群儒授记，其说宽缓；而诸葛亮、庞统，定计数于前，必成败于后，司马德操所谓识时务者欤！恐如此俊杰，比之古人，更当吉蠲[1]以荐明德。（《庞统》）

[1] 吉蠲（juān）：祭祀。

总　论

陈寿笔高处逼司马迁；方之[1]班固，但少文义缘饰尔，要终胜固也。近世有谓《三国志》当更修定者，盖见《注》所载尚有诸书，不知寿已尽取而为书矣，《注》之所载，皆寿书之弃余也。士诵读不详，轻立议论误后生见闻，最害事。

[1] 方之：相比于。

◎研读

叶适对《三国志》评价甚高，以为"笔高处逼司马迁"，"终胜（班）固"。此札中，叶适指出了一件很有意味的事，即由裴注可知，陈寿著书时，有许多史料"已尽取而为书矣，《注》之所载，皆寿书之弃余也"。正史修纂都经过了史料的取舍，后人偶见正史中没有记录的史料，即以为是新发现，实际上，这些史料往往是"书之弃余也"。

晋　书

◎解题

　　《晋书》共一百三十卷，唐太宗贞观年间修成。自修《晋书》以后，历代正史皆由官修，《晋书》是中国史学史上由私人修史到官府修史的转折。官修正史，署名者主要是领导者，如《晋书》署名是房乔（房玄龄），实际上房玄龄只是以宰相领导修书，真正参与修撰的，主要是令狐德棻等十余人。《晋书》在史学史上被认为保存了许多重要史料，编纂体例也甚有可取之处，令狐德棻等撰者被认为老于文学。

志（三则）

　　"永宁元年，自正月至闰月，五星互经天，纵横无常。"是时天下之乱固大，以理揆之，果人斗于下，腥闻于上，而后使星不得安其次耶？抑星先为变于上而后兆乱于下耶？然《左传》叔兴既占齐、鲁、宋事无不验，又言"君失问，吉凶由人"。盖先王旧学，天不胜人，叔兴尚有闻也。然既已知天，则占验终胜，而人道遂不可立。故余以为五星互经天，虽变异最大，苟人道有以消复[1]，犹不当预占也。然则张华不去，何以应天？华以己为无过，不知当乱世据重位，其过大矣。（《天文》）

　　[1] 消复：消除灾变，恢复正常。

◎ **研读**

天人感应论在传统中国是一直存在的，只是呈现出渐为淡化的趋势。此则札记，叶适引《左传》，试图说明"先王旧学，天不胜人"，表达了即便是有所应验，人道仍应为重的思想。

《晋志》载置尚书本末甚详，中书亦见事始。君相之职，自前世无的切证据，然君之所欲为，必以命于相；相之所得为，必以归于君；此古今通义也。按舜以股肱耳目命禹，禹复戒舜而终以明良之歌。古文简质，不能尽通于今；考其大意，似舜尽欲以其职委禹，禹戒以亦自听览，无专界[1]臣下，安于纵逸也。然皋陶以为"元首丛脞[2]，股肱惰，万事堕"，则是君终当命其相，不当自为也。伊尹、周公复子归政，不知人主所亲者何政。《周官》乃成王所自为，六卿分职，各帅其属以倡九牧[3]，成王不过训饬[4]之而已。春秋时方有"立而不从，政由宁氏"之语。靖郭君谓齐宣王曰："五官之计，不可不日听而数览也。"王从之，已而厌之，悉以委靖郭君，靖郭君由是得专齐之权。夫六卿各自以职倡九牧，相犹无所事，而况于君。收五官而自任，己不能久，又以与人，权有所专，而君相之职兼失矣。若秦始皇程书[5]决事，盖不足论。汉高、惠事尽出萧、曹，文、景虽稍自亲，然陈平犹谓"有主者"；则是时公卿各自分职，丞相至欲斩邓通、晁错，尚循古义也。孝武初年，更用一项文士，中外相应以分外朝之势；及赵禹、张汤更进，宰相束手，遂置尚书，列属分曹，都受外事，与靖郭君所言意同。自是人主宰相之职，焕然离异，君所欲为，不复以命相，相一切听其君所为矣。其后尚书权益重，领录出宰相上，往往夺国。魏初别置秘书，仍典尚书所奏，寻改为中书。刘放、孙资，倾动中外，侍中给事黄门，通掌门下，最为禁密；则尚书更是外朝，而中书门下者乃天子之私人也。然其后又有内尚书，由外达尚，转尚入中，所行可否，皆自内决，人主之职，十倍宰相，已增者不可损，已成者不可改也。然则舜、禹、皋陶所论何事，成王、伊、周所治何业，必不疏略于秦、汉，而卤莽于魏、晋矣。（《职官》）

[1] 专畀（bì）：专门给以。畀，给予。　[2] 丛脞（cuǒ）：细碎，杂乱。　[3] 九牧：九州。　[4] 训饬：教训戒勉。　[5] 程书：限量阅读处理文书。

◎ **研读**

传统政治中，君相关系曾有复杂的变化；同时在制度设计中，权力如何分配才能有效，也是极为重要的问题。叶适此则札记便是围绕上述问题而作出的史论，总体而言，权力的分配似应该总是处于调整之中，不然，久则弊病滋生。

《周官》虽云"六卿分职"，天官事最繁重，皆体要所关，而公、孤[1]职任甚简；故学者多云冢宰即宰相，或云公、孤兼行，非也。按《周官》谓"公不必备"，犹应一二有；若三孤弘化，寅亮[2]天地，无不备官之理。则所谓冢宰，乃有司之长，职自当然，何必致重于一官而使公、孤下兼？若公、孤阙，则又将以冢宰上兼乎？夫治其事以佐上者有司也，明其道以弼上[3]者宰相也。以后世疑唐、虞、三代，学者大患也。（又）

[1] 公：三公，古代中央三种最高官衔的合称，有司马、司空、司徒，太师、太傅、太保两说。孤：三孤，少师、少傅、少保。　[2] 寅亮：恭敬信奉。　[3] 弼上：辅佐君王。

列传（三则）

"贱者道之实"，"退者命之实也"。"朝贵致功之臣，野美全志之士"，"上有宽明之主，必有听意之人"。"圣帝之创化也，参德乎三皇，齐风乎虞、夏，欲温温而和畅，不欲察察而明切也；欲混混若玄流，不欲荡荡而名发[1]也；欲索索而条解[2]，不欲契契而绳结也；欲芒芒而无垠际，不欲区区而分别也；欲暗然而内章，不欲示白若冰雪也，欲醇醇而任德，不欲琐琐而执法也"。"故有独定之计者，不借谋于众人；守不动之安者，不假虑于群宾；故能弃外亲之华，通内道之真，去显显之明路，入昧昧之埃尘，宛转万情之形表，排托虚寂以寄身，居无事之宅，交释利之人，轻若鸿毛，重若泥沈，损之不得，测之愈深"：此皆谧道自分界中言语，固非耀文华者所能至也。自韩非、贾谊、枚乘、东方朔、扬雄、班固、张衡、蔡邕、韩愈之流，作此一种自喻文字，虽工拙不同，然意足语真，无及皇甫谧者；盖推之使去，异乎求而不得，有望望戚戚[3]之情也。或谓晋无文章，惟陶潜《归去来辞》，潜亦是道自分界者，然恐当更详尔。谧生既不仕，临终薄葬尤可称，所谓一介不取与，旅泊天地，固无欠余，比之管宁更有职业尔。（《皇甫谧》）

[1] 名发：出名。 [2] 条解：绳索解开，喻事情解决。 [3] 望望戚戚：忧惧。

汉光、晋武销兵，本欲休息百姓，而学者尤其以弛备[1]致患。夫左射貍首，右射驺虞，裨冕搢笏[2]，明堂[3]耕籍，此先儒言成周销兵节次也。然则销兵未必非，视其君思治进德如何耳。不然，则后世能不忘战者岂少耶！（《陶璜》）

[1] 弛备：放松戒备。 [2] 裨冕：裨衣和帽子，指着裨衣，戴冕去朝

见（君王）。搢笏（jìn hù）：笏，玉、象牙、竹片等制成的狭长板子，指拿着笏去朝见（君王）。　[3] 明堂：古代帝王宣明政教、举行典礼等活动的地方。

◎研读

兵是国家重器，国家销兵本意是让百姓获得休息，但如因此而放松战备，以致祸患，则反让百姓受害。故在叶适看来，如何认识与把握才是其中关键。

李暠言"经史道德如采菽中原[1]，勤之者则功多"，此语当记。然所谓勤者，非渔猎搜取课劳计获而后能也。（《凉武昭王李玄盛》）

[1] 采菽（shū）中原：在原中采菽。菽：藿。《诗经·小雅·小宛》："中原有菽，庶民采之。"藿生原中，非有主也，喻王位无家常，勤于德者则得之。

总　论

晋有正始微言，胜会韵士，至于江左，虽安民之道不足，而扶世之志未衰，学者未宜略也。叙事虽烦猥[1]无刊剪[2]之功，然成败得失之际，十亦得七八。史臣语陋，无一可采，然予夺[3]亦不差，信孟子所谓"是非之心，人皆有之"也。旧传有少年见一长者，问读何书，云《晋书》；问《晋书》有几个好亭子名，少年惘然无以对。方悟前辈读书之法，使其果然，甚误学者。韩愈自谓"上规姚姒[4]"，及诵其所学，乃云"记事者必提其要，纂言者必钩其玄"。恐如此用功，亦未足以规姚姒；就能规之，不过语言之不似近世者耳，而况于亭子名耶！

[1] 烦猥：繁杂琐碎。 [2] 刊剪：删除修改。 [3] 予夺：给予和剥夺。 [4] 姚姒（sì）：虞舜和夏禹。

◎研读

叶适对《晋书》的取舍，秉承自己一贯的经世济民之志，对历史的成败得失更为重视，而于文字则轻之，故对韩愈"记事者必提其要，纂言者必钩其玄"的读书法仍具微言。

宋　书

◎ 解题

《宋书》一百卷，南朝梁沈约撰，记刘宋六十年史事，有纪、传、志而无表，保存史料较多，八志的内容上溯三代秦汉，魏晋部分尤为详细，但《宋书》叙事多有忌讳，所以叶适说它"事多义少，其后遂为会要矣"，并以为这样的体例能"备一代之故"。

帝纪（一则）

宋文帝虽勤苦求治，不过狱讼而已。武、明淫侈猜酷[1]，残民如不及，两废主童孺[2]极恶，萧氏遂劫而代之。及于梁、陈，祸福欻忽，学者以其微浅，不能置论，然于世教所系甚重。古人之于天下，固有常道，故伊尹谓"肇修[3]人纪以至于有万邦"。后世虽不足议此，然周之诸侯，大者秦、楚，小者鲁、卫，传世数十，盖其为国尚皆有本末，更仆[4]迭起，而维持制服之具与之并行，所以久而能犹存，不止是富贵自身一路也。李斯首破坏此事，君臣俱得富贵，然亦相随而亡。两汉虽皆李斯余本，但时作一二，亦为有所凭藉，故比其他享国者粗长久。曹操之兴，荀彧本欲扶持，接续汉事，操不用，又杀之；陈群、王朗之流，随时好恶，旧论尽矣，此后无有知者。只如刘表要依文按本作昔人样致，虽未必是，其徒不能檃括[5]，与之共守，反与共亡。虽诸葛亮亦然，然则管仲、乐毅、亮虽以自比，恐未必及也。故三国各不数十年而亡。况刘穆之比以前人更隔数十重见识。刘裕本有阔达意度，而穆之以狭劣教之；其君臣上下，自富贵娱乐一身之外更无他说，以致国祚[6]短促，皆其自取；民生其间，受祸迫数，可胜叹哉！然则居王导、谢安、王俭之地者，安可不深念夕惕以为警戒欤！若学者但诵习三代有道之长，不知如此短促却在甚处，既无经通弘济之念，而波流风靡，与世推移，又或迂钝疏野，以古自绝，则与江左人材[7]何以异矣！（《顺帝》）

[1] 酷：冷酷。　　[2] 童孺：孩童。　　[3] 肇修：开始编写。[4] 更仆：更换相代。　　[5] 檃（yǐn）括：矫正木材变曲的器具，泛指矫正。　　[6] 国祚（zuò）：王朝维持的时间。　　[7] 江左人材：指三国时期吴国人才。

◎研读

此则札记，叶适由刘宋讲起，下及整个南朝，分析国祚短促的原因，在于"君臣上下自富贵娱乐一身之外更无他说"，对此予以批评；并且又穿插讨论古人治理天下的常道，在于"肇修人纪以至于有万邦"，指出周、秦以下，此一常道被逐渐破坏的过程。整个议论涉及历朝重要人物，不仅对于理解所涉史事人物有启示，而且也有助于认识叶适的政治思想。

志（一则）

沈约叙祓除[1]，引《周礼》女巫、《韩诗》、《溱洧》、《论语》浴沂，约固非知经。然近世学者以浴沂舞雩[2]为知道一大节目，意料浮想，遂为师传，执虚承误，无与进德，则其陋有甚于昔之传注者，不可不知也。（《礼》）

［1］祓（fú）除：除灾去邪之祭。　　［2］浴沂舞雩：去沂河里沐浴，在舞雩台上吹吹风，喻一种怡然处世的高尚情操。《论语·先进》："莫春者，春服既成，冠者五六人，童子六七人，浴乎沂，风乎舞雩，咏而归。"

列传（一则）

"欲者性之烦浊，气之蒿蒸[1]"，"虽生必有之，而生之德犹火含烟，桂怀蠹，故性明者欲简，嗜繁者气惛[2]"。文士前称潘、陆，后称颜、谢，而延之颇存理义，不独以文也。《庭诰》杂言，会最成篇，却烦累难读。（《颜延之》）

［1］蒿蒸：蒸腾貌。　　［2］惛（hūn）：古同"昏"，迷乱，糊涂。

总　论

迁、固相踵作诸志，存上古大意，于汉事犹多阙略；后汉便失比次。至约撰《宋书》粗完实，而事多义少，其后遂为会要矣。然备一代之故，使后人自择其体，亦只是如此。每见学者于《史记》《汉》《唐》之外，往往遗忽，既堕熟处，又统纪不全，极失典学之义。按孔子自唐、虞至《鲁春秋》，无不论叙，距孔丘卒才二岁，岂以为博？正谓学之次第当如此。学者不知，遂多异说，乖本旨矣。

南齐书

南朝梁萧子显所撰《南齐书》，今存五十九卷，记南齐二十四年史事。萧子显是齐高帝萧道成的孙子，齐明帝萧鸾杀萧道成子孙殆尽，萧子显时八岁，幸免于难。齐亡入梁，萧子显官至吏部尚书，奉敕撰修南齐史。以前朝帝王子孙修前朝史书，在二十四史中，《南齐书》是唯一的。由于萧子显是宫廷政治的亲历者，撰记的是与自己关系非常密切的史事，因此一方面保留了原始史料，另一方面不免夹杂着恩怨。《南齐书》以叙事简洁著称。这里选的两则列传札记，与学术思想有关。

列传（二则）

王僧虔《诫子书》，当时学玄者略可见。言"专一书转通数十家注，至老不释卷尚未敢轻言。汝开《老子》卷头五尺许，便手捉麈尾[1]，自呼谈士。设令袁令命汝言《易》，谢中书挑汝言《庄》，张吴兴叩汝言《老》，端可复言未尝看耶"？袁令，谓粲也；谢中书，朏也；张吴兴，绪也：当时风流所宗也。"才性四本，声无哀乐，皆言家口实"，谓执谈之本转相破解者也；自王弼、何晏、郭象所传，二百年间胜人名士所从出也。玄之陋非有益于道也，然当时贵之，预在此学者不为凡流，则是犹能以人守学也。后世以性命之学为至

贵，而其人不足以守学，百余年间，视玄愈下矣。（《王僧虔》）

[1] 麈（zhǔ）尾：本为古人闲谈时执以驱虫、掸尘的一种工具，后清谈时必执麈尾，相沿成习，为名流雅器，不谈时，亦常执在手。

◎研读

此札综述当时玄学的情况及其兴衰。学术思潮一旦形成，便有自己的兴衰周期，其兴衰既决定于学术思潮的内容，又决定于参与其中的学者的水平。

张融《自序》，言"丈夫当删《诗》《书》，制礼乐，何至因循寄人篱下"！此言诚太狂简，如融自不足深论。然人具一性，性具一源，求尽人职，必以圣人为师，师圣人必知其所自得，以见己之所当得者。《诗》《书》虽不可复删，礼乐虽不可自制，至于随世见闻，因时述作，既不极乎义理之正，而祖其固陋，转相师习，枝缠叶绕，不能自脱者，锢人之材，窒人之德者也。（《张融》）

◎研读

叶适的学术思想具有高度的独立批判意识，这则札记便充分表征了他的观念。叶适强调，"人具一性，性具一源，求尽人职，必以圣人为师，师圣人必知其所自得，以见己之所当得者"。

梁　书

◎解题

　　南朝史书中的《梁书》《陈书》都是唐初姚思廉在其父姚察的基础上撰成的。《梁书》记梁朝五十六年史事，《陈书》记陈朝三十三年史事。姚察与梁、陈二朝都有密切关系，经历了梁、陈二朝的亡国，入隋后奉诏撰梁、陈之史。姚思廉初唐任职，受诏与魏徵同撰梁、陈二史，但魏徵实是监修，姚思廉完成了父亲的未竟之业。二史是现存记载两朝比较原始的史书，其中《梁书》内容更丰富，文笔也更生动。这里选读《梁书》的二则札记。

列传（二则）

　　王褒戒诸子以文学，言"儒家尊卑等差，吉凶隆杀[1]，君臣阴阳；道家堕支体，黜聪昳；释氏见苦断习，证灭修道，明因辨果，偶凡成圣[2]；虽为教等差而义归汲引[3]。吾始乎幼学，及于知命，既崇周、孔之教，兼循老、释之谈"。自南北分裂，学士诸生，以周、孔与佛者并行，其言乖异[4]，不自知其可笑。《六家要指》，司马父子之故意也，使佛学已出于是时，则太史公亦更增上一家。譬如区种草木，不知天地正性竟复何在。然则如韩愈智识，乃是数百年而一有，豪杰之士，何其难也！（《王褒》）

　　[1] 隆杀：尊卑、厚薄、高下。　　[2] 偶凡成圣：革除凡习，成为圣

哲。《敕舍道事佛》："老子、周公、孔子等虽是如来弟子，而为化既邪，止是世间之善，不能革凡成圣。"　　[3] 汲引：引导，开导。　　[4] 乖异：相背离，不一致。

◎ **研读**

此札记述梁朝士大夫三教兼举的情况，宋儒追求儒学复兴，故叶适有此评论，从中亦可知宋人对韩愈肯定的原因。

扶南国致佛发，敕勒献佛袈裟。（《魏书》）及载阿育王造塔甚详，及天竺王屈多所上表，略如佛书。然则是其国文字之体，从昔相传而然。（已见《宋书》）又言"狮子国旧无人民，止有鬼神及龙居之"。盖华夷之俗不同，而其道亦异；中国之学自不当变于夷，而亦无足深贬。凡后之学，变其道而从夷，而又以其道贬之，然亦苦于颠倒流转，遂不复自知尔。（《诸夷海南诸国》）

◎ **研读**

此札述及叶适对佛教的认识。叶适曾经专门研读过大量佛教著作，他的总体认识是佛教属于夷学，与中国的学术思想迥异，但因各随自己的国情而起，因此对佛教"无足深贬"。叶适曾指出，周敦颐、张载、二程的思想，表面上是兴儒斥佛，实质上只是袭用《易传》中的一些概念，结合了佛教的思想，因此只是"变其道而从夷，而又以其道贬之"，"颠倒流转"，"不复自知"。

魏 书

◎ 解题

《魏书》为北齐魏收撰，记北魏道武帝拓拔珪到东、西魏相继灭亡的史事，共一百七十余年。

帝纪（一则）

诸胡乘晋乱迭据中土，极强盛者不过数十年，纷纠腾突，徒互为废兴而不足以定事。盖华夷地势不同，习俗亦异，统御不一，彼此不安，亦其势然也。惟拓跋迁都平城，纯用胡法控勒诸夏[1]，故最为长久。孝文慨慕华风，力变夷俗，始迁洛邑，根本既虚，随即崩溃，亦不过数十年，天下复还中国之旧矣。然则用夏变夷者，圣人之道也；以夷制夏者，夷狄之利也；失其利则衰，反其常则灭；乌得谓"黎民怀之，三才其舍诸"！盖书生之浮论也。

[1] 诸夏：中原地区。

◎ 研读

叶适此札讨论政治治理，极有自己的识见。在叶适看来，"华夷地势不同，习俗亦异，统御不一，彼此不安，亦其势然也"，因此，要有效治理，必须各有针对。他举道武帝与孝文帝为例，指出道武帝"纯用胡法控勒诸夏，故最为长久。孝文慨慕华风，力变夷俗，始迁洛邑，根本既虚，随即崩溃"的历史事实，强调"用夏变夷者，圣人之道也；以夷制夏者，夷狄之利也；失其利则衰，反其常则灭"，表征了叶适政治思想理想而又现实的特性。

列传（二则）

"钱徒有五铢之文[1]，而无二铢之实[2]，薄甚榆荚，上贯便破，置之水上，殆欲不沈"，此高道穆魏末论滥钱也。古今救钱弊之说甚多，大抵以钱代物，以大改小，以重易轻，从否[3]虽殊，致盗不异；未有如后世以无铜为患者，督铸不已，致毁钱而为铜矣。呜呼，此不可不深思也！（《高道穆》）

[1] 五铢之文：标明五铢的钱币。　　[2] 二铢之实：只值二铢的钱币。[3] 从否：沿用与舍弃。

◎ **研读**

永嘉学派重事功，对经济多有心得，此札所论钱币问题就是一例。

徐遵明指其心，谓"真师正在于此"。古者师无误，师即心也，心即师也；非师无心，非心无师。以《左氏》考之，周衰设学而教者，师已有误，故其义理渐差。及至后世，积众师之误以成一家之学，学者惟师之信而心不复求。遵明此语，殆千载所未发。虽然，师误犹可改，心误不可为，此既遵明智所不及；而以心为陷阱者方滔滔矣。（《徐遵明》）

◎ 研读

叶适言学极重独立精神与自由意志，故此有"古者师无误，师即心也，心即师也；非师无心，非心无师"的论断。但他的"师即心也"并不是弃学，而是相反，强调习学，只是在习学中须持心的自觉。

北齐书

◎ **解题**

《北齐书》五十卷，唐李百药撰，记载公元534年前后北魏分裂，东魏建立，中经北齐代东魏（550）到北齐亡（577）的四十余年史事。

列传（五则）

举梁之士不足以敌侯景，乃用道人陆法和妖术，国之将亡，固听于神也。高洋暴狂，以杀为戏，而敬礼法和[1]如此，盖畏冥祸尔。余尝论世人舍仁义忠信常道而趋于神怪，必谓亡可为存，败可为成，然神怪终坐视成败存亡，而不能加一毫智巧于其间；而亡果能存，败果能成，必仁义忠信常道而后可。《伊训》曰："先生肇修人纪[2]，从谏弗咈[3]，先民时若[4]，居上克明，为下克忠，与人不求备，检身若不及，以至于有万邦。"《康诰》曰："惟乃丕显[5]考文王，克明德慎罚，庸庸祇祇威威显民，用肇造我区夏，越我一二邦以修。"然则人力之所能为者，决非神怪之所能知，而天数所不可免者，又非神怪之所能预，真不足复顾也。（《陆法和》）

[1] 法和：生卒年不详，荥阳人，十六国时期前秦名僧、经学家、翻译家。　[2] 肇修人纪：刚开始修订做人的纲纪。　[3] 弗咈：不违反。[4] 时若：四时和顺。　[5] 丕显：英明。

◎研读

在这则札记中，叶适批评"世人舍仁义忠信常道而趋于神怪"。无论个体，还是社群，都存在着难以预料的事件，即所谓"无常"。如何处身于无常，趋利避害，几乎是所有人追求的，其根本的常道只能是仁义忠信。但世人往往以为仁义忠信不足以为常道，因而趋于神怪，"然神怪终坐视成败存亡，而不能加一毫智巧于其间"。上古时期，人类的生活中充满了怪力乱神，而孔子儒学则敬鬼神而远之，"子不语怪力乱神"。叶适不仅秉承这一理性传统，而且这在他的思想中占有重要比重。

祖珽既立文林馆，"复欲增损政务，沙汰[1]人物"；"推诚延士，为致治之方"。是时人士相附从，与王叔文、柳宗元无异，使叔文辈能首立广陵王参决，则大权归己，宦竖[2]退伏矣，元和诸人固不办此。论治不识几微，只以成败为断，所蔽多矣。（《祖珽》）

[1] 沙汰：拣选。 [2] 宦竖：对宦官的鄙称。《报任少卿书》："夫以中才之人，事有关于宦竖，莫不伤气，而况于慷慨之士乎？"

唐邕、白建自为外骑兵曹，分掌兵马。史称邕"九州军士，四方勇募，强弱多少，番代往来，及器械精粗，粮储虚实，精心勤事，莫不谙知"。按兵数军实，前代大臣无以此职著名者，盖汉魏掾属[1]，后代吏史之所掌也。唐衰，中官专兵柄，五代移于武臣，遂与中书分领，至号称两府。既转吏职以归朝廷，但为养尊之地，而于兵政损益实无所知，求如唐、白身任其能而后居位，不复可得。然则古人专以一事名家，成材之要道也。（《唐邕》）

[1] 掾（yuàn）属：佐治的官吏。

齐氏变风，属诸弦管；梁时变雅，在夫篇什。弦管之乱，时移则息；篇什之变，事往犹存。弦管止诱闾巷淫人，篇什能蛊山林正士，害之大小，固不同也。自文林馆设，齐人风靡，然不旋踵而亡，其俊秀者尽为周隋之用；士之离合，岂与国之废兴相关哉？《诗》"殷士肤敏，裸将于京[1]"，《论语》"殷有三仁"两节，当参看。（《文苑》）

[1] 意为归顺的殷贵族服役勤敏，在京师祭祲作陪伴。

祖鸿勋立身有本末，与《阳休之书》，文虽不高，视韩愈《进学解》《送穷文》以言语工拙比较官职，岂不优劣相远哉！士不先定其所存，正使探极原本，追配《雅》《颂》，只是驰骋于末流，无益也。（《祖鸿勋》）

周　书

◎解题

　　《周书》五十卷，唐令狐德棻撰，记载北周二十余年史事。当时的北方，高欢据中原，为北齐；宇文泰据关陇，为北周。双方力量相当，但高欢自以为正统，宇文泰门望不如高欢，文化不如江南，故着意改革。

列传（三则）

　　自宇文泰起接隋唐，百年中精神气脉，全在苏绰一人。三代既衰，佐命之材不世出，惟管仲、乐毅、萧何、诸葛亮、王猛、苏绰尔。亮地势不足自立，猛无坚凝之功，而绰随文守义，仰取俯拾，遵腐儒之常说，据旧籍之陈言，能使泰总己[1]听命，粗细重轻惟其所裁，不为新奇，坐致实用，岂特以其国强富兼并而已！由晋以后，南北判离，弃华从戎；至是自北而南，变夷为夏，使孔子复出，微管仲之叹不付余人矣。然则学者岂以能言为贵哉？顾其所行何如耳。《文中子》：或问苏绰，曰"俊人也"。"其道何如"？"行于战国可以强，行于太平则乱矣"。夫自许以英豪者，用材无本，自命为圣哲者，穷理不尽，行于太平而必乱，行于战国而不强，古今皆是也；奚绰之病哉？且何俊之有！（《苏绰》）

　　[1]　总己：总揽大权。

◎ 研读

北周主持改革的是苏绰，改革的特点是复古，尤其在官制与文字上，《周书》卷二十三《苏绰传》是有关北周政治史的重要文献。叶适此札高度肯定了苏绰，以为"由晋以后，南北判离，弃华从戎"，因苏绰改革，"至是自北而南，变夷为夏"。

六条平实无华，诸葛亮、王猛驱市人而用之，不暇及也，死而无继，泽不垂远[1]，不亡何待！自董仲舒、萧望之、刘向、崔寔、王符、仲长统之流，皆论治道，而无一言之几[2]；然则如绰者亦未易也。（又）

[1] 泽不垂远：福泽流传不长。　　[2] 意为没有一句明理。

乐逊，徐遵明诸生，陈时宜五条，其言有非俗儒所能道者。如"自非军旅之中，何用过为迫切"？"申侯将奔，楚子诲之曰，无适小国，政狭法峻，将不汝容；敬仲入齐，称曰，幸若获宥，及于宽政"；"国家虽强，洋不受弱；《诗》云：'德则不竞，何惮于病？'惟德可以芘[1]民，非恃强也"。及"陈事上议之徒，亦应不少，当有上彻天听者，未闻是非；陛下虽念存物议，欲尽天下之情，而天下之情犹为未尽"等语是也。泰崎岖关陇[2]，诸子相继鞭挞宇内，成其所欲，虽大要不过强兵，亦其国是所定，立论常向上一着，故如逊等辈亦能言之。夫以国家天下之大，而其言语迫蹙[3]卑陋，同出一律，饮食嗜好不越酸咸之间，则名号虽存，而亡形具矣。（《乐逊》）

[1] 芘（bì）：古通"庇"，庇护。　　[2] 崎岖：比喻处境艰难。关陇：即关陇集团，部分学者提出的一个说法，北魏时期主要籍贯位于陕西关中和甘肃陇山（或称为六盘山）周围的门阀军事势力被称为"关陇集团"。　　[3] 迫蹙

(cù)：语气急迫、语速快。古代中国讲究大国之人讲话应该字正腔圆、有条有理，语气、语速从容不迫。

隋　书

◎ 解题

《隋书》八十五卷，其中本纪、列传五十五卷，唐魏徵等撰，记载隋代三十七年史事；《五代史志》三十卷，唐长孙无忌等撰，记载梁、陈、周、齐、隋五代的典章制度。隋代虽只有三十七年，但结束了从东晋南北朝以来的长期分裂，实现了国家统一，为后来唐代的发展奠定了基础。

志（八则）

毛爽、蔡子元等候气之术 [1]，"气应有早晚，灰飞有多少，或初入月气即应，或中下旬气始应，或灰飞出三五夜而尽，或终一月才飞少许者"。夫气之必应，灰之必飞，阴阳之情，天地之理当然也；应有早晚，飞有多少，其差忒 [2] 而不能尽齐者，人道之厚薄，时政之宽猛，固使之也。古人所以贵于和阴阳，合天地也。隋文徒出旁议，而不知身为人道之主；牛弘志在规讽，而未极理事之精；彼技术者，又安能测之？其效止于能飞能应而已，扣之愈急，则其说愈谬矣。且使尺稍下而能悉飞，则安取人道？子律寄母而应殊，则是应律而非应气也。（《律历》）

[1] 候气之术：古代一种占验节气变化的迷信方法。　　[2] 差忒：误差。

◎ **研读**

对于宋代而言，隋唐五代便是近代史，隋的短暂、唐的长久、五代的混乱，对宋代具有直接的历史意义，因此叶适研读史籍的札记，以隋唐五代为重。此札因《隋书·律历志》所涉阴阳自然观而论，表征了叶适对于自然现象，以及人事与自然之间关系的认识。

盖天[1]、宣夜[2]既毕折而归于浑天[3]，独刘焯欲"立术改正旧浑，又以二至之影定去极晷漏[4]，并天地高远星辰运周"；"请一水工并解算术士，取河南北平地之所，可量数百里，南北使正，审时以漏，平地以绳，随气至分，同日度影，得其差率，里即可知；则天地无所匿其形，辰象无所逃其数，超前显圣，效象除疑"。使时行其说，或得新义，可以补前人之未至也。盖天地阴阳之密理，最患于以空言测。古人所以置羲和于四方之极，岂固欲以地准天，以实定虚耶！（《天文》）

[1] 盖天：即盖天说，口国古代一种宇宙学说。此说认为天像一个斗笠，地像覆着的盘子，天在上，地在下，日月星辰随天盖而运动，其东升西没是由于近远所致，不是没入地下。 [2] 宣夜：即宣夜说，中国古代一种宇宙学说。主张天无一定形状，也非物质造成，其高远无止境，日月星辰飘浮空中，动和静都依靠"气"。 [3] 浑天：即浑天说，中国古代一种宇宙学说。认为天地的形状浑圆如鸟卵，天包地外，就像壳裹卵黄一样，天半在地上、半在地下，南北两极固定在天的两端，日月星辰每天绕南北两极的极轴旋转。 [4] 晷漏：晷影、漏刻，指时刻。

昔之言月者，谓："其形圆，其质清，日光照之则见其明，日光所不照则谓之魄。"后人相承，遂谓"月无光，因日而有光"。月果无光，安能与日并明？万物无不因日而后成色；惟月星不然，近日则光夺，为日所临则奄[1]而不明。《易》云"日月得天而能久照"，必若月不能自明而待日以为明，使孔子之论亦如此，则月不得言久照矣。数术之士昧理而迷源，学者不能知其浅深，反以为穷理之极致，遂至乖异，于道体甚有害。（又）

[1] 奄：掩盖。

《隋志》所载杂占气候，详于司马迁所记，盖后人又推言之也。其言天子气，自战国秦汉已言天子气矣。唐、虞、三代言其德而不言其气；然则"光被四表"者，文士之虚称也。有气而无德，将为不祥以祸天下，而何述焉？（又）

《天文》《五行志》，凡星文之变，五行之异，五代事皆具，南北之间，可参而观也。宝志、陶弘景，当时号达者；陆法和已下矣，然所歌咏皆验。列御寇谓壶丘子示巫咸以太冲[1]莫胜，故自失而走。御寇不为有道，而其言已如此。余尝谓人主自修不至，遂以形迹象数之末，竟堕术士之口；若圣人御世，则彼乌得而谶之！（《五行》）

[1] 太冲：极其虚静和谐的境界。《庄子·应帝王》："吾乡示之以太冲莫胜，是殆见吾衡气机也。"

自高睿等上《齐律》，当时称其"法令明审，科条简要"，而"齐人多晓法律"者；至高颎造《隋律》，苏威、牛弘再定，然皆本于齐也。由唐及今，虽有增损，然皆出于隋也。子产铸刑书，叔向非之，而曰"吾以救世"。今观律文，与事情轻重相称；况子产尤为精当，言救世信矣。然自秦汉以后稍号平时者，法无不宽；其君之薄德者，法无不苛。推而至于尧、舜、汤、武，君臣各躬行以靖民[1]，而法自为无用；则叔向所谓"不为刑辟"，固非高远不切之论也。世道之衰，虽缘人材日下，然其病根正以有己而忘人，做下样子，令其不可回转，如子产是也。（《刑法》）

[1] 靖民：安定百姓。

因《隋史》叙谶纬事：古圣人所以为治道者，必能知天人之常理而顺行之，武王所谓阴骘相协以为彝伦[1]者也。鲧以人欲胜天，水方泛滥，不能顺导，乃崇土以塞之，一事不顺，天人之理乱矣；此桀、纣暴德之始，三代、汉、唐之所由分也。然学者不足以知之，则"河出图，洛出书"，孔子之前已有此论；而其后遂有谶纬之说，起于畏天而成于诬天。况王事[2]人之所为，无预于五行，学者之陋一至于此！及其消磨息灭，费多少气力，而圣人之治终不复可施。故隋文虽焚谶而妄称祥瑞，至有袁充、王劭之事，又甚于谶矣！（《经籍》）

[1] 彝（yí）伦：伦常。　[2] 五事：即五事说，中国古代关于知虑的思想。五事指貌、言、视、听、思，是修养身心的五个方面。典自《尚书·洪范》。

◎研读

"因《隋史》叙谶纬事'，此札可以视为叶适对"谶纬"的基本认识。"谶"是秦汉间兴起的预示吉凶的隐语，附会在自然现象上，后来衍生为民间社会的求神问卜；"纬"是汉代附会儒家经义的解释。谶纬之学在传统政治中常被用来干预政治，叶适对此明确斥之，他指出，"古圣人所以为治道者，必能知天人之常理而顺行之"；进而又以鲧治水的失误，分析政治能否依顺自然与人事的常理而施行，是"三代"与"汉唐"的根本区分，对谶纬之说作出"起于畏天而成于诬天"的判定。

按《随志》[1]称"别集之名，汉东京所创。灵均以降，志尚不同，风流殊别；后之君子，欲观其体势，见其心灵，故别聚焉。后人景慕，并自记载以成书部"。此当时传袭之语，必不妄。是自班固、傅毅以后方成流略，而竞以文名家；然虽总名为文，而不知前此数百年，士盖有意于立言而未专为文也。言之枝流派别散而为文，则言已亡，言亡而大义息矣。欧阳氏乃通以后世文字为言，惜其散亡磨灭，不存于世，而以立言为不如有德之默，不知文之不可以为言也。况传与不传，本非所计，虽上世圣贤犹不能免，付之后人而已。（又）

[1]　《随志》：即《隋书·经籍志》。

列传（二则）

隋名将自韩、贺、杨、史外，如崔仲方、于仲文、段文振等，亦足备驱使；及再伐辽，至于亡国杀身，而麦铁杖、杨义臣、陈稜、沈光之流，犹有可述。盖乘分裂并吞之后，隋虽统一而天下未尝无变，其多将材，固应如此也。自古为国不患无材，若人主失道，自致灭亡，则材虽多而不能救也。齐无知弑襄公，徒人费[1]、石之纷如[2]皆为之死，然不足以言忠义矣。（《麦铁杖陈稜》）

[1]　徒人费：春秋时期伺候齐襄公的内侍，公孙无知之乱中战死于大门口。　[2]　石之纷如：春秋时期齐襄公的小臣，公孙无知之乱中战死于堂前的台阶下。

叙《儒林》称晋、魏以后，"南北所治，章句好尚，互有不同"，"大抵南人简约，得其英华；北学深芜[1]，穷其枝叶"。后人因此遂谓南北之异可以折衷，此甚不然。实即华也，英华即枝叶也，无繁简之殊。经生学士之言所以烂漫充斥而不可据者，正以英华非英华而枝叶非枝叶也。使其是，则溯一枝叶可以得本根，又何厌焉！知

道然后知言，知言则无章句。近世虽无章句之陋，其所以为患者，不知道又不知言，与昔日章句无异也。（《儒林》）

［1］深芜：芜杂。

◎研读

东晋以降，因南北分治，遂有南学与北学的差异，但叶适此札所论颇具只眼。他以为，前人对南北之学的认识，只是表象，而非根本。在他看来，学术的根本在于对道的认知，进而正确表达这样的认知，至于章句注疏，只是形式。也许正是因为叶适秉持这一有关知识的观念，故他的学术思想呈《习学记言序目》的形式，基本上是以问题为导向，通过对经典史籍的研读，阐明自己的思想。

唐　书

◎解题

　　《唐书》有《新唐书》与《旧唐书》。《旧唐书》是后晋刘昫等撰，修成后未及百年，宋人不满意而重修，由欧阳修、宋祁等撰。自《新唐书》行世，《旧唐书》读者日少，得书亦不易，直到明代才有翻刻宋本流行。但叶适的札记是新旧《唐书》都涉及的。限于篇幅，这里选读几则。

帝纪（七则）

　　欧阳氏用《春秋》法书唐、五代《帝纪》。按尧、舜、三代史，今存者惟《书》，其载事必具本末。《春秋》，诸侯史也，载事不能自通者，左氏必以《传》纬之，亦所以具本末也；孤行无本末而以类例为义，始于《公羊》，董仲舒师之，于是经生空言主断，而古史法没不见矣。若夫司马迁变史，则又不然。《纪》《世家》，君也；《传》，臣也；各因其人以著其事，非如上世史因事以著其人也。欧阳氏三者不备考，而杂用之，于《纪》则有掩郁不详[1]之患，于《传》则有掠美偏恶[2]之失，长空言之骄肆，而实事不足以劝惩，学者未当遵也。

　　[1] 掩郁不详：隐匿，不清楚。　　[2] 掠美偏恶：夺取别人的功绩、美名，偏袒恶人。

◎ 研读

从卷三十八至四十三，叶适读唐五代史札记达六卷，所议论者往往从宋代的治理出发，具有很强的现实针对性，这其实也正是叶适治学的重要特征。

关于新旧《唐书》的比较，一直有不同的判识。在此条札记中，叶适以《书》《左传》为准，强调史书当以载事为重，载事必具本末。批评《公羊传》"空言主断"，《史记》纪传体又变史法，因人以著其事。指出欧阳修《新唐书》杂用三者，结果做得都不好。这条札记对于理解叶适的论史法是很有益的。

高祖，隋甥也，为太原留守、晋阳宫监，任遇不卑。隋政既乱，天下皆挺刃而起，隋之罪虽足以亡，而自高祖父子分义言之，只谓之反；今乃美其名曰"义兵"！唐人义之可也，后世亦从而义之，使李密、窦建德之徒有成，庸非义乎？范氏又谓"太宗有济世之志，拨乱之材"，独讥其创业不正，无以示后。夫济世拨乱，必不志于利；今也朝为匹夫，暮为帝王，利之而已。且彼患无以起，则何暇于示后世？又非所以责之也。故凡为后世之论，欲援引而致之古人者，常多失实，不可不知。（《高祖》）

高祖既克长安，将革隋命，为相国，加九锡[1]，乃常礼也。高祖以为"尧、舜、汤、武，各因其时，取与异道，未闻夏商之末，必效唐虞之禅"；故"但改丞相府为相国府，九锡殊礼，皆归之有司"。范氏谓其"虽不能如三代而优于魏晋"，此亦后世大议论也。盖自王莽以来，未有不假禅让以夺国者，非故效唐虞之文也，乃其取之无词，姑假借之云尔。高祖以前，其人无不已据大权，示为之渐，先加殊锡[2]，后乃逊位，使人知其势当然；岂以是为超夏商而比唐虞哉？今高祖乃云“推其至诚以顺天命”！夫天命不可知，必视其德，天下虽共起而亡隋，高祖敢自谓其德可代隋乎？彼必信妄人图谶之言“李氏当王”，以此为天命尔，则其陋尤甚矣。隋得罪于天下，不得罪于李氏；群盗可以取隋，高祖父子不可以取隋。代王嫡孙也，尊炀为皇，立代为帝，君臣再定矣。今高祖之言如此，无渐而逼取，明夺而不惭，是又在魏晋下，而何非笑之有哉！且王莽、曹操、司马氏，皆能不杀旧君，而“武德二年八月癸酉酅国公[3]薨”；嗟夫！孺子何罪？固不及魏晋远哉！（又）

［1］九锡：九种礼器，是古时天子赐给诸侯、大臣有殊勋者的九种器用之物，是最高礼遇的表示。九种特赐用物别是车马、衣服、乐、朱户、纳陛、虎贲、斧钺、弓矢、鬯。　［2］逊位：让位。　［3］酅（xī）国公：唐朝开国封杨侑为酅国公。杨侑，即隋恭帝，隋炀帝杨广之孙，隋朝第三位皇帝。

史称太宗“除隋之乱，比迹汤、武，致治之美，庶几成、康，自古功德兼隆，由汉以来未之有”。尧、舜、三代之统既绝，学者寂寥，莫能推与，不得不从汉、唐；然其德固难论，而功亦未易言也。汤、武世有其国，已为诸侯所归，不忍桀、纣之乱，起而灭之，犹以不免用兵有惭于德，谓之功则可矣。光武宗室子，志复旧物，犹是一理。如汉高祖、唐太宗，与群盗争攘竞杀，胜者得之，皆为己富贵，何尝有志于民！以人之命相乘除而我收其利，若此者犹可以为功乎？今但当论其得志后不至于淫夸暴虐，可与百姓为刑赏之主足矣；若便说向汤、武、成、康，大义一差，万世不复有所准程[1]，学者之大患也。（《太宗》）

［1］准程：准则。《国子司业阳城遗爱碣》：“及公当职施政，示人准程。良士勇善，伪夫去饰。”

◎研读

叶适是永嘉事功学派的集大成者，但什么是"功"，却是首先需要弄清楚的。陈亮与朱熹曾就汉唐帝王的王霸义利作有争论，陈亮的基本观点是以效果论英雄。这则札记表明，叶适不认同陈亮的观点。叶适讲："如汉高祖、唐太宗，与群盗争攘竞杀，胜者得之，皆为己富贵，何尝有志于民！以人之命相乘除而我收其利，若此者犹可以为功乎？"表明在叶适看来，"功"的内涵应该是有志于民，决不是单纯以成败论之。

高宗虽非克肖[1]之材，然始终恭畏，不得罪于民，使无武氏一事，岂不得在惠、景、章、和[2]间耶！《五子之歌》曰："内作色荒，外作禽荒，酣酒嗜音，峻宇雕墙，有一于此，未或不亡！"《伊训》曰："惟兹三风十愆[3]，卿士有一于身，家必丧；邦君有一于身，国必亡；臣下不匡其刑墨，具训于蒙士。"吁，可畏哉！败亡之物，圣贤记之，象验昭灼[4]，无不以类应。高宗好慕沈溺，烝黩污下[5]，犯禹、汤正条贯矣。夫以欲殉身者，常不免于杀身，虽有他善，固不能救也。无忌、遂良之流，粗澁[6]庸鄙，辅导无法，方武氏从感业寺再入，群臣不引礼廷诤以绝其萌乎？三数年中，位遇未极，不相继陈义以决其去乎？宠焰既成，至于夺嫡，然后言其托体先帝，将何及也！且自武以妒闻，掖庭[7]忿斗日喧于外，岂不预为陈平之深念乎？太宗虽有好谏之美而无《伊训》不匡[8]之刑，呜呼！孰谓其制度纪纲尚可以凭借扶持哉！（《高宗》）

[1] 克肖：能继承前人。　[2] 惠、景、章、和：指汉文帝、汉惠帝、汉章帝、汉孝和帝。　[3] 三风十愆：三种恶劣风气，所滋生的十种罪愆，即官吏有巫风、淫风、乱风三类恶劣风气，以及舞、歌、货、色、游、畋、侮圣言、逆忠直、远耆德、比顽童十种与之相关的行为。　[4] 昭灼：明显。　[5] 烝黩污下：有许多不好的品行。　[6] 澁（sè）：古同"涩"。

[7] 掖庭：宫中旁舍，妃嫔居住的地方。　　[8] 匡：纠正。

又论韦弘质事，尤不近理。重令自非管子本说，其言"亏令者死，益令者死，不行令者死，不从令者死"，令之严如此；然"下令于流水之原，令顺民心，故论卑而易行"，又却不以为证据。若不顺民心，遽从而杀之，可乎？制置职业，虽曰人主之柄，非人所得干议，然须制置得是；若悖于道，乖于事，而禁人不使议，岂不危亡乎！又所谓制置职业者，须祖宗成宪[1]已为常典，子孙遵行，故非人所干议；若后世子孙，一切任意，忽改骤易，有害于人而亦不使人干议，可乎？况当时钱谷、盐铁、刑法之类，屡经更张，朝此暮彼，苟徇一时，非所谓制置职业也，安得不使人预议其间哉！德裕以宰相之材自许，后人亦以其自许者许之。夫宰相者，秉德以服人，明义以率下，若恣其偏私，自作胸臆，又可许乎！（《武宗》）

[1] 成宪：原有的法律、规章制度。

前代造事之君，惟汉光武以身独任，自余无不与其臣相左右终始者。太宗相房玄龄二十三年，始用魏徵，及相十八年，皆死于位，后不复能然矣，惟李林甫、元载、蔡京、秦桧最久。夫忠智者必世而不足，奸昏者一日而有余。世之所谓贤者，不自量而欲以岁月售功[1]，其君不自量与一时之人不知量，皆以岁月责之，所以有谤而无名，事不集而弊常在也。士诚如此，惟不求用为庶几耳。（《昭宗》）

[1] 售功：达到所谓功绩。

表（一则）

叙《宰相世系》，言"唐为国久，传世多，而诸臣亦各修其家法，务以门族相高，其材子贤孙，不殒其世德，或父子相继居相位，或累数世而屡显，或终唐之世不绝"。孟子称故国在有世臣之谓，推而上至于元、凯[1]，人材之用，必常与其国其民之命相关，治乱兴衰之所从出也；故叔向以栾、郤、胥、原、狐、续、庆伯降在皂隶[2]，忧公室之卑矣。若夫志不必虑国，行不必及民，但自修饰进取为门户计，子孙相接，世有显宠，如汉韦、平、袁、杨，晋宋、王、谢，北方崔、卢，唐裴、韦、萧、郑之流，此叔孙豹所闻"谓之世禄，非不朽也"；岂惟终其国而不绝，盖有国虽亡而其家故存者矣。垄亩贱士，不暇自忧而忧人，是以汤立贤无方，武王不忘远，得一而用之，足以定大事矣。史家立义，必守向上关捩[3]，庶几有补于世论；俛[4]而就下，遂为李德裕只较台阁仪范、班行准则而已，与孟子、叔向之意，何其远也！唐宰相数百，其实有地望[5]者，固当谱以见之；然亦有庶人崛起者甚众，地与望不相须[6]而必记其所来，仅似《姓纂》，又不相应领也。（《宰相世系》）

[1] 元、凯：即"八元八凯"。传说高辛氏有才子八人，称为"八元"；高阳氏有才子八人，称为"八凯"。此十六人之后裔，世济其美，不陨其名。舜举之于尧，皆以政教称美。见《左传·文公十八年》。　[2] 皂隶：古代亦称之为贱役，后专以称旧衙门里的差役。　[3] 关捩（liè）：关键之处。　[4] 俛（fǔ）：同"俯"，弯下身子。　[5] 地望：魏晋以下，行九品中正制，士族大姓垄断地方选举等权力，一姓与其所在郡县相联系，称为地望。　[6] 相须：互相依存。

◎ 研读

唐宋转型的一个重要标志，就是世系望族被散户细民取代，故叶适对于《唐书》所称颂的那些"各修其家法，务以门族相高，其材子贤孙，不殒其世德，或父子相继居相位，或累数世而屡显，或终唐之世不绝"的望族，提出了与时代相适应的看法。他先引孟子的观点，强调所谓的世臣，"必常与其国其民之命相关，治乱兴衰之所从出也"，而不是只顾自家门户的兴盛。他指出，"若夫志不必虑国，行不必及民，但自修饰进取为门户计，子孙相接，世有显宠"，只能算是叔孙豹所讲的"谓之世禄，非不朽也"。

志

《旧史》但记三历，《新史》并记八历；一代所用，诚不可不尽载，而一行之论为尤详。然《新史》谓"一行始专用大衍之策[1]，则历术又本于《易》。按《书》称历象，有成法而无起数，《洪范》九畴以凡举之，非数也。初一曰五行"，至五为土，亦以凡举，非数也；"四曰五纪"，亦以凡举，非数也。历有所起，自然之数，而《书》不言，以为历官之事，非《典训》所当知也。孔子系《易》，辞不及数，惟《大传》称"大衍之数五十，其用四十有九"，而大衍无所起，不知何以为五十？何以缺一而用四十九？其下文即指五行生成之数，不知此果天地之次第当然耶？五行之物，遍满天下，触之即应，求之即得，而谓其生成之数必有次第，盖历家立其所起以象天地之行，不得不然也。然《大传》既举大衍之数，乃以《易》之分揲象[2]之，盖《易》亦有起法故也。《大传》本以《易》象历，而一行及《新史》反以为历术本于《易》。夫论《易》而必及于数，非孔氏本指明矣，而谓历由《易》起！然则天地国家之初，有《易》

而后有历耶，有历而后有《易》耶？《易》与历果为一耶，为二耶？学者不究其始之所从，而放乎末流之纠纷，揎[3]道以从数，执数以害道，此最当先论也。（《历》）

[1] 大衍之策：即大衍筮法，为六十四卦衍卦（求卦）法，用"天地之数"演算，故也称"衍天法"，是古人决策、稽疑的重要工具之一。 [2] 揲（shé）象：大衍筮法的演算过程，即"分而为二以象两，挂一以象三，揲之以四以象四时，归奇于扐以象闰；五岁再闰，故再扐而后挂。" [3] 揎：强行拔高。

列传（二则）

道家淡泊，主于治人．其说以要省胜支离；汉初尝用之，虽化中国为夷，未至于亡也。浮屠本以坏灭为旨，行其道必亡，虽亡不悔，盖本说然也。自梁武不能晓，用灭国之术，当身而失；至唐宪、懿，识虑又出其下，直谓崇事[1]可增福利，悲哉！（《李德裕》）

[1] 崇事：尊奉敬事。

◎研读

叶适对佛老持坚决的否定态度，所据立场主要是在治道的层面。在他看来，佛老各自有一套自圆其说的理论，但与以治道为本的儒家思想风牛马不相及。因此，对于宋儒念念不忘辟佛斥老，叶适以为完全是多余的事；甚至认为这表面上在辟佛斥老，实质上是援佛老以乱儒。

史载"诃陵国上元间，国人推女子为王，号悉莫，威令整肃，道不举遗。大食君闻之，持金一囊置其郊，行者辄避。如是三年，太子过，以足躅金，悉莫将斩之，群臣固请，悉莫曰：'尔罪实本于足，可断趾。'群臣复为请，乃斩指以狗[1]。大食闻而畏之，不敢加兵"。此与商鞅事同。古人勤心苦力为民除患致利，迁之善而远其罪，所以成民也，尧、舜、文、武所传以为治也；苟操一致而已，又何难焉！故申、商之术命尧、禹曰桎梏[2]。战国至秦，既已大败，而后世更为霸、王杂用之说，自以为甚恕矣；至于书传间时得其一若申、商之类者，未尝不拊卷嗟惜，以为偶举而必效，当行而无疑也。今史载其事而不辨其失，意亦出此，哀哉！（《南蛮》）

[1] 狗（xùn）：同"徇"，对众宣示。 [2] 桎梏：脚镣和手铐。比喻束缚人的东西。

◎ **研读**

叶适以治道为儒家学术思想的中心，其内涵是宽民致利、迁善远罪的社会繁荣，即"古人勤心苦力为民除患致利，迁之善而远其罪，所以成民也，尧、舜、文、武所传以为治也"。如果社会治理只是追求简单粗暴的整齐划一，则虽不难达到，但对于人民而言却不过是桎梏而已。叶适强调，战国至秦，儒家的治道遭到败坏，后世杂霸王而用之，以至往往把申不害、商鞅的法家之术视为有效的治道，这是对儒家治道的错误认识。

五代史

◎解题

　　《五代史》也有新旧之分。《旧五代史》是北宋薛居正等撰，后散佚，今本为清人所辑。《新五代史》是北宋欧阳修所撰。欧阳修奉命修《唐书》，《新唐书》属于官修；《新五代史》原名《五代史记》，是欧阳修私人所修，为二十四史中自唐朝以后唯一的私修史书。

梁本纪

　　朱温事至不足言，然其脱于盗贼，以宣武节度区区数州，在四战之郊，而能翦灭黄巢、秦宗权，咀吞河南、山东，竟篡唐室，更七姓至本朝，皆因其故都邑。而后人之论，乃以大梁为不可战，亦不可守，使女真入吾地数千里如无人，而卒有之，其故何也？余尝叹李纲世所谓有志，宗泽世所谓有材，二人皆已位将相，使其划河南而守，身当劳苦，而以安佚[1]付黄潜善辈，国家之败，宜不至酷烈如此。而中原遂为左袒，以逮于今；若犹不悟，则又将有甚焉者。然则议论定而利害明，要先自士大夫之心术始可也。

　　[1] 安佚：安乐舒适。

◎**研读**

　　此条札记虽然讲梁太祖朱温，但针对的却是宋代的事情。李纲与宗泽都是两宋之际著名的抗金名将，黄潜善则是南宋初年主和的宰相，叶适强调，即便有李纲与宗泽，但如遇黄潜善这样的权相，仍然是无所作为的。

荀 子

◎解题

　　荀子（约前313—前238），名况，战国末期赵国人，时人相尊而号卿。著名的思想家，儒家学派的代表人物，对先秦时代的诸子思想有集大成的贡献。荀子提出性恶论，主张隆礼明法，以及制天命而用之的一系列重要观点。荀子的著作在汉代流传较多，但有许多是重复的，经过汉代的整理，定著三十二篇传世。后世儒者论孔孟以后，常常是将荀子与汉代的扬雄并举，故叶适对两人的著作都作了认真的研读与评论。

劝 学

　　傅说固已言学之要，孔子讲之尤详。道无内外，学则内外交相明，今在《书》《论语》者，其指可以考索而获也。荀卿累千数百余言，比物引类，条端数十，为辞甚苦，然终不能使人知学是何物，但杂举泛称，从此则彼背，外得则内失；其言学数有终[1]，义则不可须臾离，全是于陋儒专门上立见识，又隆礼[2]而贬《诗》《书》，此最为入道之害。后扬雄言"学，行之上，言之次，教人又其次"，亦是与专门者较浅深尔。古人固无以行为上而教人为下者，惟后世陋儒专门，莫知所以学，而徒守其师传之妄以教人；雄习见之，以为能胜此而兼行者则上矣。近世之学则又偏堕太甚，谓独自内出，不由外入，往往以为一念之功，圣贤可招揖[3]而致；不知此身之稂莠[4]，未可遽以嘉禾自名也。故余谓孔子以三语成圣人之功，而极至于无内外，其所以学者，皆内外交相明之事，无生死壮老之分，而不厌不倦于其中，此孔氏之本统与傅说同也。

[1] 学数有终：治学的具体步骤可能有终结。　[2] 隆礼：尊崇礼法。　[3] 招揖：行揖礼。　[4] 稂莠（láng yǒu）：稂和莠，都是形状像禾苗而妨害禾苗生长的杂草，比喻坏人。

◎研读

关于荀子，这里只就这则札记与最后一则"总论"略作导读。荀子的论述富有逻辑，析理精细，《劝学》是荀子的名篇，但叶适不以为然。叶适认为"道无内外，学则内外交相明"，在别处又称作"内外交相成"，而不是区分知与行，然后以知论学。叶适以为，荀子虽然"比物引类，条端数十，为辞甚苦，然终不能使人知学是何物，但杂举泛称，从此则彼背，外得则内失"。叶适又进而指出，扬雄亦是如此。总之，内外相隔，知行区分，在叶适看来，正是学之不明的根源。

荣　辱

止斗一义，莫晓其故。按子路问"君子尚勇"，孔子称"戒之在斗"，《中庸》"衽金革[1]死而不厌，北方之强"，司马迁亦言"子路陵暴[2]孔子，孔子设礼诱之"；古之师友，岂固训导于戈矛陵夺[3]之间耶？而荀卿之戒，则尤为鄙暴不近人理，至谓以"少顷之怒丧终身之躯，室家立残，亲戚不免刑戮"。若立学聚教而其弟子粗猛至此，则奚以学为！虽古今材品强弱不同，而荀卿亦有过论，然致道必有象，而果若是，则仁义道德安从生。有子以"孝悌而好犯上作乱者鲜"，后世疑之，观此殆非诬耳。然则后世之学，又有愈焉者矣。

[1] 衽金革：晚上睡觉都是枕着兵器和甲衣。衽，同"袵"。　[2] 陵暴：轻侮。　[3] 陵夺：冲突和侵凌劫夺。

非十二子

荀卿屡言为治当以后王为法，后王者，周也，意诚不差。然周道在春秋时，已自阙绝不继，自一鲁外，诸侯视之皆如弁髦[1]；孔子尽力补拾，其大者十仅得七八，而小者不存多矣。况至荀卿，王法灭尽之余，暴秦大并[2]之日，孔氏子孙畏祸不敢，而独伥伥然以无因难验之说叫呼于其间，有轻易之情，无哀思之意，徒以召侮而不能为益也。自晨门荷蓧楚狂接舆之流，犹以孔子为病，而鲁两生、梁鸿尚谓汉人不足为，况昭襄、始皇之际耶！

[1] 弁髦（biàn máo）：弁，黑色布帽。髦，童子眉际垂发。古代男子行冠礼，先加缁布冠，次加皮弁，后加爵弁，三加后，即弃缁布冠不用，并剃去垂髦，理发为髻，因以"弁髦"喻弃置无用之物，此处意指诸侯鄙视。[2] 大并：大肆兼并。

余尝疑孟子力排杨、墨，杨、墨岂能害道，然排之不已者，害所由生也，此自孟子一病，不可为法。若夫荀卿所言诸子，苟操无类[1]之说，自衣食于一时，其是非尤不足计，而乃列攻群辨，若衢骂巷哭[2]之为，至于子思、孟轲，并遭诋斥，其谬戾无识甚矣！又好言子弓，常与仲尼同称；安有与仲尼齐圣，独为荀卿所私而他书无见者？既无立言行事可以考其是非，使非荀卿之妄，则或者子弓、仲尼之别名，不然，姑假立名字以自况尔。孟轲亦屡扳仲尼，孔子乃无所比，何哉？"窃比于老彭"，"吾何执"。

[1] 无类：没有常法。　　[2] 衢骂巷哭：泼妇在大街上谩骂，在小巷里哭泣，比喻行为低劣。衢，大路。

仲 尼

"仲尼之门人，五尺竖子，方羞称乎五霸。"按《孟子》，或问曾西，"吾子与管仲孰贤"？曾西艴然[1]不悦，然则竖子羞称，固当有之。盖幼志先登，能自启迪，不堕驳地，而虽成劳茂烈，苟徒止于所能，则晚进后生皆轻贬之矣。此一义常存，自应有益于新学。孟子，大人也，天下臧否，由己而定，岂以其身与人称量高下者哉！故孔子虽谓管仲小器，而终以九合[2]之功归之，此亦深于学者所宜知也。

[1] 艴然（fú）：生气的样子。　　[2] 九合：多次会盟诸侯。

儒 效

荀卿言周公大儒之效，与《中庸》"仲尼祖述尧、舜"一章略相似，皆夸毗[1]飞动之辞，圣人自用力处极不然。二者参观，子思言理阔大，而分限不可名；荀卿言事虽张皇，而节目犹可见也。周公、孔子，艰难一世以就德业，而后世学者反以为甚易而无难，若是，则神灵之所为而非人也；且又引以自神，则近乎狂惑矣。

[1] 夸毗（pí）：以谄谀、卑屈取媚于人。

君 道

荀卿论治，多举已然之迹，无自致之方，可观而不可即也。惟言国具[1]差若有意，谓"无便嬖[2]左右足信者之谓暗，无卿相辅佐足任者之谓独，所使于四邻诸侯者非其人之谓孤"也。然穆王命太仆、左右、仆从、侍御，"无以便嬖侧媚，其惟吉士"，是则嬖者不吉，吉者不嬖也。卿相辅佐，所以同起治功，臣虽专任其劳，君不独有其逸；谓不能不有游观安燕[3]之时，欲倚之为基杖，则用人之道狭矣。汤灭桀而自惭，仲虺诰而解之；德诚有余，安用其臣喻志于四方？然则荀卿所言者，战国之事，非帝王之治也。

[1] 国具：治理国家所需的人材。 [2] 便嬖 (pián bì)：能说会道，善于迎合的宠臣、亲信。嬖，宠爱，宠臣。 [3] 燕：通"晏"，安逸。

议 兵

读荀卿与临武君议兵及"四世有胜非幸"，又入秦何见，以为无儒，又与秦昭王辨"儒有益于人之国"，令人叹息。周衰，诸侯皆恣己自便[1]，而秦以夷狄之治，堕灭先王之典法，吞噬其天下，别自为区域。孔子力不能救，不过能不入秦而已，子孙守其家法，故曰"秦为不义，义所不入"，遂死于家。荀卿谈王道若白黑，嗣孔氏如冢嫡，不秦之仇，而望之以王，责之以儒，呜呼固哉！秦惟不能自反也，不用荀卿而用李斯者欤！

[1] 恣己自便：放纵自己，按自己的方便行事。

天 论

"天行有常，不为尧存，不为桀亡。"所以言有常道者，覆帱运行，日月之所丽尔；尧之时则治，是为尧而存也，桀之时则乱，是为桀而亡也；谓"不为尧存，不为桀亡"，非也。又言"应之以治则吉，应之以乱则凶"。吉凶果在所应，则是无常也；谓"天行有常"，非也。"强本而节用，则天不能贫；养备而动时，则天不能病；修道而不贰[1]，则天不能祸。"夫古人既强本节用矣，既养备动时矣，既修道不贰矣，其不贫不病无祸，则皆曰"天也，非我也"。今偃然[2]而自居曰："我也，非天也。"夫奉天以立治者，圣人之事也；今皆曰"我自致之，非天能为"，是以人灭天也。"不为而成，不求而得，夫是之谓天职"，谓下文"天情"也，"天官"也，"天君"也。夫物各赋形于天，古人谓其独降衷[3]于民，然必为而后成，求而后得，故为圣贤；败而失之者，下愚不肖也。今既谓当"清天君"，"正天官"，"养天情以全天功"，而又谓"不求知天"；且虽圣人，无不自修于受形之后，而未有求知于未形之先者，及其既修而能全天之所赋矣，则惟圣人为求知天；今谓"圣人为不求知天"，非也。又谓"全其天功，则天地官而万物役"；且古圣人未尝敢自大其身而曰"吾能官使[4]天地"者也。又曰："大天而思之，孰与物畜而制之？从天而颂之，孰与制天命而用之？"按孔子曰："大哉尧之为君也，惟天为大，惟尧则之"，是尧未尝"物畜而制之"也；《诗》曰："不识不知，顺帝之则"，是文王未尝"制天命而用之"也。详荀卿之说，直以人不能自为而听于天者不可也；然则人能自为而不听于天，可乎？武王曰："惟天阴骘下民，相协厥居"，尧、舜传之至于周矣；然则谓人之所自为而天无预也，可乎？又曰："道之所善，中则可从，畸则不可为，匿则大惑。"呜呼！惟其不知中也，是以其言屡变而卒为畸且匿也。又曰："万物为道一偏，一物为万物一偏，愚者为一物一偏，而自以为知道，无知也。慎子有见于后，无见于先；老子有见于诎，无见于信；墨子有见于齐，无见于畸；宋子有见于少，无见于多。"呜呼！万物之于道，无偏也，无中也；一物之于万物，无偏也，无中也；自其中言之，皆中也，一物犹万物也；自其偏言之，皆偏也，万物犹一物也。荀卿以诸子为愚而偏，而自谓为中也，而其乖错不合于道如此，吾未见其能异于诸子也。

[1] 不贰：专一。　　[2] 偃然：骄傲自得貌。　　[3] 降衷：降福。 [4] 官使：授之官职以使其才。

正　论

"世俗之为说者曰:'尧、舜禅让',荀卿明其不然,以为天子至尊,无所与让,故有"以尧继尧""以尧易尧"之语;又谓"诸侯有老,天子无老","血气筋力有衰,智虑取舍无衰","持老养衰,莫如天子"。按《书序》"将逊于位,让于虞舜",《书》记尧、舜禅让甚明,而又自言"在位七十载,耄期[1] 倦于勤";然则荀卿不信《书》而诋其为世俗之说耶?且必不当禅让何义?以天子之位为持老养衰之地何据?孟轲言'民为贵,社稷次之,君为轻",虽偏,然犹有儆[2] 也;而荀卿谓天子如天帝,如大神。盖秦始皇自称曰朕,命为制,令为诏,民曰黔首,意与此同,而荀卿不知,哀哉!

[1] 耄期:高龄之年。　　[2] 儆(jǐng):使人警醒,不犯过错。

礼　论

"故礼者养也:刍豢[1] 稻粱,五味调香,所以养口也;椒兰芬苾[2] ,所以养鼻也;雕琢刻镂,黼黻[3] 文章,所以养目也;钟鼓管磬,琴瑟竽笙,所以养耳也;疏房檖貌[4] ,越席床第几筵,所以养体也。"按孔子教颜渊"非礼勿视,非礼勿听,非礼勿言,非礼勿动",谓能自克以复礼。夫自克则不费乎物而礼行焉;而荀卿谓制礼以为养。使耳目口鼻百体之须必皆有待于礼,则礼者欲而已矣。且颜子箪食瓢饮陋巷,不改其乐,孔子亟称之,故独许以复礼。今为费以求多于礼,筋骸通塞,纷纷乎豢养于外物之不暇,而安所复哉?然则养者,礼之文也,非礼之实也。

[1] 刍豢(huàn):泛指家畜。　　[2] 芬苾(bì):芳香。　　[3] 黼黻(fǔ fú):古代礼服上所绣的花纹。泛指花纹、文采。　　[4] 疏房檖貌:指高屋大房。

解　蔽

　　荀卿议论之要有三，曰解蔽、正名、性恶而已。其言诸子莫不有蔽，而不蔽之理，莫如知道而治心；故曰"虚一而静，谓之大清明，万物莫形而不见，莫见而不论，莫论而失位，坐于室而见四海，处于今而论久远，疏观万物而知其情，参稽治乱^[1]而通其度"，至于参日月，满八极，谓之大人，而无有蔽之者也。虽然，难矣。盖诸子之学，何尝不曰知道而治心，使之虚静而清明以形天下万物之理，而自谓不能蔽也！荀卿以己之所明而号人以蔽，人安得而受之？舜言"人心惟危，道心惟微"，不止于治心；箕子"思曰睿"，不在心；古之圣贤无独指心者。至孟子，始有尽心知性、心官贱耳目^[2]之说。然则辩士素隐之流，固多论心，而孟、荀为甚焉。孔子曰："学而时习之，不亦说乎！有朋自远方来，不亦乐乎！人不知而不愠，不亦君子乎！"夫学常进则得其养，同于人则不偏于己，重于己则不尤^[3]于人，舍是，吾未见其不蔽也。

　　[1] 参稽治乱：对照、查考治理混乱局面的例子。　　[2] 心官贱耳目：重视心这一器官的思考作用，而轻贱耳目器官的感觉作用。　　[3] 尤：怨恨。

正　名

　　"后王之成名，刑名从商，爵名从周，文名从礼，散名之加于万物，则从诸夏之成俗曲期^[1]"：荀子之言如此，其于名可以为精矣。虽然，古人正事而不正名，名与天地并，未有知其所由来者。以《书》《诗》所称，则何必后王？舍前而取后，是名因人而废兴也。孔子谓卫之政当先正名，是时父子不正而人道失序，则孔子所欲正者，亦其事而已；名不正故事乱，名正则事从矣。战国群谈聚议，妄为无类之言，彼固自知其不可，而姑为戏以玩一世；其贵人公子亦以戏听之，然于事不为之损益也。荀卿不知其不足辩，而辩之终身不置。是时去六国灭亡无几，焚经籍，杀儒生，事既坏而名亦丧，荀卿无以救之，则与十二子者同归于尽耳，哀哉！

[1] 成俗曲期：固有的习惯、风俗、约定。

性　恶

孟子"性善"，荀卿"性恶"，皆切物理，皆关世教，未易重轻也。夫知其为善，则固损夫恶矣；知其为恶，则固进夫善矣。然而知其为恶而后进夫善以至于圣人，故能起伪以化性[1]，使之终于为善而不为恶，则是圣人者，其性亦未尝善欤？伊尹曰："兹乃不义，习与性成"；孔子曰："忄生相近也，习相远也，惟上智与下愚不移。"呜呼！古人固不以善恶论性也，而所以至于圣人者，则必有道矣。

[1] 起伪以化性：即化性起伪，荀子的重要哲学思想，意为变化先天的本性（自然本性），兴起后天的人为（使之树立道德观念）。《荀子·性恶》："故圣人化性而起伪，伪起而生礼义，礼义生而制法度。"

总　论

荀卿于陋儒专门立见识，隆礼而贬《诗》《书》，为人道之害，又专辨析诸子，无体道之弘心，皆略具前章。按后世言道统相承，自孔氏门人至孟、荀而止，孔氏未尝以辞明道，内之所安则为仁，外之所明则为学，学则六经也，门人之志于六经者少。至于内外不得而异称者，于道其庶几矣。子思之流，始以辞明道，《中庸》未必专子思作，其徒所共言也。辞之所之，道亦之焉，非其辞也，则道不可以明。孟子不止于辞而辩胜矣。荀卿本起稷下[1]，凡有所言，皆欲挫辩士之锋，破滑稽之的，其指决割，其言奋呼，怒目裂眦，极口切齿，先王大道，至此散薄，无复淳完。或者反谓其才高力强，易于有行；然则诛少正卯，戮俳优，无怪乎陋儒以是为孔子之极功也。学者苟知辞辩之未足以尽道，而能推见孔氏之学以上接圣贤之统，散可复完，薄可复淳矣。不然，循而下之，无所终极，断港绝潢^[2]，争于波靡^[3]，于道何有哉！

[1] 稷下：即稷下学宫，战国时田齐的学宫。　　[2] 断港绝潢：无法通行的水路，比喻错误的、不可能达到目的的办法。《昌黎集·送王秀才序》："故学者必慎其所道，道于杨、墨、老、庄、佛之学，而欲之圣人之道，犹航断港绝潢，以望至于海也。"　　[3] 争于波靡：随波起伏，顺风而倒，比喻胸无定见，相率而从。

◎ 研读

在这则关于荀子的总论中，叶适作了一个总结性的批评，即"于陋儒专门立见识，隆礼而贬《诗》《书》，为人道之害，又专辨析诸子，无体道之弘心"。这一批评主要包含了两点，一是"隆礼而贬《诗》《书》"，其实质在认为荀子舍弃六经所承载的治道，追求表层的制度设计，而依据的理论是性恶论，故"为人道之害"。叶适进一步举例说明，正是由于这样的认识偏差，所以不仅"先王大道，至此散薄，无复淳完"，而且还把孔子"诛少正卯，戮俳优"，视为"孔子之极功"；二是"专辨析诸子"，指荀子论理明晰，在理论上对诸子进行批判，这似乎有益于对儒家思想的辨明与认识，但在叶适看来，其实是流于言语，不能真正去践行孔子的精神。孔子的精神是"未尝以辞明道，内之所安则为仁，外之所明则为学"，故荀子热衷的"辨析诸子"，其实是"无体道之弘心"。叶适还进一步对于"以辞明道"作了追溯性的认识，指出是由子思开始，中经孟子，推极于荀子。

太 玄

◎ **解题**

扬雄（前53—18），字子云，汉代著名的文学家与思想家。早年以辞赋著称，后来以为这是雕虫之事，转而研究哲学，仿《论语》而作《法言》，仿《易经》作《太玄》。

《太玄》虽名幽深，然既称"枝叶扶疏，独说十余万言"，侯芭又受其辞，则是雄所以作之意，固尝晓然号于人，使皆可识，不为甚难明也。至宋衷、陆绩、范望，乃皆创立注释，若昔未尝闻知者。如首名以节气起止，赞义以五行胜克，最为此书要会。不知自雄及芭亲相传授已如此耶？或日语果零落，而衷、绩等方以意自为参测也？以位当卦[1]，以卦当日[2]，同于汉人；若夫节候暑刻，推其五行所寄，而吉凶祸福死生至玄而益详，盖农工小人所教以避就趋舍者。雄为孔氏之学，其书将经纬大道，奈何俯首效之？且未有求其小而能得其大也，惜乎其未讲矣！

[1] 以位当卦：卦中六爻，各有其位，一、三、五为奇数位；二、四、六为偶数位。阳爻居奇数位，阴爻居偶数位，为当位。否则，为不当位。
[2] 以卦当日：断六爻卦，起一卦，主要以起卦时的月建和日建断吉凶，但是以后的日建或月建对卦的生克，可以用来定应期。

《连山》《归藏》，雄时固应有完书，然《左氏》已不道，《八索》《左氏》所记，孔安国亦言之，则汉世犹存也。安国又言"孔子赞

《易》道以黜《八索》"，则《八索》义当与孔氏绝异。所谓《十翼》者，独《彖》《象》为孔子之文，其他或先或后皆非也，然皆自附于孔氏。司马迁固不能辨，而刘向父子与雄尤笃信之；及班固取《七略》以志《艺文》，百世之后，虽有豪杰特出之士，心不能思，智不能虑，涤胶以漆[1]，妄为清明，而孔氏之学榛棘蔽路矣。嗟夫！雄虽误后世，而自误亦岂少哉！古人有作无述，孔氏有述无作；《彖》《象》，述也，非作也。雄不能知，以为《彖》《象》者作而已，故既首之，复自赞之，又自测之，述作杂而纪法乱，自误一也；言一而已，有精者无粗也，有深者无浅也，《十翼》非一人之言也，浅深精粗，宜其不同，雄既以为皆孔氏之书矣，故或冲或错[2]，或摛或莹[3]，一书而异其言者十数，自误二也；《易》之始，有义而已，义立而后数从之，今之所谓数者，非易之初也，雄见其已成，而谓为《易》者必先数而后义，故研精殚智于历而后《玄》始成，不知数既立则义岂复有哉！自误三也。

　　[1] 涤胶以漆：用漆料来洗涤胶水。比喻毫无用处，因为胶和漆相融，密不可分。　　[2] 或冲或错：有的冲突有的错误。　　[3] 或摛或莹：有的散乱有的清楚。

　　《十翼》言大衍"分而为二以象两，挂一以象三"，至可与酬酢[1]佑神，盖赞筮占有此功用，虽已卑浅，然乃筮人所为，不言《易》当自为也。雄不悟，遂为假《太玄》自著揲法。近世司马氏拟《玄》为《虚》，专以五行起数，而亦先以揲法示人，其词义乃类连珠，比《玄》尤狭劣矣。按《易》之始，其义有阳而未有阴，其物有天而未有地；及其阳而阴之，初虚取诸风，中虚取诸火，终虚取诸泽；阴而阳之，初实取诸雷，雷有形。中实取诸水，终实取诸山；画起于一，物莫先于天，故象天，天尊，阳也；二之则象地，地卑，阴也。及自阳为阴，自阴为阳，始有虚实之辨。取物以配义，义立而物隐。《连山》

《归藏》既不存，不知其为义为物。今《易》卦及《彖》《象》，皆不以物而以义，盖其简直易知如此。《十翼》所谓"帝出于震，齐于巽，相见于离"，"天地定位，山泽通气，雷风相薄"，其词前后差重蔓衍，皆说《易》者为之，非《易》之书本然也。况于五行、四时、二十四节，癸甲[2] 而计之，晷刻而察之，又远在《十翼》之下数十等，安得为义理所归哉！

[1] 酬酢：交际应酬。　　[2] 癸甲：癸甲为癸，是六仪"戊、己、庚、辛、壬、癸"之一，指六甲中的甲寅。

◎研读

叶适以为《太玄》一书，"首名以节气起止，赞义以五行胜克，最为此书要会"。但是，此书最终归结为吉凶祸福死生，教人以避就趋舍。同时，叶适强调〈易传〉中只有《彖》《象》可能是孔子所撰，《十翼》的其它诸篇都不是孔子作的，而扬雄与汉代人都笃信《十翼》是孔子作品，加以模仿，并融入汉代的五行、四时、二十四节等知识，结果在思想上远不如《十翼》。

法　言

◎**解题**

　　扬雄仿《论语》作《法言》，共十三卷，每卷语录约三十条，最后有自序，述说每篇大意，以及概述自己的思想。《法言》的内容很泛，举凡政治、经济、伦理、文学、艺术、科学、历史人物与事件等等，均有涉及。扬雄被后世儒家所肯定，与他强调孟子思想，自觉捍卫儒学有关。叶适将荀子与扬雄并重，虽然多有批评，但显然是高度重视的。这里引录了叶适的全部札记，但解析仅择取一二为例。

吾　子

　　因雄论"吾子少而好赋"，见自屈原，尧、舜、三代之文始变。数百年间，惟章句经生不能工，而通人俊士未有不由此者。至雄方知以上更有事，故谓"孔氏之门用赋，贾谊升堂，相如入室，如其不用何"！其语甚大，乃雄回转关捩处，怀襄[1]浩浩，障止东趋[2]，所以于道有功也。如董仲舒、萧望之、夏侯胜，非不专守经术，然力微势弱，不过仅自立而已。苏氏谓"《离骚》、六经之变者，虽与日月争光可也"；又言"贾谊见孔子，升堂有余，不当以赋贬之"。雄正以屈原变六经，而谊未免于用赋，致大道分裂不合，岂苏氏犹未知雄意耶？

[1] 怀襄：洪水汹涌奔腾溢上山陵。　　[3] 障止东趋：于错误处及时阻止。

"事辞称则经。"按雄忻见史，襞积[1]故实，又组绘浮语，使事辞偏重，故《法言》《太玄》欲离此二过，辞必称事，事必称辞，虽然，浅矣。自有文字以来，圣人迭起唐、虞、夏、商间，观其百年数世之远，才只垂数十简，若以为道，则固有非言语所能载；若以为事，则何止胜辞而已！至周乃稍详于前，不独文、武、成、康变故殷烦，周、召经营之劳未必倍于伊、傅，时近故耳。孔子当坏乱之后，惜其无所统纪，又将随事灭散，是以由唐沿周，极力收补，虽鲁人区区记录，以其犹有系于当世大义亦复为之讨论；而《左氏》又偏采诸国，旁加翼赞[2]。然则孔子之业已成，譬如权衡度量，不可有二，虽更有孔子，其书亦不得为经也，而况《太玄》《法言》乎！

[1] 襞（bì）积：堆积。　　[2] 翼赞：引证。

"多闻则守之以约，多见则守之以卓；寡闻则无约也，寡见则无卓也。"按孟子称"博学而详说之，将以反说约"，又言"曾子守约"；荀卿多言博约；颜渊"既竭吾才，如有所立卓尔"；雄酌于颜、孟，故定约卓之论也。义理随世讲习而为准的，诚无后先，然必质于孔子而后不失其正。按孔子"博学于文，约之以礼，亦可以弗畔[1]矣夫"；颜渊自言'博我以文，约我以礼"；则所谓博而约者，礼也。子曰"惜乎吾见其进也，未见其止也"；又曰"譬如为山，未成一篑，止吾止也，譬如平地，虽覆一篑，进吾往也"。古人自修不惰，以山明之，故曰"为山九仞，功亏一篑"；而颜子自言"欲罢不能，既竭吾才，如有所立卓尔"，则所谓卓者，进而不止也。今于多闻多见中欲守以约、卓，而不知约为何实，卓为何形，意择[2]而妄执，则前言满胸而固咨不除，往事溢目而骄肆逾长，是误其所由之途而趋于愚暗尔。子曰："赐，汝以予为多学而识之者欤？"子贡曰："然，非与？"曰："非也，予一以贯之。"一以为学，古圣人未之及也，而独见于孔子。曾子徒唯而子贡疑之；孟子自以为无所不悟，然渐失孔子之意，故博学虽实而反约为虚。至雄析见为卓，而失之愈甚矣。夫苟得其一，无精粗，无本末，终身由之，安有约、卓之异！不然，则见闻无据而立说以为主，未见其能至道也。

[1]　畔：离经叛道。　　[2]　意择：意愿上选择。

◎ **研读**

《吾子》是《法言》第二卷，扬雄主要讲了两层意思：一是表达了对赋的看法，作为一个著名的文学家，扬雄对赋的创作进行了否定；二是尊崇儒家经典，强调要排除诸子的影响，像孟子一样，维护孔子的思想。叶适在这则札记中，肯定了扬雄对赋的批评，认为尧、舜、三代之文自屈原始变，至扬雄"方知以上更有事"，此"乃雄回转关捩处"。但扬雄欲自拟《法言》为"经"，叶适指出："虽更有孔子，其书亦不得为经也，而况《太玄》《法言》乎！"最后一段就孔子的"博"与"约"展开讨论，以为只有颜回有正确的理解，孟子已"渐失孔子之意"，"至雄析见为卓，而失之愈甚矣"。

问　道

"或问道，曰：'道也者通也，无不通也。'或曰：'可以适他欤？'曰：'适尧、舜、文王者为正道，非尧、舜、文王者为他道，君子正而不他。'""或问道，曰：'道若涂若川，车航混混[1]，不舍昼夜。'或曰：'焉得直道而由诸？'曰：'涂虽曲而通诸夏则由诸，川虽曲而通诸海则由诸。'或曰：'事虽曲而通诸圣则由诸乎？'"古之言道也，以道为止；后之言道也，以道为始。以道为止者，周公、孔子也；以道为始者，子思、孟轲也。至雄，则又失其所以始而以无不通为道。夫行者以不得乎道也，故陷于迷；学者以不得乎道也，故趋于谬；是则道者限也，非有不通而非无不通也。道一而已，无正也，无他也，自行而言，车航混混，不舍昼夜，虽不得其道犹至也；自学而言，车航混混，不舍昼夜，苟不得其道皆迷也。奈何并诸子百家之纷纷举以为道，而姑教其惟尧、舜、文王之适？彼不知其所以适，虽尧、舜、文王，而不知道犹是也。徐行先长者，曹交乌得而为？性善称尧、舜，滕世子何取于信？以其始之易于言也，是以误后世之无所始也。至韩愈则又曰"道有君子，有小人；德有凶，有吉"，岂惟无所始，几于攘臂而诟[2]矣。己则然，而曰吾辟异说以明夫道也，可乎？盖周公、孔子之道，而学者喜为异以离之，其初不毫忽[3]，而其流有越南、燕北之远矣。

[1] 车航混混：车和船像河流一样来来往往。　　[2] 攘臂而诟：捋起袖子、露出胳膊进行辱骂。　　[3] 毫忽：极微小的一点点。

◎ 研读

"道"是以形象的路表达具有普遍合理性的概念，是先秦哲学中最重要的核心概念。《问道》篇是《法言》的第四卷，叶适先引扬雄关于"道"的回答，然后就"道"的解释进行辩驳。叶适强调，"道"是唯一的，因此，"以道为止"。这意味着，"道"与人的生活不可分离。如果以"道"为始，叶适认为这是子思、孟子的观点；或如果以"道"为通，这是扬雄的观点，那么"道"就可能与人的生活是分离的，其结果便引导人于生活之外别求所谓的"道"；这样，对"道"的追求，开始尚只是小小的差异，但久之便有南辕北辙的结局，即所谓"其初不毫忽，而其流有越南、燕北之远矣"。

问　神

"或曰：'经可损益[1]欤？'曰：'《易》始八卦而文王六十四，其益可知也。'"按"伏羲氏始画八卦，造书契以代结绳之政"，孔安国言之，则汉儒相传固如此，不知何所授也。岂《周官》晚出，雄犹未通习，或虽通习犹未信据而然耶？雄因此遂以经或为可益，故作《太玄》《法言》矣。

[1]　损益：减少和增加。

问　明

"盛哉！成汤丕承[1]也，文王渊懿[2]也。"或问丕承，曰："由小致大，不亦丕乎！革夏以天，不亦承乎！"渊懿，曰："重《易》六爻，不亦渊乎！浸以光大，不亦懿乎！"此语全勿交涉，与汤"执中立贤无方"，文王"视民如伤，望道而未之见"，相去远矣。

[1]　丕承：很好地继承。旧谓帝王承天受命，常曰"丕承"。　　[2]　渊懿：渊深美好。

寡　见

雄谓"赜[1]言周于天地，赞于神明，幽弘横度[2]绝乎迩言"；故曰"吾寡见人之好赜者也。迩文之视，迩言之听，赜则偭[3]焉"，意皆为《太玄》发也。孟子曰："言近而指远者善言也，守约而施博者善道也，君子之言也，不下带而道存焉。"观孟子此言，雄不待辨而知其非矣。然以言为学，孔子没后事，在时固无之。

    [1] 退：此处应为"假"。参见《汉书·扬雄传下》："假言周于天地，赞于神明，幽弘横广，绝于迩言。"　　[2] 幽弘横度：深远广大。《汉书·扬雄传下》："假言周于天地，赞于神明，幽弘横广，绝于迩言。"　　[3] 偭（miǎn）：违背。

重黎　渊骞

    "仲尼以来国君将相卿士名臣"，"仲尼之后，迄于汉道，德行颜、闵，股肱萧、曹，爰及[1]名将"，两篇皆详看。统纪之学，论述今古。孔氏之后，《春秋》绝书，修其业者：司马迁、刘向、扬雄、班固而已。董仲舒局狭，孔安国拘浅，郑玄浮肆；李膺、郭泰之流，言议不存，殆无以考见也；若郑子真、庄君平、李仲元，则固赖雄而传矣。苏氏称"子胥、种蠡皆人杰，而扬雄曲士也"，余尝论孔子言"后进于礼乐看子也"，而子胥、种蠡皆无礼乐而得为君子，此苏氏所谓人杰欤？盖自春秋而管仲始贤，孔子稍抑损之。晚至战国，则子胥、种蠡既显于世，独董仲舒言"越无一人"，而雄亦莫之与也。若文字由屈宋变流，荆轲、聂政，人以为壮烈者，雄皆论正，于大义有补矣。

    [1] 爰及：至于。

君　子

    论"圣人固多变，子游、子夏，得其书未得其所以书，宰我、子贡，得其言未得其所以言，颜渊、闵子骞，得其行未得其所以行"，其于言孔子固甚浅，欲大而反小之，然犹未失际畔[1]也。至谓"'圣人自恣[2]欤？何言之多端也？'曰：'子未睹禹之行水欤？一东一北，行之无碍也，君子之行独无碍乎，如何直往也？水避碍则通于海，君子避碍则通于理。'"按孔子之言皆在，未有多端而避碍者，不知雄何所指也。未初使难知，已而易识，先设疑难，后乃诚言，始为限碍，终也通达，此文人辩士玩弄笔舌之病也。春秋以前诸书犹不若是，有问则答，有蕴则陈而已。至战国秦汉，然后争为放恣，如雄所云；而雄虽振拔于常流，卒违眩[3]于故习。且人有碍而我通之，未尝自碍而又自通也，孔子之《论语》是也；雄之《太玄》，自碍而又自通者也。理有海而学至之，未尝自为海而又自为水也，孔子之赞《易》是也；雄之《太玄》，自为海而又自为水者也。

[1]　际畔：界限。　　[2]　自恣：随意。　　[3]　违眩：迷乱。

孝　至

雄称"周公以来，未有汉公之懿也，勤劳则过于阿衡，汉兴二百一十载而中天，其庶矣乎！辟廱[1]以本之，校学以教之，礼乐以容之，舆服以表之，复其井刑，免人役，唐矣夫"！详此，《法言》之成在莽未篡以前，篡后为《剧秦美新》，亦言"和鸾肆夏[2]，簫韶衮冕[3]，钦修百祀，明堂雍台，复五爵[4]，度三壤[5]，经井田，免人役，方甫刑，匡马法"，与《法言》不异，则雄虽巽而不诡[6]明矣。又按司马相如而下，歌颂之文，遂为故实，文士无能免者；故虽易世，而班固谓"相如《封禅》，靡而不典，扬雄《美新》，典而不实，皆游扬后世[7]，垂为旧式"；则是当时议论相承，未有以为不当作者。夫孔父、仇牧死，晏婴不死；龚胜死，扬雄不死；古人各贤其贤，不以相厉[8]也；而千载之后，方追数雄罪，为汉举法，惜哉！惜哉！

[1]　辟廱：即辟雍，本为周天子所设大学，校址圆形，围以水池，前门外有便桥。东汉以后，历代皆有辟雍，作为尊儒学、行典礼的场所，除北宋末年为太学之预备学校（亦称"外学"）外，均为行乡饮、大射或祭祀之礼的地方。《诗·大雅·灵台》："于论鼓钟，于乐辟廱。"　　[2]　和鸾：和鸾指古代

的一种铃铛，挂在车前横木上弥"和"，挂在轭首或车架上称"鸾"。肆夏：古乐章名，泛指宴饮、迎送宾客之乐。　　[3] 黼黻：绣有华美花纹的礼服。衮冕：衮衣和冕，是古代皇帝及上公的礼服。　　[4] 五爵：五等爵位，指公、侯、伯、子、男。　　[5] 三壤：古时按土质的肥瘠将耕地分为上、中、下三品，称为"三壤"。　　[6] 巽而不谄：顺从而不谄媚。　　[7] 游扬：传扬。　　[8] 相厉：互相劝勉。厉，通"励"。

管　子

◎ 解题

　　《管子》是托名于春秋齐国政治家、思想家管仲的著作，原有八十六篇，今本存七十六篇。由于管仲是杰出的政治家，《管子》一书也被后来的人视为先秦时期政治家治国平天下的经典。

　　《管子》非一人之笔，亦非一时之书，莫知谁所为；以其言毛嫱、西施、吴王好剑推之，当是春秋末年。又"持满定倾，不为人客"等语，亦种、蠡所遵用也。其时固有师传，而汉初学者讲习尤著，贾谊、晁错以为经本，故司马迁谓"读管氏书，详哉其言之也"。篇目次第，最为整比，乃汉世行书。至成、哀间，向、歆论定群籍，古文大盛，学者疑信未明，而管氏、申、韩由此稍绌矣。然自昔相承直云此是齐桓、管仲相与谋议唯诺之辞。余每惜晋人集诸葛亮事而今不存。使管子施设[1]果传于世，士之浅心，既不能至周、孔之津涯[2]，随其才分，亦足与立，则管仲所亲尝经纪者，岂不足为之标指哉！惟夫山林处士，妄意窥测，借以自名，王术始变，而后世信之转相疏剔[3]，幽蹊曲径遂与道绝；而此书方为申、韩之先驱，鞅、斯之初觉，民罹其祸而不蒙其福也，哀哉！

　　[1] 施设：措施。　　[2] 津涯：边际。　　[3] 转相疏剔：互相清理剔除。

◎ 研读

叶适讲："《管子》非一人之笔，亦非一时之书，莫知谁所为；以其言毛嫱、西施、吴王好剑推之，当是春秋末年。"总览《管子》全书，内容很庞杂，几乎包括了先秦各家的思想，而以道家与法家为重。叶适对管仲评价甚高，但对《管子》一书多有批评，在摘录《管子》诸篇的各条札记中，凡近于儒家思想处，他则予以肯定，批评处多属道家与法家的观点。叶适指出，由于此书托名管仲，故后世论治道者，基于此书发挥引申，极大地损害了对儒家治道的正确理解，使法家思想得以张刂，更使百姓蒙受祸害，即所谓"山林处士，妄意窥测，借以自名。王术始变，而后世信之转相疏刡，幽蹊曲径遂与道绝；而此书方为申、韩之先驱，鞅、斯之初觉，民罹其祸而不蒙其福也"。

经言一至七

《牧民》《形势》《权修》《立政》《乘马》《七法》《版法》《幼官》谓之《经言》，习《管氏》者敬守其语，按以从事，然亦多凡下鄙俚。如"政之所兴，在顺民心；政之所废，在逆民心"；"能佚乐之，则民为之忧劳；能富贵之，则民为之贫贱；能存安之，则民为之危坠；能生育之，则民为之灭绝"；"不为不可成，不求不可得，不处不可久，不行不可复"；"言而不可复者，君不言也；行而不可再者，君不行也"；"取于民有度，用之有止，国虽小必安；取于民无度，用之不止，国虽大必危"；"天下者，国之本也；国者，乡之本也；乡者，家之本也；家者，人之本也；人者，身之本也；身者，治之本也"；"国之所以治乱者三，杀戮刑罚，不足用也；国之所以安危者四，城郭险阻，不足守也；国之所以富贫者五，轻税租，薄赋敛，不足恃也"：以上语犹为就实而不夸，近民而可从。又如"国有四维[1]，四维不张，国乃灭亡"；"下令流水之原者，令顺民心也"；"言室满室，言堂满堂[2]，是谓圣王"；"一年之计，莫如树谷；十年之计，莫如树木；终身之计，莫如树人"等语：自汉以来人尤称颂，贾谊所谓"管子少而知治体，岂可不为之寒心"！司马迁所谓"论卑而易行"者也。盖先王之泽竭，师友学尚不复继，士以私智窥测，自立言议而被以管子之名，徒众多，传授广，于时孔、孟、子思之论未行，学士诸生以是书为教者，视六经无有也。余尝疑曹参用盖公言，"治道贵清净"，既以相齐，又以相汉，至武帝初犹定为国是；而此书偶因谊短世，错杀死，不极其用。然诸子之学，析为道德、法令、术数、刑名，往往末异而本同，学者不能择，则虽以尧、舜、汤、武之文，而卒归于黄、老、申、韩之实者，皆是也。

[1] 四维：治国的纲纪准则。《管子·牧民》："国有四维，一维绝则倾，二维绝则危，三维绝则覆，四维绝则灭。倾可正也，危可安也，覆可起也，灭不可复错也。何谓四维，一曰礼，二曰义，三曰廉，四曰耻。"　　[2] 言室满室，言堂满堂：在室内讲话，要让全室的人知道；在堂上讲话，要让全堂的人听到。指君主说话办事公开，没有隐藏。

立政　九败

《九败》言"寝兵[1]之说胜，则险阻不守；兼爱之说胜，则士卒不战"。按古无寝兵之说，管仲虽能合诸侯称伯，正以兵胜耳，寝兵在盟宋后也。兼爱先王正道，然因寝兵而兼爱，则佚堕[2]以偷生，此两语正切当世之病。上以寝兵兼爱文其卑弱，故险阻不守，士卒不战，而败亡之形常在目前矣。

[1] 寝兵：停止战争。　　[2] 佚堕：放荡堕落。

七法 四侮 八匡

"治人如治水潦[1]，养人如养六畜，用人如用草木"，数术家立语如此，失伦类甚矣。记礼者云，"大为之坊，民犹逾之"；若上以礼义为坊，谨而勿慢，如以治水潦之道治之犹可也。人之养六畜，未有不时其饥饱，为之圈牢，求所以利之，而民之饮食居处，上则夺之以自利，是不如六畜也；人之用草木，未有不顺其已成，随其所宜，以遂其材，而民则斩刈不顾[2]，喜近怒远，进亲退疏，以枉阙之[3]，是不如草木也。然则失伦类之言，而志犹在于治，虽通伦达类，而不足以治或反以害之众矣，不知其病安在也。

[1] 水潦：水淹。　　[2] 斩刈（yì）不顾：只顾自己砍伐。　　[3] 以枉阙（è）之：栽赃别人来阙绝、阻碍他。

重　令

"凡君国之重器，莫重于令，令重则君尊，君尊则国安，令轻则君卑，君卑则国危，故安国在乎尊君，尊君在乎行令"；"明君察于治民之本，本莫要于令，故曰亏[1]令者死，益[2]令者死，不行令者死，留[3]令者死，不从令者死，五者死而无赦，惟令是视"。按《管子》无虑[4]十余万言，而独此数十语，后人道说不置。夫论治一本而已，不可有二也，为《管子》者，既称"下令于流水之原"，取其顺民之心而易行于其先矣，安得压之以威，惧之以死，虽逆民心而不恤于其后哉？而道说之者，既以其言顺民心者为是，而不以其言逆民心者为非，顾言之不置愈甚，又何哉？孔子曰"其身正，不令而行；其身不正，虽令不从"；是数术家以令为令，而孔子以不令为令也。又曰："人之言曰'予无乐乎为君。惟其言而莫予违也'，如其善而莫之违也，不亦善乎，如不善而莫之违也，不几乎一言而丧邦乎！"是数术家以言而不违为兴国，而孔子以言而不违为亡国也。古人之于命令也，"先甲三日，后甲三日"；"先庚三日，后庚三日"。夫上之所欲未必是，逆而行之不可也；民之所欲未必是，顺而行之不可也；非顺非逆，理有必可行而行之者也；先之以开其所知也，后之以熟其所信也，申重谆悉[5]，终于无不知也，斯行矣。命令之设，所以为民，非为君也，焉有未能生之而已杀之者乎？数术家暗于先王之大意，私其国以自与，以为是命令者，特为我而发，民所未喻而操制之术先焉，故始于欲尊君而行令而其甚也无所不用矣。孔子赞《易》，以巽为随风，而其用曰"君子以申命行事"，君子者，通上下之言也；以姤[6]为天下有风，而其用曰"后以施命诰四方"，后者，独一人之言也。夫通上下与独一人，然皆非巽莫行焉。且数术家苟恣胸臆而不稽之先王，不足罪矣。后之为学，既一于尧、舜、周、孔，然不思以《易》《论语》之言出令，而皆欲以《管子》之言出令，是数术刑名常为主，而申、商、韩非之祸无时可息也，悲夫！

[1] 亏：删减。　　[2] 益：增添。　　[3] 留：扣压。　　[4] 无虑：大约。　　[5] 申重谆悉：再三恳切而详细地嘱咐。　　[6] 姤：即姤卦。

法　法

"凡赦者，小利而大害者也，故久而不胜其祸；毋赦者，小害而大利者也，故久而不胜其福；故赦者奔马之委辔[1]，毋赦者痤疽[2]之矿石也。"又曰："文有三侑，武无一赦，惠者多赦，先易后难，法者先难后易"；"惠者民之仇仇，法者民之父母"。当时论不可赦如此，岂如司马迁所记陶朱公子之类，或者君臣之间固售其私，因以惠奸长恶耶？古人制法，未尝不与赦并行，故"雷雨作解，君子以赦过宥罪"，而鲁肆大眚[3]，史无贬辞，此有国旧典，通上下常文，非所以为成败祸福之要也。然处士以意窥测，发语偏陂，遂与帝王之道离绝；后学因之，蔽固相承，刘备至谓"周旋陈元方、郑康成间，言治道多矣，未尝及赦"！盖汉以后复为战国数百年，此等见识不为无助也。

[1] 委辔（pèi）：脱缰。　[2] 痤疽（cuó jū）：犹痈疽，毒疮。
[3] 肆大眚（shěng）：大赦有罪之人。出自《左传·庄公二十二年》。

"堂上远于百里，堂下远于千里，门廷远于万里。"岂必天下与国？虽一家一身，其患皆然矣。古之圣贤，所以昭明大德，荡涤疑阻，《周官》一书，通达壅塞之理居半，凡欲去此患也。如数术家所言，猜虑积于心，忿忮[1]形于色，左右前后，无非蔽欺，钩距[2]设而告密用，群情惴惴，莫敢自安，是适以来谗贼而长诈伪，速祸乱之成也，尚何以救之！故后世有以一切不知为大度，无所复问为宽仁，而反获兴其国者矣。

[1] 忿忮（zhì）：残忍凶狠。　[2] 钩距：即钩距法，中国古代侦讯之术。

大匡　中匡　小匡

所以为《管子》者，在《三匡》二卷，杂乱重复，叙齐襄公被弑，鲁桓公见杀，皆与《左氏》不异。然此书所有者，《左氏》无不有，而复重杂乱者，《国语》尽削除以就简一；明此书之出在《左氏》后，《国语》之成在此书后也。其记管仲，自谓小白必得国，召忽称管仲为生臣[1]，朝之争禄相刺者不绝，鲁庄抽剑揕[2]齐桓，皆浮传妄说，而欲以此类预知人家国事，可乎？如《左氏》但云"君使民慢，乱将作矣，奉公子小白出奔莒。乱作，管夷吾、召忽奉公子纠来奔"。又曰"子纠亲也，请君讨之；管、召仇也，请受而甘心焉"。又曰"管夷吾治于高傒，使相可也，从之"。如是，虽无他书，不必详载亦可矣。扬雄谓太史迁曰实录，然岂必尽纪当时事而后为实哉！使当时诸侯不去其籍，又不经焚书而迁尽见，则将有不可胜录者，雄盖未知也。

　　[1] 生臣：匡助社稷之臣。　　[2] 揕（zhèn）：用刀剑等刺。

　　分国为五乡，野为五属，当时诸侯制度，下于天子固宜。《小匡》乃言管仲"制国为二十一乡，商工六，士农十五"，纵横参乱，尤不近理，盖非一人之笔。其言"正月朔太史布宪[1]，五乡五属，大夫皆受而致之"，略如《周官》所记，然始有"留令罪死"之论矣。处士无故创奇语，后人遂倚以为口实，甚害事也。"方设居方，别生分类"，比闾什伍，纪叙其民，乃自古有国之常，虽春秋战国乱世亦不废，本非治乱存亡所系也。学者因管子所言，张皇矜衒[2]，作一大事。王安石谓"凫居雁聚，散而之四方数千年"；至言"察奸而显诸仁，宿兵而藏诸用"；及夷狄猝起，禽奔兽遁，何尝有一毫之益！然后知"无怠无荒"，圣贤至戒，书生剩谈[3]，泛滥非实。

　　[1] 布宪：颁布法令。　　[2] 张皇矜衒（xuàn）：大肆夸耀。　　[3] 剩谈：多余的废话。

霸　形

　　"宋伐杞，狄伐邢卫，桓公不救，裸体纫胸[1]称疾，召管仲曰：'寡人有千岁之食而无百岁之寿，今有疾病，姑乐乎？'管仲曰：'诺。'于是令之县[2]钟磬之橡[3]，陈歌舞竽瑟之乐，日杀数十牛者数旬。"群臣谏，桓公又云："彼非伐寡人之国也，伐邻国也，子无事焉。""宋已取杞，狄已拔邢卫矣，桓公起行笋簴[4]之间。""公视管子曰：'乐夫仲父！'管子曰：'古之言乐于钟磬之间者，不如此，言脱于口而令行于天下，游钟磬之间者而无四面兵革之忧。今君之事，臣之所谓哀，非乐也。'桓公曰：'善。'于是乃伐钟磬之县，起而封杞封邢封卫"云云。"兵革之会六，乘车之会三，九合诸侯，反位以霸，修钟磬而复乐。管子曰：'此臣之所谓乐也。'"世所称管仲相桓公事，大抵若此。按《左氏》"狄人伐邢，管敬仲言于齐侯曰：'戎狄豺狼，不可厌也。诸夏亲昵，不可弃也。宴安鸩毒[5]，不可怀也。《诗》云："岂不怀归，畏此简书。"简书，同恶相恤之谓也。请救邢以从简书。'邢人溃，奔师，迁于夷仪，遂城夷仪，具器用而归之，师无私焉。其迁卫也，卫忘亡。"然则管仲不当如《左氏》所言以匡齐侯，而必纵其乐，乃激谏之，已事又复乐耶？余尝疑《左氏》中管仲语，自降古人数十等，盖"葛伯仇饷"，"朕哉自亳"，"有罪无罪，惟我在"，不复见矣。然以侯伯救患，分灾讨罪，则称《文王》之诗正合礼体，亦未可遽引汤、武责之也。今辩士之辞，又降《左氏》数十等，世故日讹而王道沦失，学者之论又愈降，奈何？使人君任法为道，要始于管子，其说以为佚乐[6]驰骋宫中之欢，皆无所禁圉[7]，利身便形养寿命，垂拱[8]而天下治，而尧及黄帝皆然。又谓《周书》为国法，而人君者莫贵于胜；详其大意，止是浅鄙无稽，不闻先王之常道，苟循胸臆之劣想，初无足言者，然遂成战国亡秦之祸。司马迁父子晚出，不能明见，反谓"阴阳、儒、墨、名、法、道德皆务为治，直言之异路，有省不省"；波流将泯，又涨兴之，既列家数，真伪杂行，为后世害，无有穷已，悲哉！悲哉！故舜谓"谗说殄行[9]，震惊朕师"。观春秋、战国议论之变繁多至此，唐、虞、夏、殷之间，又不知其几也。

[1] 纴（rèn）胸：缠着胸部。　　[2] 县（xuán）：同"悬"，挂起。[3] 栒：古代悬挂钟磬的架子。　　[4] 簴（jù）：古代挂钟磬的架子上的立柱。　　[5] 宴安鸩毒：贪图安逸享乐如同饮毒酒一样致命、有害。比喻耽于逸乐而杀身。　　[6] 佚乐：悠闲安乐。　　[7] 禁圉（yǔ）：同"禁御"，忍

耐。 [8]垂拱：垂衣拱手，谓不亲理事务。后多用以称颂帝王无为而治。《尚书·武成》："惇信明义，崇德报功，垂拱而天下治。" [9]谗说殄行：谗言和浪费行为。

戒

"今夫人患劳而上使不时，人患饥而重敛焉，人患死而急刑焉，如此而又近有色而远有德，虽鸿鹄之有翼，济大水之有舟楫也，其将若君何！"则未知其为管仲之言欤？或设言之欤？虽设言之也，亦近之矣。故孔子曰："节用而爱人，使民以时。"治国无异道也，能以治不能以教，则霸者之褊劣异于王术也。

心 术

"耳目者，视听之官也，心而无与乎视听之事，则官得守其分。夫心有欲者，物过而目不见，声至而耳不闻也。故曰上离其道，下失其事，故曰心术者无为而制窍[1]者也"，按孟子称"耳目之官不思而蔽于物，心之官则思"，余论之已详。然则以心为官而使耳目不得用，与以心为官而使视听尽其用，二义不同，而皆足以至道，学者各行其所安可也。至言"专于意，一于心，耳目端，知远之证，能专乎？能一乎？能无卜筮而知凶吉乎？能止乎？能已乎？能无问于人而自得之于己乎？故曰思之思之，不得，鬼神教之；非鬼神之力也，精气之极也"；则执心既甚，形质块然，视听废而不行，与前说大异。盖辩士诸子之言心，其极未尝不如此；而后学初不考验，特喜其异而亟称之，则为心术之害大矣。《洪范》"思曰睿，睿作圣"，各守身之一职，与视听同谓之圣者，以其经纬乎道德仁义之理，流通于事物变化之用，融畅沦浃[2]，卷舒不穷而已。乌有守独失类，超忽怳恍[3]，狂通妄解，自矜鬼神，而曰此心术也哉？宜乎孔子谓季文子"再斯可矣"。

[1] 制窍：控制着人的九窍。 [2] 融畅沦浃：明白通畅。 [3] 超忽
怳恍：迷惘惊疑。

水 地

《水地篇》以水谕道，以玉比德，儒者之学亦然，虽孔子未尝不
然也。"素者五色之质，淡者五味之中"。古之学者必先见底，的是
用功处，子夏言"礼后乎"？而孔子谓"可与言诗"；不然，则文义
茫茫，如捕缉影象，失其实矣。此篇又言伏暗[1]、龟、龙、涸
泽[2]、庆忌[3]之类，放恣不已。夫纯于义理而学者犹不能择，况以
怪妄厕杂[4]其间乎！必并委弃之矣。

[1] 伏暗：隐伏暗处。 [2] 涸泽：干枯的湖泊。 [3] 庆忌：上古
时期中国齐地神话传说中的一种水神，泽精，人形，大概十几厘米高，黄衣黄
帽，乘黄色小车，日驰千里。 [4] 厕杂：混杂。

小 问

"桓公放春三月观于野。公曰：'何物可比于君子之德乎？'隰朋
对曰：'夫粟，内甲以处，中有卷城，外有兵刃，未敢自恃，自命曰
粟，此其可比于君子之德乎？'管仲曰：'苗，始其少也，眴眴[1]
乎，何其孺子也！至其壮也，庄庄乎，何其士也！至其成也，由由
乎[2]兹免[3]，何其君子也！天下得之则安，不得则危，故命之曰
禾，此其可比于君子之德矣。'桓公曰：'善！'"夫游豫[4]观物，
下荡耳目之娱，尊粟重禾，以食为本，类德象贤，出语必敬；《诗》
曰："曾孙来止，以其妇子，馌[5]彼南亩，田畯至喜；攘其左右，
尝其旨否；禾易长亩，终善且有；曾孙不怒，农夫克敏"：君臣之间
果若此，可以无刺矣。

　　[1] 眴眴：柔顺貌。　　[2] 由由乎：自得的样子。　　[3] 兹（zī）免：和悦地愈来愈俯首向根。　　[4] 游豫：帝王出巡。　　[5] 馌（yè）：给田里耕作的人送饭。

轻　重

　　"轻重之权惟上所制"；"人君操本，民不得操末，人君操始，民不得操卒"；"民重者君轻之，民轻者君重之"。黄帝、尧、舜、禹、汤、文、武，皆以珠玉、黄金、刀布[1] 为上、中、下币，而疾徐先后行于其间。盖为管氏之书者，变诈之说，百出不穷，其盛在于盐铁，其用著于宝龟[2]，蓄泄废居[3]，豪夺商贾，至于决瓁洛[4] 之水，沐途旁之树，倾鲁梁之绨[5]，搜荆楚之鹿，戏辞谬论今虽存而不举者众矣；独盐铁为后人所遵，言其利者无不祖管仲，使之蒙垢万世，甚可恨也！按其书，计食盐之人，月为钱三十，中岁之谷，粜[6] 不十钱，而月食谷四石；是粜谷市盐与食谷之费略不甚远，虽今之贵盐不至若是，而管仲何以行之？又按《周官》盐人掌盐之政令，不载政令之由，详其义，官自造盐食用耳，不榷卖[7] 也。又按《左氏》，晏子言："鱼盐蜃蛤，弗加于海，海之盐蜃，祈望守之。"是时衰微苟敛，始有禁榷，陈氏因为厚施，将以取齐，晏子忧之，因疾而谏。然则管仲所行，安得为晏子所非乎？齐卒以此亡，若管仲果行之而乃以此霸，又可信乎？孔子以器小卑管仲，责其大者可也；使其果猥琐为市人不肯为之术，孔子亦不暇责矣。故《管子》之尤谬妄者，无甚于《轻重》诸篇。

　　[1] 刀布：古代货币。　　[2] 宝龟：古代用以占卜吉凶的龟。　　[3] 蓄泄废居：谓货物价贱则买进，价贵则卖出，以求厚利。蓄泄，蓄存与泄放。废，出卖。居，囤积。　　[4] 瓁（wò）洛：水盛貌。　　[5] 绨（tì）：丝织物的一种。用蚕丝或人造丝作经，棉纱作纬，采用平纹或平纹作地提花织成。　　[6] 粜（tiào）：卖出（粮食）。　　[7] 榷卖：专卖。

孙　子

◎**解题**

《孙子兵法》，又称《孙武兵法》等，共十三篇，是最早也是最著名的兵家著作。孙武是春秋末期齐国人，由齐流亡到吴国，辅助吴王治军。《孙子兵法》是孙武晋见吴王阖闾时已完成的著作，在吴国的经验使之进一步补充完善。汉初，《孙子兵法》十三篇是独立而完整的，但后来又有了八十二篇的记载。恢复十三篇是东汉末年曹操完成的工作，其余八十余篇唐以后失传。

按司马迁称"《孙子》十三篇"两言之；而班固志《艺文》，乃言吴《孙子兵法》八十二篇；又《吴起》四十八篇，而今《吴起》六篇而已；又今《中庸》一篇，而《志》称四十九篇。岂昔所谓篇者，特章次之比，非今粹书[1]也？然迁时已称十三篇，而刘歆、班固在其后，反著八十二篇；以《火攻》《用间》考之，疑《孙子》亦有未尽之书。然此为文字多少，其不存者自不足论。迁载孙武齐人而用于吴，在阖庐时破楚入郢为大将。按《左氏》无孙武，他书所有《左氏》不必尽有。然颍考叔、曹刿、烛之武、鱄设诸[2]之流微贱暴用事，《左氏》未尝遗，而武功名章灼如此，乃更阙略；又，同时伍员、宰嚭，一一诠次，乃独不及武耶？详味《孙子》，与《左氏》《六韬》《越语》相出入，春秋末、战国初山林处士所为，其言得用于吴者，其徒夸大之说也。自周之盛至春秋，凡将兵者必与闻国政，未有特将于外者；六国时，此制始改。吴虽蛮夷，而孙武为大将，乃不为命卿[3]，而《左氏》无传焉，可乎？故凡谓穰苴[4]、孙武者，皆辩士妄相标指，非事实。其言阖闾试以妇人，尤为奇险不足信。且武自诡妇人可勒兵[5]，然用百八十人为二队，是何阵法？且既教妇人而爱姬为队长，则军吏不应参用男子，队长当斩，其谁任之？仓猝展转，武将自败之不暇。然谬误流传，但谓穰苴既斩宠臣而孙武又戮爱姬也，不知真所谓知兵者何用此。或问："子不与斩爱姬，于事何所损益？"天下有道，征伐自上出，而行阵部伍，皆有定法以教天下；天下无道，匹夫贱人以意言兵，行阵部伍，无复常经，其流及上，而为国者顾听命焉，祸结数千年，不可救止；此岂小故，而谓无所损益耶？

[1] 粹书：集聚成书。粹，古同"萃"，集聚。　　[2] 鱄设诸：即专诸，春秋时吴国棠邑人，相传受吴公子光（即吴王阖闾）密谋，以宴请吴王僚为名，藏匕首于鱼腹之中进献（鱼肠剑），当场刺杀吴王僚。　　[3] 命卿：由天子所任命的诸侯之卿。　　[4] 穰苴（ráng jū）：田穰苴，又称司马穰苴，春秋末期齐国军事家。　　[5] 勒兵：操练军队。

◎研读

《习学记言序目》卷四十六是关于"武经七书"的札记。"武经七书"是北宋时朝廷颁行的兵法丛书，由《孙子兵法》《吴子兵法》《司马法》《六韬》《三略》《尉缭子》《唐太宗李卫公问对》七部著作汇编而成，基本包括了北宋以前的主要军事代表作，属于兵家。叶适根抵六经，折衷诸子，他本人对抗金北伐始终关心，故"武经七书"也自然属于他研读的重要部分。

叶适此条札记对于孙武与《孙子兵法》都表示怀疑，他推定《孙子兵法》只是"春秋末、战国初山林处士所为，其言得用于吴者，其徒夸大之说也"。因此，他对《孙子兵法》总体上是评价不高的，在具体的札记中，主要也是持批评意见。在《孙子》札记的最后，叶适讲："司马迁谓世所称师旅多道《孙子》十三篇。始管子、申、韩之学行于战国、秦、汉，而是书独为言兵之宗。及董仲舒、刘向修明孔氏，其说皆已黜，而是书犹杰然尊奉逮今，又将传之至于无穷，此文武所以卒为二涂也。悲夫甚哉！"可以说，这是叶适对《孙子兵法》的论定。

始　计

"兵者，诡道也，故能而示之不能，用而示之不用，近而示之远，远而示之近，利而诱之，乱而取之，实而备之，强而避之，怒而挠之，卑而骄之，佚而劳之，亲而离之，攻其无备，出其不意。"按子罕言"天生五材，民并用之，废一不可，谁能去兵？兵者，所以威不轨而昭文德也，圣人以兴，乱人以废"。其论突兀怪伟，无有典常，然犹是兵内事。今"诡道"二字于兵外立义，遂为千古不刊之说。自司马子鱼以来不得已而一用之者，以类采集，自为一家，变异翕忽，犹若鬼神，而古人之言兵者尽废矣。乱而取，实而备，强而避，卑而骄，禹、汤、文王之兵也，正道也，非诡道也。孙子不学不能知，所知者诡而已。

作　战

"兵闻拙速，未睹巧久"，最为论后世用兵要处。然巧者能久，拙者不能速，古人久速，此书未深考也。《书》称武王一戎衣而天下大定，此非巧拙久速所能预。高宗伐鬼方，周公诛管、蔡之党，齐桓、楚庄图霸皆最久，后世诸葛亮虽无功，亦能久暴师而不困。夫行师有节，驻兵有制，于敌不厌，于我不勤，虽久可也；若轻行欻[1]反，亟肆多方[2]，譬如寇盗，有同夷狄，虽速奚贵哉！

[1] 欻（xū）：突然。　[2] 亟肆：频繁侵扰。多方：多方向进攻。参见《孙子·作战》："亟肆以疲之，多方以误之。"

　　"智将务食于敌，食敌一钟，当吾二十钟，萁[1]秆一石，当吾二十石。"按辕涛涂欲齐桓观兵东夷，循海而归，申侯反之，使出陈、郑之间，供其资粮扉屦[2]，而齐执涛涂。城濮之胜，晋入楚师三日谷，邲之役，楚亦谷晋三日，皆为大庆。虽春秋用兵劣于前世，然未有指敌以为食者。至于后世，剽劫掠夺，无所不有，而此书以为智将，则赤眉[3]、黄巾[4]纷纷起矣。

[1] 萁（qǐ）：梁、黍一类的农作物。　[2] 扉屦（fèi jù）：草鞋。泛指行旅用品。　[3] 赤眉：赤眉起义，中国古代著名的农民起义之一。[4] 黄巾：黄巾起义，东汉晚期的农民战争，也是中国历史上规模最大的宗教形式组织的民变之一。

谋　攻

　　自周衰，诸侯强陵弱，吞并小国，春秋时无岁无之，围、入、灭、取，至立为凡例，而此书有全国破国、全军破军、攻城十围五攻之论，又谓不战而屈人兵，当"以全争于天下"，初看似径省，然岂伐谋伐交所能致？必如禹、汤而后不战全争者可言也。

　　极论縻军[1]引胜，又谓"将能而君不御"。春秋时固无中御之患[2]，战国始有而未甚也；秦汉以后，其语遂为砭石[3]。盖此书亦非能见微者，本于窥测而势转激耳。

[1] 縻军：受牵制而不能灵活机动的军队。　[2] 中御之患：君王统御前线军队的毛病。　[3] 砭石：古代用以治痈疽、除脓血的石针。

军　形

"先为不可胜以待敌之可胜"，"能为不可胜，不能使敌之必可胜"；"不可胜者守也，可胜者攻也，守则不足，攻则有余"；"善守者藏于九地^[1]之下，善攻者动于九天之上"；"善战者之胜也，无智名，无勇功"：其论彼己胜败之际，至为恳切，盖止欲不败，而未尝敢求必胜也。而后之欲必胜者，皆于此书索之，其他不足道，而曹操、李靖为最详，则余所不能知也。

[1] 九地：各种隐秘难测的地形。

兵　势

"战势不过奇正^[1]"，专为将兵者言之可也，若为国，则有正无奇也。

[1] 奇正：兵法术语。古代作战以对阵交锋为正，设伏掩袭等为奇。

虚　实

"能知战地，能知战日，则可千里而会战；不知战地，不知战日，则左不能救右，右不能救左，前不能救后，后不能救前，而况远者数十里，近者数里乎！"凡战，以声相临，以势相加，决知战地战日，虽汤、武之师，不敢以此自任，如是则有守而已。此书尽用兵之害，而于守与不战持之最坚，学者亦未之详也。

行 军

"兵非贵益多，虽无武进，足以并力料敌[1]取人而已。夫惟无虑而易敌者，必擒于人。"此篇所记行军候敌情伪数十条，而卒系之以此数语，盖喜谋者多躁，有虑者易骄，智士之通害也。

[1] 并力料敌：集中兵力，判明敌情。

地 形

"故战道必胜，主曰无战，必战可也；战道不胜，主曰必战，无战可也。"夫可以必胜而轻失之者，世固多有；不可以胜而轻犯之者，世固多有；不然，安得成败存亡之易置[1]也？此何独为兵言之？故曰"进不求名，退不避罪，惟民是保而利于主，国之宝也"；又曰："知兵者动而不迷，举而不穷。"呜呼！何独兵也！

[1] 易置：更换。

九 地

"投之无所往，诸、刿之勇也"，明此书不与阖庐、伍员同时。

"善用兵者譬如率然[1]，率然者，常山之蛇也，攻其首则尾至，攻其尾则首至，攻其中则首尾俱至。'敢问可使如率然乎？'曰：'可。夫吴人与越人相恶也，当其同舟而济，遇风，其相救也如左右手。'"又曰："善用兵者，携手若使一人，不得已也。"古人谓"善治者能使天下如一家，中国如一人"；又曰"出入相友，守望相助，疾病相扶持，则百姓亲睦"。然则善用兵者，人人知其勇怯，事事同其忧患，死生利害不相背离，所以首尾相救，如使一人；非谓阵法奇正,同舟遇风,不得已而然也。如必曰"投之死地然后生,陷之亡地然后存",是真死亡,岂复有生存之理哉!

[1] 率然:古代中国传说中的一种蛇。形容轻捷的样子。

火 攻

火攻浅事,以此为书,则不胜书,何止十三篇也!下文"战胜攻取而不修其功者凶,命曰费留[1]",不与上篇连属,战国说士所谓养由基[2]可教射之类也。

[1] 费留:一说意为不及时论功行赏。 [2] 养由基:春秋时楚国大夫,善射,能百步穿杨。

用 间

"故明君贤将所以动而胜人,成功出于众者,先知也。"凡孙子所言,皆先知之事,而谓"先知者不可取于鬼神,不可象于事,不可验于度[1],必取于人,知敌之情者",而归之于用间;则此书之纲领,不过于用间而已。然谓"明君贤将以上智为间者,必成大功",盖其妄意之过。若近事秦桧挟虏重[2]以执国权,则可谓彼能用间矣。

[1] 度:想当然地推度。 [2] 挟虏重:凭借金兵的势力。

司马迁谓世所称师旅多道《孙子》十三篇。始管子、申、韩之学行于战国、秦、汉,而是书独为言兵之宗。及董仲舒、刘向修明孔氏,其说皆已黜,而是书犹杰然尊奉逮今,又将传之至于无穷,此文武所以卒为二涂也。悲夫甚哉!扬雄不喜孙、吴,而曰"不有《司马法》乎"?呜呼!不知雄所指何司马也。

吴 子

◎ 解题

《吴子》即《吴子兵法》，相传是战国初期吴起所著，战国末年已流传。吴起是卫国人，一生历仕鲁、魏、楚三国，在内政与军事上都有很高的成就，他的兵家思想融合了儒家与法家，主张内修文德，外治武备。《吴子兵法》汉代称四十八篇，但唐代都记载为一卷，今本分上下两卷，共《图国》《料敌》《治兵》《论将》《应变》《励志》六篇。

图 国

"强国之君必料其民[1]。民有胆勇气力者，聚为一卒；乐以进战效力显其忠勇者，聚为一卒；能逾高超远轻足善走者，聚为一卒；王臣失位而欲见功于上者，聚为一卒；弃城去守欲除其丑者，聚为一卒：此五者，军之练锐也，有此三千人，内出可以决围，外入可以屠城矣。"屠城、决围非是。

[1] 料其民：查清民情。

◎ 研读

叶适的札记涉及《图国》《治兵》《论将》，三则札记都是摘录原文，然后简单下一评语。在《图国》札记中，叶适的摘录显然反映了他对吴起的分类法是肯定的，这其实也是吴起兵法强调"以治为胜"的重要基础，但叶适最后的评语"屠城、决围非是"，清楚地表明，他对吴起兵家的肯定只是在战术与技术的层面，而在思想与价值的层面是否定的。从下文《治兵》的评语"按孙子言将事太深远，不若此之切近"，以及《论将》的评语"按《孙子》《军形》《兵势》《虚实》《军争》《九变》诸篇，微妙入神。然起此语简直明白，无智愚高下皆可用，用而必验，则过之矣"，同样可以看到，叶适是在战术与技术层面对《吴子兵法》作肯定，而且在这个意义上，叶适对《吴子兵法》的评价要高于《孙子兵法》。

治　兵

"使地轻马，马轻车，车轻人，人轻战。明知险易，则地轻马；刍秣以时[1]，则马轻车；膏铜[2]有余，则车轻人；锋锐甲坚，则人轻战。""用兵之法，教戒为先。一人学战，教成十人；十人学战，教成百人；百人学战，教成千人；千人学战，教成万人；万人学战，教成三军。以近待远，以佚待劳，以饱待饥。圆而方之，坐而起之，行而止之，左而右之，前而后之，分而合之，结而解之。每变皆习，乃授其兵，是谓将事。"按孙子言将事太深远，不若此之切近。

[1] 刍秣（mò）以时：饲养适时。刍秣：饲养牛马的草料。　　[2] 膏铜：给车轴铁上油，使之润滑。

论　将

"吴子曰：凡兵有四机：一曰气机，二曰地机，三曰事机，四曰力机。三军之众，百万之师，张设轻重，在于一人，是谓气机；路狭道险，名山大塞，十夫所守，千夫不过，是谓地机；善行间谍，轻兵往来，分散其众，使其君臣相怨，上下相咎[1]，是谓事机；车坚管辖，舟利橹楫，士习战陈，马闲驰逐，是谓力机。知此四者，乃可为将。"按《孙子》《军形》《兵势》《虚实》《军争》《九变》诸篇，微妙入神。然起此语简直明白，无智愚高下皆可用，用而必验，则过之矣。

[1] 相咎：相互责怪、怨恨。

司马法

◎ 解题

《司马法》大约成书于战国初期。据《史记·司马穰苴列传》，齐威王使大夫追论古者司马兵法而附穰苴于其中，故称《司马穰苴兵法》。另外，司马迁在《太史公自序》中还讲到，《司马法》一直为人所尊崇。《司马法》并非一人所撰，而是在夏、商历代掌兵的司马编纂的基础上，最后由周朝的首任司马姜太公初编成书，又经后人增补完成的。在《汉书·艺文志》中，《司马法》共一百五十五篇，至《隋书·经籍志》时仅存三卷五篇，即今本原型。

仁本　天子之义

"古者以仁为本以义治之之谓正，正不获意则权，权出于战，不出于中人。""正不获意则权"不成语。又言"有虞氏不赏不罚而民可用，至德也；夏赏而不罚，至教也；殷罚而不赏，至威也；周以赏罚，德衰也"；尤不成语。其他大抵类此。司马迁谓"司马兵法阔廓深远，虽三代征伐未能竟其义"，即此法耶，抑别有所指也？穰苴事，余固言其非。儒生学士借名于兵，漫漶驰靡[1] 无所归宿。夫非知德者不足以知兵，而迁之所云阔廓深远才若此，悲夫！

[1] 漫漶驰靡：迷茫不清，胡乱延伸。

◎研读

司马迁对《司马法》评价很高，即叶适所引述的"司马兵法闳廓深远，虽三代征伐未能竟其义"，但叶适对此深表怀疑，在这则札记中，他摘引了两三句，以为"不成语"或"尤不成语"。总体上，叶适以为后世儒生学士没有从根本上领会儒家之道，因而也不能积学以成德，只是借名于兵，结果"漫漶弛靡无所归宿"。

六　韬

◎ 解题

　　《六韬》又称《太公六韬》《太公兵法》。《汉书·艺文志》有著录"《太公》二百三十七篇，其中《谋》八十一篇，《言》七十一篇，《兵》八十五篇"；《隋书·经籍志》收录此书，题"周文王师姜望撰"。姜望即姜太公吕望。全书以太公与文王、武王对话形式编成，分文韬、武韬、龙韬、虎韬、豹韬、犬韬六卷。南宋始，此书被疑为伪书。1972年山东临沂银雀山汉墓出土与《六韬》有关的竹简，证明此书至少在西汉已流传。现一般认为此书成于战国时期。

　　古人盛际，尧举舜，舜荐禹、皋陶，汤用伊伊，高宗梦傅说，《书》皆详记；而文王遇太公望事乃阙略可恨，《诗》但言"维师尚父，时维鹰扬，谅彼武王，肆伐大商，会朝清明"而已。观《左氏》载赐履一节，盖太公初进，文王尚为诸侯，及佐武灭商，遂屏辅[1]于外，故其功不及周、召之大也。然世俗流传，而兵家窃借以为书，若今《六韬》者，后世氶谬，谓其君臣遇合之间，阴谲狭陋至此，则何以"对越在天"而"上帝临汝"乎？

　　[1] 屏辅：卫护。

◎ **研读**

　　叶适相信文王遇太公望之史事，但可惜记载阙略，只有《诗》与《左传》有一些零星记载。至于《六韬》，叶适认为是"兵家窃借以为书"，内容"阴谲狭陋"。所撰两条札记，一条综论《龙韬》至《犬韬》，说明其是对孙子、吴起，包括先秦诸子有关思想的混合；另一条专论《虎韬》中的《军用》篇，对其内容质疑。

龙韬至犬韬

　　自《龙韬》以后四十三篇，条画变故[1]，预设方御，皆为兵者所当讲习。《孙子》之论至深不可测，而此四十三篇繁悉备举，似为《孙子》义疏也。其书言避正殿，乃战国后事，固当后于《孙子》；论"将有十过"，近于五危[2]；"战车十死，战骑九败"，与《行军》《九地》相出入；其《励军》言礼将、力将、止欲将，"练士各聚卒，教战成三军"；又本于吴起。然则孙、吴固兵家所师用。至庄周亦称九征[3]，则真以为太公所言矣。然周嫚侮为方术者，而不悟《六韬》之伪，何也？盖当时学术无统，诸子或妄相诋訾[4]，或偶相崇尚，出于率尔，岂足据哉！

[1] 条画变故：战略变化。　　[2] 五危：军事上容易造成失败的五种危险现象。《孙子兵法·九变篇》："故将有五危：必死，可杀也；必生，可虏也；忿速，可侮也；廉洁，可辱也；爱民，可烦也。凡此五者，将之过也，用兵之灾也。覆军杀将必以五危，不可不察也。"　　[3] 九征：九种征验，古代考察"贤"与"不肖"的九种办法。《庄子·列御寇》："君子远使之而观其忠，近使之而观其敬，烦使之而观其能，卒然问焉而观其知，急与之期而观其信，委之以财而观其仁，告之以危而观其节，醉之以酒而观其侧，杂之以处而观其色，九征至，不肖人得矣。"　　[4] 诋訾（zǐ）：毁谤非议。

军　用

　　按《军用》述三军器用攻守之具，科品^[1]众寡之法，甲士万人，器械重厚，无所不有，计十万人乃足，盖非道路所能容。《左氏》邲之战，但言"军行，右辕，左追蓐^[2]，前茅虑无，中权，后劲，百官象物而动，军政不戒而备"；城濮七百乘，"韅、靷、鞅、靽^[3]"而已。若群物尽行，起江越海，皆有其具，临时仓猝，施用不及，乃自败之道，然亦不可不知也。孙子谓"无辎重则亡，无粮食则亡，无委积则亡"；又曰"百里而争利，则擒将军，五十里而争利，则蹶^[4]上将军"。夫阻守其处，见利而不能争，则何取于兵？而舍辎重粮委^[5]，徒手而搏者，又未有不覆军杀将，则兵焉往而求胜？然则为孙子之术者，必无战而后可尔。

　　[1] 科品：种类，等级。　　[2] 追蓐（rù）：行军部队征集草蓐供歇宿用。　　[3] 韅（xiǎn）、靷（yǐn）、鞅（yāng）、靽（bàn）：均为装备于马身的皮革。韅在马腋下，靷在马胸前，鞅在马颈，靽在马足。四字此处用作动词，意指装备好了韅、靷、鞅、靽，做好了作战准备。　　[4] 蹶：折损。[5] 辎重粮委：军队携运的物资。

三　略

解题

　　《三略》，又称《黄石公三略》，相传作者是汉初隐士黄石公，《史记·留侯世家》中记载的张良遇见黄石公授兵书，就是讲此事。实际上，《三略》成书不早于西汉中期，它是后人在吸收先秦兵家思想的基础上，总结秦与汉初的政治与军事，假托前人名义编纂而成的。《三略》分上略、中略、下略三部分，主要讲战略，尤侧重政略。叶适的札记仅涉上略与中略。

上　略

　　"军井未达，将不言渴；军幕未办，将不言倦；军灶未炊，将不言饥；冬不服裘，夏不操扇，雨不张盖：是谓将礼。"按"将礼"二字及《六韬》言礼将、力将、止欲将，其皆兵家自为之义，于古无所稽据也。《周官》"宗伯以军礼同邦国，大师之礼用众也，大均之礼恤众也，大田之礼简众也，大役之礼任众也，大封之礼合众也"。所贵于礼者，谓能有所别异，而军礼独言同。然则将礼二字，亦不可谓不得古人之意矣。晋侯登有莘之墟[1]以观师，曰："少长有礼，其可用也"；不知当时所言有礼者指何事。然后世及今，讹谬相传，为将者不言礼而皆言威，故子玉治兵，"终朝而毕，鞭七人，贯三人耳，国老皆贺"，而蒍贾[2]以为"刚而无礼，不可以治民"。其有能吊死哀伤，同士卒甘苦，则又以为恩而不复言礼矣。礼者将之本，威者将之末，恩者威之余也。况后世及今，士卒习惯，望其上者惟威是必，无敢希恩，正蒍贾所谓"靖于内而败于外"，安能胜敌哉！

[1] 有莘之墟：古地名。 [2] 蒍（wěi）贾：（？—前605），芈姓，蒍（蕙）氏，名贾，字伯嬴。春秋时期楚国司马。

◎ 研读

此札从"将礼"二字切入，指出"礼"的本义在"有所别异"，而兵家所讲的军礼在求同，实是兵家自创，与《周官》讲的"军礼"不吻合。但叶适同时说明，兵家提出"将礼"，"亦不可谓不得古人之意"，只是"后世及今，讹谬相传，为将者不言礼而皆言威"；"其有能吊死哀伤，同士卒甘苦，则又以为恩而不复言礼"。结果，使得原本是"将之本"的礼，与"将之末"的威，本末倒置，恩则成为威之余；士兵对于长官，"惟威是必，无敢希恩"，更谈不上"将礼"。

中　略

"使智使勇，使贪使愚"，世以为口实。按《孙子》，"将有五危：必死可杀，必生可虏，忿速[1]可侮，廉洁可辱，爱民可烦。凡此五者，将之过也，用兵之灾也，覆军杀将，必以五危"。然则无智勇贪愚者，孙子之所用；而使智勇贪愚者，孙子之所禁也。智勇犹不可，而况贪愚乎！师必以功，无不可使，惟其胜而已。患在胜后自贱而贵，自卒而将，亡国弒君，未有不由此矣。

[1] 忿速：忿怒急躁。

◎研读

　　"使智使勇，使贪使愚"是《三略·中略》引述古书《军势》中的话，以阐述《中略》所关注的用人问题，核心是强调权变，用人所长，志在取胜，即叶适所谓"师必以功，无不可使，惟其胜而已"。叶适对"武经七书"的评价总体上都不高，原因不在于战术或技术，而在于兵家没有正义的观念，"惟其胜而已"。叶适以为，如果兵家"惟其胜而已"的价值观成立，那么其后患便不可止。

尉缭子

◎解题

《尉缭子》传世本共五卷二十四篇，此书的作者、成书年代，以及属于兵家抑或杂家，一直都存有争议。宋代将它收入"武经七书"，表明在宋人看来，它主要属于兵家。《隋书·经籍志》注称作者是梁惠王时的尉缭，佢也有学者以为是秦始皇时人。1972 年山东临沂银雀山汉墓出土了《尉缭子》残篇，表明此书在西汉已流传，故现一般认为成书于战国时期。叶适的札记只涉及二十四篇中的《制谈》与《武议》篇。

制　谈

"今国被患者，以重宝出聘，以爱子出质，以地界出割，得天下助卒，名为十万，其实不过数万尔，兵来者，无不谓其将曰，无为天下先战，其实不可得而战也。"史称吴起"要在强兵，破游说之言纵横者"。天下既乱，各有一种常势，随其所趋，无得自免。且三代诸侯既已吞并及六七，可谓至强，而纵横之说，方出而制其死命；如尉缭之流，所见与起略同，然屡王谬主[1]，终不能翻然改悔而相随以亡。其后唐化为节度，每徵诸道兵讨贼，度支倍廪给[2]，阴与贼约，所取不过一县一镇而止，唐亦竟以此消尽，不复能改图。今世固自有常势，士已无特出之智，所恃者以前代成败自考质[3]，或

298

能警省尔，然无所增长，而更以眩惑多矣。至于兵书，则腐陋不足采听尤甚矣。

[1] 孱王谬主：懦弱的君王和荒唐的君主。　[2] 廪给：俸禄。
[3] 考质：咨询质疑。

◎ **研读**

在"武经七书"中，叶适最认可的是吴起，认为吴起的军事思想切近而简直明白。此则因《尉缭子·制谈》而引述吴起语，"要在强兵，破游说之言纵横者"。叶适以为，兵家著作喜欢在谋略上动脑筋，但"世固自有常势，士已无特出之智，所恃者以前代成败自考质，或能警省尔"，如果不能从历史中吸取经验教训，认清世之常势，那么历史只是徒增眩惑；至于专谈权谋计略的兵书，"则腐陋不足采听尤甚矣"。

武　议

"凡兵不攻无过之城，不杀无罪之人。夫杀人之父兄，利人之货财，臣妾人之子女，皆盗也"，尉缭子言兵，犹能立此论。《孙子》"得车十乘以上，赏其先得者而更其旌旗，车杂而乘之，卒善而养之，是谓胜敌而益强"。区区乎计虏掠之多少，视尉缭此论，何其狭也！夫名为禁暴除患，而未尝不以盗贼自居者，天下皆是也，何论兵法乎！

◎ **研读**

《孙子》是兵家的代表，但叶适并不以为然，而是批评甚多。此札引尉缭子之语，批评《孙子》强调"计虏掠之多少"。进而指出，天下名为禁暴除患者，其实往往不过盗贼自居。这也是叶适对喜谈兵法的兵家之不以为然的原因。

唐太宗李卫公问对

◎解题

李卫公即李靖。《唐太宗李靖问对》，简称《唐李问对》，共三卷，因以李世民与李靖一问一答的形式写成而得名。此书的真伪一直存有争议，但所涉军政问题则是有意义的。卷上主要论述军事理论中的奇正问题，以及其他阵法、兵法、军队编制等；卷中主要论述戍边、训练军队等问题；卷下主要论述重刑峻法与胜负关系、御将、阴阳术数等问题。叶适择取自己关心的议题，结合史事，进行了讨论。

卷　上

太宗欲取高丽，专委李靖，固能办之，如论用正兵[1]及诸葛亮、马隆事，皆后世为将者所当知也。然太宗欲以高丽为己功，忌靖不用，迄无尺寸效，而疲弊天下。当是时，岂奇正之说所可了？方人主锐意自将，而靖不能出一言救止，或有蹉跌[2]，必与之俱败；盖靖者，止知言为将而不知言为国也。夫以将事隐国谋，误后人甚矣，当削。

[1] 正兵：摆开阵势正面作战的军队。　　[2] 蹉跌：失足跌倒，比喻失误。

霍邑之战，唐事几败而成，太宗由此始定霸业。所以然者，矜夸其功，特假设奇正为问耳。靖非不知，而难斥高祖，故亦回护为答；而太宗犹恐靖不悟，重复诘难，盖其自伐之心终不忘也。蔽吝[1]若此，安足以决奇王之实论哉！故言"旗参差而不齐，鼓大小而不应，令喧嚣而不一，真败却，非奇也"，则已明告之矣。且建成军却，只谓之败；太宗救败，仅而致胜，固无奇正相生之理。今以败却为奇，亦恐误后生也。

[1] 蔽吝：自蔽量狭。

孙子言"三军之众可使必受敌而无败者，奇正是也。凡战者，以正合，以奇胜。善出奇者，无穷如天地，不竭如江海，终而复始，日月是也；死而更生，四时是也。战势不过奇正，奇正之变不可胜穷也。奇正相生，如环之无端，孰能穷之哉"？曹操修其术，有一术、二术、先后旁击，至太宗与靖问答益详，自是奇正为兵家大议论。按孙子所谓奇正者，一军之内，教令素明，士卒服习，若使一人，临敌制变，分合在己，不可预料。且山林处士所以自神其说，遂有天地、江海、日月、四时之论，乃一将之任，非有国者所当言也。从古兵法，有正无奇，神农、黄帝，杂说纷怪，不足考信。所考信者，惟舜、禹、汤、武。禹之于三苗[1]，岂是不能以奇胜？然终于班师而不用。及其必用而不得已，则汤、武之于桀、纣，亦卒用之，桀、纣之众，岂是不能以奇拒敌？然终于灭亡而不振也。况诸侯万数，各出奇险，大者并吞旁邻，小者自守其国，正帝王所禁，而可以自为之哉！故《易》称"称出以律，否臧[2]凶"；律者，正也；否而臧者，不以律为正而以奇取胜也。《易》者，三代所传，孔子所述之正文，非孙子处士自神之说也。诚使舜、禹、汤、武之道复明，"师出以律"，"贞，丈人吉"，而天下服矣。不然，则孙武、曹操，更奇迭正，图别指授，列散卒聚，一将之术讲于庙堂，俄败忽成，小获大丧，而无有底止也，哀哉！

[1] 三苗：我国上古传说中黄帝至尧舜禹时代的古族名，又叫苗民、有苗，与欢兜、共工、鲧合称为"四罪"。 [2] 否臧：胜败、好坏、得失。

靖以"分合所出，惟孙武能之；吴起而下，莫可及焉"。其说谓"两军相向，使贱而勇者前击，锋始交而北，北而勿罚，观敌进取，一坐一起，奔走不追，则敌有谋矣。若悉众追北[1]，行止纵横，此敌人不材，击之勿疑。臣谓吴术多此类，非孙武所谓以正合也"。按起所言设术尝寇[2]，昔人所用，固与武相出入，"饵兵勿入，佯北勿追。"未知靖何以为不如起。简直胜负，欲其易见；而武蔽秘，务为不可窥测。若如后世之论，用兵不过于求胜，奚必自分高下于其间？况武之指在于必受敌而无败。夫使其可以疾速而取胜，则焉取夫迟缓而无败哉！

[1] 北：亡军，败北的军队。 [2] 设术尝寇：运用计谋来试探敌人的强弱。

靖言"前代战斗，多是以小术而胜无术，片善而胜无善，安足以论兵法！谢玄破苻坚，非谢玄之善，乃苻坚之不善"，以余观之，靖为坚用，则玄信不足以敌坚矣，然靖不及王猛，猛劝坚勿以晋为图，是犹知兵有不可用者，非战胜攻取所能与也。若靖之志，在于用兵而已。使其为坚谋，负其诈力，急于混平[1]，大众乖离，一旦冰解，非智所及，淝水之败，依然固在；正如赞伐高丽之比，则虽有兵法，何所施哉！靖又言坚为慕容垂所陷，尤不近理。王猛本以垂非久畜，多方疑间，不能夺坚谬计；而坚以十分天下八九之威，贪得怙胜[2]，自致灭亡，垂安能陷之？靖徒知从太宗取群盗之易，遂以算略为准极，轻视豪雄；不知兵法以上更有多少节次，固不可以责靖也。

　　[1] 混平：敷衍了事。　　[2] 贪得怙胜：贪图胜利。

　　兵法何必自黄帝起，而世所传《握奇文》者，兵家者流借其名，亦有不知乎？丘井所以度地居民，岂为兵制？谓"数起于五，终于八"，皆在此，非也。周自上世迁岐，已有立国之法；谓太公始建，非也。"戎车三百两，虎贲[1]三百人"，言师尽行；谓"立军制"，非也。六步七步，六伐七伐"，誓众贵速，且不穷兵；谓"教战法"，非也。夫法所以用兵，而兵之成败不专在法；若必以法为胜，则蚩尤、桀、纣若林之旅，岂其皆无法哉！且项羽之于汉高祖，固尝百胜，一败而亡，岂汉一日而有法哉？靖虽通明练事，而兵家之习气不除，恐如此而谋人之国家，亦尽有害；偶值唐之方兴，故不见耳。至李勣则见之矣。

　　[1] 虎贲：勇士。

　　靖言汉戍蕃落，教习各为一法，及其用之，则"蕃而示之汉，汉而示之蕃"；太宗以为奇正相生，"正合朕意"。昔秦晋迁陆浑之戎，晋以姜戎败秦，天下横溃[1]，遂为战国。先王以华治夷，不以夷杂华，故有中国、夷狄之别。莱人以兵劫鲁侯，孔子正义责齐，而汶阳之田[2]以归者，明华夷之机也。太宗幸能威制夷狄，然其君臣之谋，不过兼蕃汉而用之；后百余年，安史反噬，西自流沙[3]，北至朔易[4]，尧、舜旧地皆陷为夷狄，至今不可复振。呜呼！安得以孔子之道举而措之乎！

　　[1] 横溃：河水决堤横流。此处喻乱世。　　[2] 汶阳之田：汶阳田，古地名，春秋时期属于鲁匡。齐国曾发兵前来争夺这块富饶的土地，后即传为"齐鲁必争汶阳田"。　　[3] 流沙：古指中国西北的沙漠地区。　　[4] 朔易：朔方易水，借指北方地区。

太宗举诸葛亮言，"有制之兵，无能之将，不可败也；无制之兵，有能之将，不可胜也"。余每恨《亮集》今不存，无以考信其所行。盖自战国以来，能教其人而后用者，惟亮一人，固非韩信驱市人之比，所以其国不劳，其兵不困，虽败而可战，虽胜而可恃。夫教者岂八阵[1]、六花[2]之谓？此特其色别[3]耳。抚循安集[4]，上下相应，使皆晓然，旅泊不悲，死亡不痛，犹在其家室也。然则如驱群羊，驱而往，驱而来，莫知所之，孙子之术，靖与太宗所讲，正亮之弃也。虽然，亮亦止于春秋战国之将耳。

[1] 八阵：即八阵图，三国时期蜀汉丞相诸葛亮推演兵法而创设的一种阵法。 [2] 六花：阵名。 [3] 色别：依种类分别。 [4] 抚循：安抚。安集：安定。

卷 中

民与兵皆自伍法[1]起，盖自有生民以来如此，最为大事，而靖轻言之，但云"臣酌其法，自五人变为二十五人，二十五人变为七十五人"而已。而独珍贵阵法，既以为黄帝所制，又谓太公实缮其法，又谓齐人得其遗法，管仲复修之，又祖管子，言管仲分齐为三，又谓诸葛亮八阵即握奇法，凡此皆山泽隐约以术自喜，夸妄相承，而后人信之。就如其言，则自黄帝三代数千年，独数人通悟阵法，余皆寂寥零落。且天下之兵，无日不斗，而部伍卒乘，将安所寄托乎？按《周官》司马掌搜、苗、狝、狩[2]，其陈皆如战之陈，其坐作进退疾徐疏数[3]，皆如战之节，而《春秋》所记鲁事皆具；以鲁视之，他国何独不然！然则五家为比，积而成乡，五人为伍，积而成军，元帅居中，卿大夫士各守部分，前战后拒，险易分合，形势自然，彼四头[4]、八尾[5]、六花、八阵，曾何区区执为奥密哉？盖当时上自王公，下至卒伍，皆明知之，不以为异也。郑鱼丽[6]，楚乘广，晋毁车[7]，虽临时昧利，坏乱常制，终不能变大法，然后世反更以为奇术。方战国处士主议论，旧诸侯相次亡灭，秦亦继之，岂惟《诗》《书》《礼》《乐》沦没，而兵制亦大坏；盗贼亡命，化为侯王，此古战阵法所以荡尽，而黄帝《握奇》遂为秘文也。然前人未尝学《周官》，虚声崇用，自不足怪。今之学者已学《周官》，奈何视为外物，相与别画阵法无休时？学既无所统一，而殚思竭虑，有害无益，是可叹矣！

[1] 伍法：练兵的法令。 [2] 搜、苗、狝（xiǎn）、狩：即春蒐、夏苗、秋狝、冬狩，分别为古代对春、夏、秋、冬四季狩猎的称谓。 [3] 数：密集。 [4] 四头：古阵名。 [5] 八尾：古阵名。 [6] 郑鱼丽：公元前707年，郑庄公抗拒王命，周桓公率师亲伐，郑子元首创鱼丽之阵，在繻葛打败了周王军。 [7] 晋毁车：晋平公十七年，晋狄激战于大原。晋将魏舒认为战场地形复杂，道路险要，战车难以施展作用，狄军则多为步兵，乃决定将战车上的甲士与徒步的兵卒混变为步兵作战，大败戎、狄。

靖言"王寻、王邑不晓兵法，徒夸兵众，所以自败"。按王莽用事者，严尤最晓兵法，昆阳之战[1]，尤为谋主，既败，乘轻骑践死人而逃。嗟夫！莽之亡至此晚矣，何论兵法乎！

[1] 昆阳之战：新朝末年，新汉两军在中原地区进行的一场战略决战，这场大战的主战场在昆阳（今河南省叶县）一线，故称为昆阳之战。

卷　下

"亟肆以疲之，多方以误之，彼出则归，彼归则出，楚必道弊，阖庐从之，楚于是始病"，此战国相倾之术也。太宗以天下之大，乃谓千章万句不出乎"多方以误之"一句。孔子曰："智及之，仁不能守之，虽得之，必失之。"智非误也，智得而仁不能守，犹且失之，况以误得而又以误守耶！此太宗与靖所未讲也。

太宗言"李勣非朕控御则不可用，他日太子治若何用之"？靖言

"为陛下计，莫若黜勋，令太子复用之，则必感恩图报，于理何损"！太宗曰："善，朕无疑矣。"太宗虽尽用一世豪英，而其心量狭薄如此，与汉武画周公负成王以赐霍光，不大相远乎！且固无父黜而子用，以此为顾命[1]者。然则房、杜、王、魏之流，号为遇时，而儒生哓哓[2]称诵不已，盖可悲矣。

[1] 顾命：帝王临终遗命。　[2] 哓哓（xiāo）：争辩声，含贬义。

靖言"兵法分为三等，一曰道，至微至深，《易》所谓聪明睿智，神武而不杀"；又言"张良、范蠡、孙武，脱然高引，不知所在，非知道安能尔"？尤泛滥无实。兵之所谓道者，以义治不义，诛暴乱，禁淫慝[1]，若《周官》司马九伐[2]之法是也。然益谓"惟德动天"，若兵之治人，深者不可以动天矣；又言"满招损，谦受益，时乃天道"，夫以兵加人而制其死命，满孰甚焉！故知德者不以兵，而知兵者安能自托于道？虽太公、闳散未敢当也，而况范蠡、孙武之流哉！

[1] 淫慝（tè）：邪恶。　[2] 九伐：对九种罪恶的讨伐。《周礼·夏官·大司马》："以九伐之法正邦国：冯弱犯寡则眚之；贼贤害民则伐之；暴内陵外则坛之；野荒民散则削之；负固不服则侵之；贼杀其亲则正之；放弑其君则残之；犯令陵政则杜之；外内乱、鸟兽行则灭之。"

孙之弘附记

◎ 解题

叶适讨论诸子的札记，选读基本收入，一则因为本身篇幅不是很大，二则因为这部分内容是叶适思想的重要组成部分。孙之弘是叶适的学生，《习学记言序目》的编定者。

按诸子书，惟《庄》《列》《文中子》不及论述。先生尝答之弘书云："《记言序目》，孙卿后仅有四卷，如《庄》《列》诸书，虽熟商量，莫知所以命笔，只得且放过。因思向前有多少聪明豪杰之士，向渠虀瓮[1]里淹杀，可邻[2]！可邻！以此，且欲将《文鉴》结尾作了当去，然亦非尽此岁不能成也。"又云："《庄》《列》《文中子》，向本欲先下手，为其当条理处太多，不胜笔墨，颇若烦碎；合为一论，则又贯穿未易，至今不果。如《文中子》说经史，前代儒者所未有，说理虽不背驰，而模拓形似、无卓荦[3]见识，此为大病。至于房、魏礼乐，其家子弟从旧传习闻者，或信或疑；然要是浅者，未足论也。"

[1] 虀（jī）瓮：喻指文士蹭蹬不达的贫寒生活。虀，同"齑"。　[2] 可邻：可怜。　[3] 卓荦（luò）：超绝出众。

◎ **研读**

这则附记说明了叶适讨论诸子没有涉及《庄子》《列子》《文中子》的原因。从孙之弘所引叶适信，大抵可以看到，《庄子》《列子》是道家名著，叶适虽熟读，但没有专门讨论，一则是所涉甚广，难以简单处理，晚年精力恐亦不济，再则也是觉得不值得去处理，即所谓"因思向前有多少聪明豪杰之士，向渠蘁瓮里淹杀，可邻！可邻！"可邻，便是可怜之意。至于《文中子》，这是隋唐之际的儒家人物王通的著作，颇受宋人重视。孙之弘所引叶适信，已大抵反映了叶适对它的看法。

皇朝文鉴

◎ 解题

　　《皇朝文鉴》又称《宋文鉴》，共一百五十卷，南宋吕祖谦奉宋孝宗之命编选的文集，共收北宋文集达八百家。古人所称的"文学"，内涵要比今天的"文学"宽泛许多，属于孔门德行、言语、政事、文学四教之一。《皇朝文鉴》所收文章，从赋、诗、骚等比较单纯的文学，到诏、敕、册、诰、奏疏等纯政书类文书，涵盖了当时所有的文体，内容则政治、经济、文化、军事、技艺等无所不包，正如札记所讲，"以道为治，而文出于其中"。一代的文章总汇足以表征一代的兴衰存亡，而选文的宗旨则如孝宗所谕，"专取有益治道者"，故取名《文鉴》，如《资治通鉴》一样，"以文为鉴"，可以"资治"。这里仅从赋、诗、箴、策、说书经义、书几个文类中选录数则札记。

　　吕祖谦（1137—1181），字伯恭，浙江金华人，学者称东莱先生。吕祖谦在南宋初中期的学术思想史上与朱熹、张栻并称。朱熹尝认为吕学合永嘉陈傅良与永康陈亮二人学术于一，是浙学的代表人物。吕祖谦去世后，浙学中人认为叶适足以传承吕学。《习学记言序目》以《皇朝文鉴》殿后，表明叶适有继承吕学之意。

周必大序

吕祖谦，字伯恭，公著五世孙，中进士第，又中博学弘词，与张栻、朱熹同时，学者宗之，仕至著作郎，卒年四十五。初，孝宗命知临安府赵磻老诠校本朝《文海》，磻老辞不能，遂以命祖谦；因尽取渡江前众作，备加搜择，成百五十卷，盖自古类书未有善于此。按上世以道为治，而文出于其中；战国至秦，道统放灭[1]，自无可论。后世可论惟汉、唐，然既不知以道为治，当时见于文者，往往讹杂乖戾，各恣私情，极其所到，便为雄长；类次者复不能归一，以为文正当尔，华忘实，巧伤正，荡流不反，于义理愈害而治道愈远矣。此书刊落浩穰[2]，百存一二，苟其义无所考，虽甚文不录，或于事有所该，虽稍质不废；巨家鸿笔，以浮浅受黜；稀名短句，以幽远见收。合而论之，大抵欲约一代治体[3]归之于道，而不以区区虚文为主。余以旧所闻于吕氏又推言之，学者可以览焉。然则谓庄周、相如为文章宗者，司马迁、韩愈之过也。

[1] 放灭：在一定时间内灭亡。　[2] 刊落浩穰：删除文字众多。
[3] 治体：治国的纲领、要旨。

礼部尚书周必大承诏为序，称："建隆、雍熙之间，其文伟；咸平、景德之际，其文博；天圣、明道之辞古；熙宁、元祐之辞达。"按吕氏所次二千余篇，天圣、明道以前，作者不能十一，其工拙可验矣。文字之兴，萌芽于柳开、穆修，而欧阳修最有力，曾巩、王安石、苏洵父子继之始大振；故苏氏谓"虽天圣、景祐，斯文终有愧于古"，此论世所共知，不可改，安得均年析号[1]各擅其美乎？及王氏用事，以周、孔自比，掩绝前作，程氏兄弟发明道学，从者十八九，文字遂复沦坏；则所谓"熙宁、元祐其辞达"，亦岂的论哉！且人主之职，以道出治，形而为文，尧、舜、禹、汤是也。若所好者文，由文合道，则必深明统纪，洞见本末，使浅知狭好无所行于其间，然后能有助于治，乃侍从之臣相与论思之力也；而此序无一词不谄，尚何望其开广德意哉！盖此书以序而晦，不以序而显，学者宜审观也。

[1] 均年析号：按年代仝号来僵硬分析。

◎ **研读**

周必大是南宋重要的政治家与文学家，承诏为序。但叶适以为，周序对北宋一代的文章梳理简单地套以年代，"均年析号各擅其美"，并不成立，而对王安石改革、二程倡言道学的危害也没有指出，整个序文"无一词不谄"，不足以论。

赋（一则）

赋虽诗人以来有之，而司马相如始为广体，撼动一世，司马迁至为备录其文，骇所无也；扬雄喜而效焉，晚则悔之矣。然自班固以后，不惟文浸不及[1]，而义味亦俱尽。然后世犹继作不已，其虚夸妄说，盖可鄙厌，故韩愈、欧、王、苏氏皆绝不为。今所谓《皇畿》《汴都》《感山》《南都》之类，非于其文有所取，直以一代之制，一方之事，不可不知而已。《皇畿》以事实胜，而《汴都》惟盛称熙丰兴作，遂特被赏识。昔梁孝王、汉武、宣每有所为，辄令臣下述赋，戏弄文墨，真俳优之雄；而历代文士，相与沿袭不耻，是可叹也。自与虏[2]通和，太行皆为禁山，坐失地利，故此赋感之。然谓以皇祐之版书，较景德之图录，虽增田三十四万余顷，反减赋七十一万余斛，以为不用先王之法致然，则非也。夫垦辟[3]众则利在下，镌放[4]多则恩在上，何害为王政，而必欲如宇文融乎？盖近世之论无不然矣。

[1] 文浸不及：文章慢慢赶不上。 [2] 虏：外族，此处指金国。[3] 垦辟：开垦。 [4] 镌（juān）放：免罪释放。

四言诗

四言自韦孟、司马迁、相如、班固、束晳、陶潜、韩愈、柳宗元、尹洙、梅尧臣、欧阳修、王安石、苏轼，工拙略可见。余尝怪五言而上，往往世人极其材之所至，而四言虽文词巨伯[1]辄不能工，何也？按古诗作者，无不以一物立义，物之所在，道则在焉，物有止，道无止也，非知道者不能该物[2]，非知物者不能至道；道虽广大，理备事足，而终归之于物，不使散流，此圣贤经世之业，非习为文词者所能知也。《诗》既亡，孔子与弟子讲习其义，能明之而已，不敢言作；虽如游、夏、子思、孟子之流，皆不敢言作诗也；后世操笔研思，存其体可也。而韩愈便自谓古人复生未肯多让，或者不知量乎！

[1] 巨伯：大师。 [2] 该物：明白事物。

箴（一则）

程氏《视听言动箴》：按孔子曰："克己复礼为仁。一日克己复礼，天下归仁焉；为仁由己，而由人乎哉！"颜渊曰："请问其目。"子曰："非礼勿视，非礼勿听，非礼勿言，非礼勿动。"颜渊曰："回虽不敏，请事斯语矣。"克己，治己也，成己也，立己也；己克而仁至矣，言己之重也，己不能自克，非礼害之也；故曰"一日克己复礼，天下归仁焉，为仁由己，而由人乎哉！"此仁之具体而全用也。

视听言动，无不善者，古人成德未有不由此；其有不善，非礼害之也；故孔子教颜渊以非礼则勿视听言动。诚使非礼而勿视听言动，则视听言动皆由乎礼，其或不由者寡矣，此其所以为仁也；一日则有一日之效，言功成之速也。程氏箴，其辞缓，其理散，举杂而病不切，虽欲以此自警，且教学者，然己未必可克，礼未必可复，仁未必可致，非孔、颜之所以讲学也。

序（节选）

因范育序《正蒙》，遂总述讲学大指：

道始于尧，"钦明文思安安，允恭克让[1]"；

[1] 允恭克让：诚实、恭敬又能够谦让。

《易传》虽有包牺、神农、黄帝在尧之前，而《书》不载，称"若稽古帝尧"而已。命羲和"历象日月星辰，敬授人时"。

《吕刑》"乃命重黎，绝地天通，罔有降格"。《左氏》载尤详。尧敬天至矣，历而象之，使人事与天行不差。若夫以术下神，而欲穷天道之所难知，则不许也。

次舜，"浚哲文明[1]，温恭允塞[2]，在璿玑玉衡，以齐七政"；

[1] 浚哲文明：智慧深远且文德辉耀。　[2] 温恭允塞：温和恭敬的美德充满于天地间。

舜之知天，不过以器求之耳，日月五星齐，则天道合矣。

其微言曰："人心惟危，道心惟微，惟精惟一，允执厥中。"

人心至可见，执中至易知，至易行，不言性命。子思赞舜，始有大知[1]、执两端、用中之论；孟子尤多；皆推称所及，非本文也。

[1] 知：同"智"。

次禹，"后克艰厥后[1]，臣克艰厥臣；惠迪吉，从逆凶[2]，惟影响"。

[1] 厥后：使得子孙都兴旺起来。 [2] 意为顺应天道就有吉事，忤逆天道就有凶灾。

《洪范》者，武王问以天，箕子亦对以天，故曰："帝乃震怒，不畀洪范九畴，""天乃锡禹洪范九畴"，明水有逆顺也。孔子因箕子、周公之言，故曰"凤鸟不至，河不出图"，叹治有废兴也。然自前世以为龙马负图[1]自天而降，《洛书》九畴亦自然之文，其言怪诬，夫"思曰睿，睿作圣"，人固能之，奚以怪焉！至山林诡谲有先天后天之说，今不取。

[1] 龙马负图：上古时期，孟津东部有一条图河与黄河相接，龙马负图出于此河，伏羲氏依龙马之图画出了以乾、兑、离、震、巽、坎、艮、坤为内容的卦图，后人称为"伏羲八卦图"。

次皋陶，训人德以补天德，观天道以开人治；能教天下之多材，自皋陶始。

按高辛，高阳之子，聚为元、凯，舜虽尽用，而禹以材难得、人难知为忧。皋陶既言"亦行有九德"，"亦言其人有德"，卿大夫诸侯皆有可任者，"翕受敷施，九德咸事[1]"；以人代天，典礼赏罚，本诸天意，禹相与共行之，治成功立。至夏商周，一遵此道。

[1] 九德咸事：把九种品德集中起来施行。

次汤，"惟皇上帝降衷于下民，若有恒性，克绥厥猷[1]惟后"，其言性盖如此。

[1] 克绥厥猷：能够使他们安于教导。

次伊尹，言"德惟一"，又曰"终始惟一"，又曰："善无常主，协于克一。"

汤自言"聿求元圣，与之戮力，以与尔有众请命"；伊尹自言"惟尹躬暨汤咸有一德，克享天心，受天明命"；故以伊尹次之。

呜呼！尧、舜、禹、皋陶、汤、伊尹，于道德性命天人之交，君臣民庶均有之矣。

次文王，"肆戎疾不殄，烈假不瑕[1]，不闻亦式，不谏亦入"；"雍雍在宫，肃肃在庙，不显亦临，无射亦保"；"无然畔援，无然歆羡，诞先登于岸"；"不大声以色，不长夏以革[2]，不识不知，顺帝之则"。夫《雅》《颂》作于成、康之时，而言文王备道尽理如此，则岂特文王为然哉？固所以成天下之材，而使皆有以充乎性，全于天也。

[1] 戎疾不殄：西戎不为患，瘟疫恶疾已去无踪。出自诗经《思齐》。殄，绝。烈假：瘟疫恶疾。烈，通"疠"。假，通"瘕"，即"蛊"字。瑕，通"遐"，远去。 [2] 意为不沉迷音乐不沉迷色，不建大屋不变革。

按《中庸》言"鸢飞戾天，鱼跃于渊，言其上下察也"；"德辖如毛[1]，毛犹有伦，上天之载，无声无臭，至矣"。夫鸟至于高，鱼趋于深，言文王作人之功也；"德辖如毛"，举轻以明重也；"上天之载，无声无臭"，言天不可即而文王可象也。古人患夫道德之难知而难求也，故曰"安安，允恭克让"，"浚哲文明"，"执中惠迪"，"克绥厥猷"，"主善协一"，皆尽己而无所察于物也，皆有伦而非无声臭也。今也，颠倒文义，而指其至妙以示人；后世冥惑于性命之理，盖自是始。噫！言者过矣，不可谓文王之道固然也。

[1] 德辖如毛：德轻得像羽毛一样。指施行仁德并不困难，而在于其志

向有否。

次周公，治教并行，礼刑兼举，百官众有司，虽名物卑琐，而道德义理皆具。自尧、舜、元、凯以来，圣贤继作，措于事物，其该洽演畅[1]，皆不得如周公。不惟周公，而召公与焉，遂成一代之治，道统历然如贯联算数，不可违越。

[1] 该洽演畅：完整通达地阐述。

按大司乐言"天神降，地示出"，与"箫韶九成，凤凰来仪"异。

次孔子，周道既坏，上世所存皆放失，诸子辩士，人各为家；孔子搜补遗文坠典，《诗》《书》《礼》《乐》《春秋》有述无作，惟《易》著《彖》《象》；

旧传删《诗》，定《书》，作《春秋》，余以诸书考详，始明其不然。

然后唐虞三代之道赖以有传。

按《论语》"子罕言利，与命与仁"，今考孔子言仁多于他语；岂其设教不在于是，朋至群集有不获闻，故以为罕耶？

孔子殁，或言传之曾子，曾子传子思，子思传孟子。

按孔子自言德行颜渊而下十人，无曾子，曰"参也鲁"。若孔子晚岁独进曾子，或曾子于孔子后殁，德加尊，行加修，独任孔子之道，然无明据。又按曾子之学，以身为本，容然辞气之外不暇问，于大道多所遗略，未可谓至。又按伯鱼答陈亢无异闻，孔子尝言"中庸之德民鲜能"，而子思作《中庸》；若以《中庸》为孔子遗言，是颜、闵犹无是告，而独阅[1]其家，非是；若子思所自作，则高者极高，深者极深，宜非上世所传也。然则言孔子传曾子，曾子传子思，必有谬误。

［1］ 閟（bì）：珍藏。

孟子亟称尧、舜、禹、汤、伊尹、文王、周公，所愿则孔子，圣贤统纪既得之矣；养气知言，外明内实，文献礼乐各审所从矣。夫古昔谓之传者，岂必曰受之亲而受之的哉？后世以孟子能传孔子，殆或庶几。然开德广，语治骤[1]，处己过，涉世疏，学者趋新逐奇，忽亡本统，使道不完而有迹。

［1］ 语治骤：声称治理能够简便快捷。

按孟子言性，言命，言仁，言天，皆古人所未及，故曰"开德广"；齐滕大小异，而言行王道皆若建瓴[1]，以为汤、文、武固然，故曰"语治骤"；自谓"庶人不见诸侯"，然以彭更言考之，"后车数十乘，从者数百人"，而曰庶人可乎？故曰"处己过"；孔子复汶阳田，使兹无还对，罢齐飨[2]，与梁丘据语，孟子不与王驩言行事，惮烦若是乎？故曰"涉世疏"。学者不足以知其统而务袭孟子之迹，则以道为新说奇论矣。

［1］ 建瓴：指"建瓴水"，谓倾倒瓶中之水，形容居高临下、难以阻挡的形势。 ［2］ 齐飨：齐国提供的俸禄。

自是而往，争言千载绝学矣。《易》不知何人所作，则曰"伏羲画卦，文王重之"。按周"太卜掌《三易》，经卦皆八，别皆六十四"，则画非伏羲，重非文王也；又，周有司以先君所为书为筮占，而文王自言"王用享于岐山"乎？亦非也。有《易》以来，筮之辞义不胜多矣，《周易》者，知道者所为，而周有司所用也。孔子独为之著《彖》《象》，盖惜其为他异说所乱，故约之中正以明卦爻之指，黜异说之妄以示道德之止。其余《文言》《上》《下系》《说卦》诸篇，所著之人，或在孔子前，或在孔子后，或与孔子同时，习《易》

者会为一书，后世不深考，以为皆孔子作也，故《彖》《象》掩郁未振，而《十翼》讲诵独多。魏晋而后，遂与老、庄并行，号为孔、老。佛学后出，其变为禅，喜其说者以为与孔子不异，亦援《十翼》以自况，故又号为儒释。本朝承平时，禅说尤炽，儒释共驾，异端会同。其间豪杰之士，有欲修明吾说以胜之者，而周、张、二程出焉，自谓出入于佛老甚久，已而曰："吾道固有之矣"，故无极太极、动静男女、太和参两[1]、形气聚散、𬘭缊感通[2]、有直内、无方外，不足以入尧、舜之道，皆本于《十翼》，以为此吾所有之道，非彼之道也。及其启教后学，于子思、孟子之新说奇论，皆特发明之，大抵欲抑浮屠之锋锐，而示吾所有之道若此。然不悟《十翼》非孔子作，则道之本统尚晦；不知夷狄之学本与中国异。

[1] 太和参两：张载在《正蒙》中以一指太极，两指阴阳，参指合太极与阴阳。 [2] 𬘭缊感通 "𬘭缊"，同 "氤氲"。指天地阴阳二气交互作用、互相感应。

按佛在西南数万里外，未尝以其学求胜于中国，其俗无君臣父子，安得以人伦义理责之，特中国好异者折而从彼，盖禁令不立而然。圣贤在上犹反手，恶在校是非、角胜负哉！

而徒以新说奇论辟之，则子思、孟子之失遂彰。范育序《正蒙》，谓此书以六经所未载，圣人所不言者与浮屠老子辩；岂非以病为药，而与寇盗设郛郭[1]助之捍御乎？呜呼！道果止于孟子而遂绝耶？其果至是而复传耶？孔子曰 "学而时习之"，然则不习而已矣。

[1] 郛（fú）郭：外城。

按浮屠书言识心，非曰识此心；言见性，非曰见此性；其灭非断灭，其觉非觉知；其所谓道，固非吾所有，而吾所谓道，亦非彼所知也。予每患自昔儒者与浮屠辩，不越此四端[1]，不合之以自同，则离之以自异，然不知其所谓而强言之，则其失愈大，其害愈深矣。予欲析言，则其词类浮屠，故略发之而已。昔列御寇自言忘其身而能御风，又言至诚者入火不燔[2]，入水不溺，以是为道，大妄矣！若浮屠之妄，则又何止此！其言天地之表，六合之外，无际无极，皆其身所亲历，足所亲履，目习见而耳习闻也；以为世外瑰特广博之论，置之可矣。今儒者乃援引《大传》"天地细缊"，"通昼夜之道而知"，"不疾而速，不行而至"，子思"诚之不可揜"，孟子"大而化""圣而不可知"，而曰"吾所有之道，盖若是也"；誉之者以自同，毁之者以自异，嘻，末矣！

[1] 四端：即前文心、性、灭、道。　　[2] 燔（fán）：焚烧。

◎ 研读

这则札记，叶适自称"总述讲学大指"，足以说明它是叶适思想的大纲，非常重要。这个"讲学大指"分几层：

第一层是从尧讲到周公。主要是对儒家之道作了"唐虞三代之道"的概括与描述，也就是对儒家的基本内容与根本精神作了历史性的阐述。通过这一历史性阐述，叶适说明儒家之道就是华夏文明形成与演化的历程，这一文明涵盖了从物质生活到制度安排，从社会伦常到精神世界的全部，它是在历史中逐渐演化而完善的。

第二层是讲孔子。这层文字虽然很少，但却是叶适思想中的关键。叶适以为，在孔子的时代，周公的华夏文明遭到了毁灭性的破坏，孔子删修六经，使华夏文明得以传承下来。叶适的这一阐述，表彰了孔子有传道的贡献，但将孔子思想的创造性贡献轻易地遮蔽了。即便如此，叶适对于孔子删修六经，也依然持有质疑；同时，他对于孔子思想本身，也指出了文献中的问题。

第三层是从孔子殁讲到孟子。叶适围绕着当时人们所认同的孔子传曾子、曾子传子思、子思传孟子的思想脉络，辨驳这一传承脉络在事实与思想两方面的不可靠性。在事实方面，主要是质疑曾子对孔子的传承，从而切断这一脉络；在思想方面，主要是指出曾子、子思、孟子的思想虽然自有创发，但在精神宗旨上是与孔子思想有根本分歧的，从而否定这一脉络。

第四层是其余部分。叶适着重指出入宋以后，儒者依托《易传》，重构儒学，以此来攻驳佛教，但实质上是援佛入儒，既不足以真正攻倒佛教，也未能真正阐扬儒家之道。为了阐明这点，叶适对于孔子是《易传》作者的真实可靠性提出了质疑，予以否定。最后则对佛教本身阐发了自己的认识，指出佛教与儒家的根本区别。

从"总述讲学大指"，既可以看到叶适关于儒家之道的基本认识，也可以看到叶适《习学记言序目》具有着非常强烈的针对性。《习学记言序目》并不是单纯的读书札记，而是叶适思想的表达，他的表达是针对着宋代儒学的主流，即程朱理学与陆九渊心学而展开的。叶适以为，陆九渊心学以心通性达为学，虽自以为接续孟子，但其实近乎废弃知识学问，其不足取而不足以论；程朱理学强调格物穷理，对于知识学问高度重视，故叶适的批判主要针对于程朱理学。在叶适看来，程朱理学虽重学，但将学自限于从曾子、子思、孟子的脉络，依托《易传》来展开，其实质是引佛入儒，不仅背离了孔子思想的精神，更把儒家之道的丰富性遮蔽了，使得呈现广阔生活世界的儒家之道抽象成了虚幻的形而上学，并内卷为狭窄的心性之学。整本《习学记言序目》就是要通过对以往全部知识的重新学习，彰显儒家之道的丰富性与广阔性。

策（一则）

苏氏《劝亲睦》，欲复小宗。古称"继祢者为小宗"，其言不详。

夫五世之服[1]已迁，而百年之家未散，则宗道宜若可续矣；必也豫储其四，使迭进而无穷，则将不胜其宗，而乖争陵犯之患方起；盖少年锐于论事，未暇深考也。古者赋禄制田，其权在上，贫富贵贱无大逾越，而为之宗以维之，故长者不傲，幼者不侮，而和亲雍睦之教可行。后世崛起自致，贫富贵贱各极其欲，荣悴异门[2]，交相为病，于是贤者谢宗以自远，不肖者挟长以行私，盖斗阋[3]之不暇，而安能善其俗哉！夫宗者，贵而贤者也，富而义者也，非是二者而拥虚器以临之，教令之所不行也。故贵而贤，富而义，则上礼异之，命为其宗；爵不必亲而疏者可畀也，田不必子而贫者可共也，施舍赒惠[4]，惟族是与，损歌童舞女之奉，厚吊死恤孤之恩，族人依倚，特为宗主，无犯义，无干刑，相趋于实而不惟其名之徇，此今日立宗之要也。

[1] 五世之服：五世的传承。　　[2] 异门：相分。　　[3] 斗阋（xì）：争斗。　　[4] 赒惠：周济恩惠。赒，同"周"，周济。

说书经义

苏轼说《春秋》，庆历嘉祐时文也；张庭坚《书义》，熙丰时文也；王安石谈经，未至悖理，然人情不顺者，尽罢诗赋故也。辟廱太学既并设，答义者日竟于巧，破题多用四句，相为俪偶[1]。隆兴初有对《易》义破题云："天地有自然之文，圣人法之以为出治之本；阴阳有不息之用，圣人体之以收必治之功"；主司大称赞，以为得太平文体，擢为第一。主司所谓太平，则崇观宣政时也。乾道中，主司欲革四句对偶之弊；答者言："圣人不求其臣之徇己，故其臣无得而议己"，遂据上第。淳熙初，学者厌破题衬贴纤靡，颇复厘改；答者云："以己体民，而后尊卑之情通；以国观民，而后安危之理显"，学官不能夺，卒置首选。然设科教学[2]，先已杂见《春秋》

传记，其所训释，犹未能尽合义理之中，汉加甚焉。今虽以破题分巧拙，要未足病，视义理当否耳。以前三破题言之：天地虽有自然之文，阴阳虽有不息之用，治道之本末或不在此，则其言出治于先而必治于后者，虚词也。圣人固不求臣之徇己，然使其尚有可议，固当议之，岂以为无得而议乎？又无得而议，非圣贤事，则其悖理甚矣。至于以己体民，以国观民，虽其辞甚巧，而其理不谬，则比前作为胜。诚使知义理者常为主司，学者不得以悖理之文希合[3]于一时，虽因今之时文不改，亦自足以得士。不然，虽屡变其法，而学者之趋向亦终不能一。岂四句对偶，一冒[4]工拙，可为损益哉！俗有"五道不如一道，一道不如一冒"之语。

[1] 俪偶：对偶。　　[2] 设科敎（xiào）学：开设课程进行教学。[3] 希合：迎合。　　[4] 冒：假充。

书（一则）

范质《戒儿侄诗》，向敏中《留别知己序》，晏殊《中园赋》，韩琦《阅古堂记》，文彦博《晁错论》，富弼《答陈都官书》，本朝名辅相敇[1]己立志之方，可概见也。王曾既中第，或谓"状元三场，一生吃着不尽"；王正色拒之，以为"平生之志不在温饱"，后生学者传以为口实。欧阳修既执政，人有贺之者，答以"惟不求而得与既得而不患失"；然余病其侵寻[2]于官职矣，而吕氏嫌余此论太高，余亦不敢竟其说而止。大抵自唐中世，天下治体为宇文融、李林甫、王鉷之流剥坏皆尽，大变于古；后为相如、李吉甫、裴度、李德裕，皆无救弊起废之略。独一陆贽欲有所为，未几窜死；至今数百年，终无策以振起之。贤愚同轨，邪正并辙，苟免其身，而复以其敝遗后人。然则虽不求得，不患失，而卒与庸众人同归于温饱者，无异以尽民财为能，以尽民命为功，至其他刀笔毫末之巧拙而夸竞不已也。呜呼！此有志者之所当深思也。

[1] 饬（chì）：告诫。　[2] 侵寻：渐进。

总　论

此书二千五百余篇，纲条大者十数，义类百数，其因文示义，不徒以文，余所谓必约而归于正道者千余数，盖一代之统纪略具焉，后有欲明吕氏之学者，宜于此求之矣。初吕氏没，龙川陈亮祭之曰："孔氏之家法，儒者世守之，得其粗而遗其精，则流而为度数刑名[1]；圣人之妙用，英豪窃闻之，徇其流而忘其源，则变而为权谲纵横；故孝悌忠信常不足以趋天下之变，而材术辨智常不足以定天下之经。虽高明之独见，犹小智之自营；虽笃厚而守正，犹孤垒之易倾。盖常欲整两汉而下，庶几复见三代之英；匪曰自我，成之在兄。方夜半之剧论，叹古来之未曾；兄独疑其未通，我引数而力争。"夫三代之英及孔氏，岂于家法之外别有妙用，使英豪窃闻之哉？亮尝言"程氏《易传》似《桓玄起居注》"，吕氏黾勉[2]答之，所谓"夜半剧论"者，吕氏常笑以为"自知非豪杰，被同甫差排[3]做"，盖难之也。吕氏既葬明招山，亮与潘景愈使余嗣其学；余顾从游[4]晚，吕氏俊贤众，辂不敢当，然不幸不死，后四十年，旧人皆尽，吕氏之学未知其孰传也！并追记于此。

[1] 度数刑名：计量的标准和法律。　[2] 黾（mǐn）勉：勉强。
[3] 差排：安排。　[4] 从游：交往。

◎ 研读

叶适在此《总论》中，先说明《皇朝文览》足以表征北宋一朝的治道，即所谓"盖一代之统纪略具焉"，同时以为由此可以理解吕祖谦的学术思想，即"欲明吕氏之学者，宜于此求之矣"。然后借陈亮祭文，对孔子儒学的后世传承作评判，推尊吕祖谦。北宋学术思想大略可分二程性理、三苏文章、荆公新学，吕祖谦的学术思想有合北宋三派于一体的气象，只可惜年未满五十而逝。当时浙学中人就以为叶适之学足以嗣吕学，叶适因札记《皇朝文鉴》而追记此故事。以《习学记言序目》而论，我们可以断言，叶适的学术思想呈现于从六经至《皇朝文鉴》的整个经史子集研读札记中，其视野气象已溢出吕祖谦《皇朝文鉴》所涵盖的北宋一代之学术思想，其识见论断也足以表征，晚年叶适的卓绝独特已自成系统而超越吕氏婺学了。

附　录

孙之弘序

《习学记言序目》者，龙泉叶先生所述也。初，先生辑录经史百氏条目，名《习学记言》，未有论述。自金陵归，间研玩群书，更十六寒暑，乃成《序目》五十卷。子宬既以先志编次，谂[1]今越帅新安、汪公，锓木[2]郡斋，又嘱之弘揭其大指[3]于书首。

[1] 谂（shěn）：知悉。　　[2] 锓（qǐn）木：犹锓板，刻书。　　[3]大指：宗旨。

窃闻学必待习而成，因所习而记焉，稽合[1]乎孔氏之本统者也。夫去圣绵邈，百家竞起，孰不曰"道术有在于此"？独先生之书能稽合乎孔氏之本统者，何也？盖学失其统久矣，汉唐诸儒推宗孟轲氏，谓其能嗣孔子，至本朝关、洛骤兴，始称子思得之曾子，孟轲本之子思，是为孔门之要传。近世张、吕、朱氏二三巨公，益加探讨，名人秀士鲜不从风而靡。先生后出，异识超旷，不假梯级[2]，谓洙泗所讲[3]，前世帝王之典籍赖以存，开物成务之伦纪赖以著；《易》《彖》《象》，仲尼亲笔也，《十翼》则讹矣；《诗》《书》，义理所聚也，《中庸》《大学》，则后矣；曾子不在四科之目，曰"参也鲁"；以孟轲能嗣孔子，未为过也，舍孔子而宗孟轲，则于本统离矣。故根柢六经，折衷诸子，剖析秦汉，讫于五季，以吕氏《文鉴》终焉。其致道成德之要，如渴饮饥食之切于日用也；指治摘乱之几，如刺腧中肓[4]之速于起疾也；推迹世道之升降，品目人材之短长，皆若绳准而铢称[5]之，前圣之绪业可续，后儒之浮论尽废。其切理会心，冰销日朗，无异亲造孔室之闳深，继有宗庙百官之富美，故曰稽合乎孔氏之本统者也。

[1] 稽合：考校。　　[2] 不假梯级：不依靠梯阶。　　[3] 洙泗所讲：指以曾子为代表的洙泗学派及其后学。洙泗，洙水和泗水，时曾子居于鲁国洙水与泗水之间。　　[4] 刺腧（shù）中肓（huāng）：切量要害。　　[5] 铢称：极细致地衡量、推究。

至于忧时虑国，不舍食息，思为康济，常追恨唐初务广地而兆夷狄内侵之祸，中世废府兵而县官受养兵之患，本朝承平，未遑悛定[1]。矧[2]以旧虏垂亡，边方数警，笔墨将绝，别有《后总》，特秘而未传。呜呼！谁能知先生之苦心哉！然贾谊分封之策，至武帝卒能宽同姓之忧；乌重胤欲杀节镇之权，我宋实用以弭五代之祸。举天下之势变而通之，存乎其人而已。先生之书所望于后人者，岂易量哉！之弘之序是书，固不容无所表见于斯也。

[1] 悛（quān）定：平定。　　[2] 矧（shěn）：况且。

嘉定十六年十月□日，门人山阴孙之弘序。